Guitar 100

일렉기타 가이드북, 기타 레시피 A to Z

Guitar 100

발행일 2016년 3월 18일
지은이 박인우, 김두완

편집진행 한경석 · **디자인** 이주원
마케팅 현석호, 신창식 · **관리** 남영애, 김명희

발행처 스코어
발행인 정상우
출판등록 2012년 6월 7일 제 313-2012-196호
주소 서울시 은평구 증산로 9길 32 (03496)
전화 02)333-3705 · **팩스** 02)333-3748

ISBN 979-11-5780-057-5-13670

일렉기타 가이드북, 기타 레시피 A to Z

Guitar 100

― 박인우 · 김두완 지음 ―

score

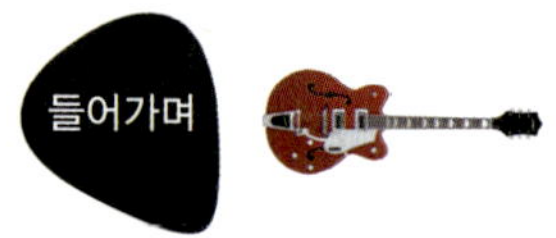

영어권에서는 전 세계의 기타브랜드와 대표모델을 망라해놓은 포맷의 책들을 어렵지 않게 찾아볼 수 있습니다. 그러나 대부분 역사성이나 대표성이 큰 20세기의 명기들을 주로 다루고 있고, '출시 중'인 모델을 위주로 기타 구매를 위한 가이드북으로 활용할만한 책은 거의 없습니다. 설령 이런 조건을 만족시킨다 해도 '국내실정', 즉 한국의 실정에 맞게 제작된 책은 더더욱 없습니다. 시시각각 변하는 악기업계의 시장상황 속에서 예의 조건들을 만족시키는 집필 자체가 쉽지 않다는 것이 가장 큰 이유일 것입니다.

이 책은 국내시장에 이러한 책이 없다는 아쉬움에서 출발하여 실시간 수정이 난무하는 생각보다 어려운 집필 과정을 지나, 결국에는 오기와 사명감으로 완성해낸 국내최초의 '기타 가이드북'입니다. 이제 와서 돌이켜보면 두 사람이 하기에는 너무 무모한 프로젝트였다는 생각도 듭니다만, 그만큼 완성의 기쁨과 뿌듯함도 큽니다.

집필 중 최대 난관은 100대의 대표 기타를 선정하는 일이었습니다. 어떠한 기준으로 어느 정도의 주관을 반영해야 할지 결정하는 것은 이 책을 쓰는 과정 중 가장 어려운 일이었습니다. 결국 두 필자가 고민 끝에 찾아낸 키워드는 '평균'이었습니다. 국내업체부터 유명한 해외브랜드까지, 최저가 모델에서 최고가 모델까지, 역사성을 갖는 오래된 명기부터 가성비로 승부하는 최근 출시작까지, 국내를 중심으로 '현재 구매가능'이라는 조건을 염두에 두고 전체 기타모델의 '표본집단'을 도출하기 위해 노력했습니다.

이에 못지않은 난관은 '끊임없이 변화하는' 시장상황이었습니다. 특히 두 필자는 2014년에서 2015년으로 넘어가는 시기에 각 브랜드의 '새해맞이 개편'이라는, 한동안 지나쳤던 거대한 '사건'을 맞닥뜨리고 말았습니다. 결국 2014년 말부터 원고를 집필한 필자들은 2015년 1월, 각 브랜드의 변경사항을 반영하기 위해 기존원고의 상당부분을 폐기해야 했습니다. 책의 발간시기에 가까운 최신정보를 원고에 담아내고자 했기 때문입니다. 지금 머리말을 쓰는 이 순간에도 시장상황은 변화하고 있습니다. 따라서 독자 여러분께서는 책을 보는 시기와 집필시점의 차이를 고려해주시고, 브랜드 홈페이지와 지면에 나타난 약간의 세부정보 차이는 넓은 아량으로 이해해주시기 바랍니다.

이 책은 처음부터 정독할 필요가 없습니다. 좋아하는 브랜드부터 가볍게 찾아봐도 되고, 궁금한 모델이 생기면 그때그때 발췌독을 하셔도 좋습니다. 타기팅(Targeting)과 인 어워드(In a Word)만 모아보셔도 되고, 사진과 스펙만 훑어보셔도 좋습니다. 기타구매를 계획 중인 초보, 다양한 브랜드 정보를 모아보고 싶었던 중고급자, 혹은 연주에는 전혀 관심이 없지만 그저 기타가 좋은 분까지, 각자의 방식으로 가볍고 편하게 즐기면 됩니다. 책의 형식이 다소 딱딱한 편이지만 독서까지 딱딱하게 할 필요는 없습니다. 구체적인 활용방법 선택은 독자 여러분의 몫입니다.

두 필자가 각자의 영역에서 음악과 관련한 소중한 경험과 경력을 쌓지 못했다면, 그리고 어려운 프로젝트를 물심양면으로 지원하는 출판사를 만나지 못했다면, 이 결과물은 엄두도 내지 못했을 것입니다. 부디 이 책이 '기타'라는 악기에 관심이 많은 수많은 독자 여러분께 영양가 넘치는 정보로, 재미있는 읽을거리로, 든든한 인테리어 소품으로, 다양한 역할을 해내길 바라는 바입니다.

2016년 1월 다사다난한 서울, '아지트'에서
박인우 · 김두완

- 유명한 역사적 명기라도 단종된 모델은 포함하지 않았습니다. 책을 보시는 시점에 따라 특정모델이 단종 되는 경우도 생길 수 있습니다.

- 100대 기타의 선정기준으로는 브랜드 인지도, 악기의 완성도 및 범용성, 대표성과 상징성, 국내 구매접 근성 등을 종합적으로 고려했습니다. 고가악기의 화려한 구성보다는 최대한 일반적이고 평균적이며, 다 양성이 살아있는 라인업을 구축하고자 했습니다.

- 기타의 가격은 판매처마다 차이가 크기 때문에 상세정보를 대신할 수 있는 '랭크'의 개념을 사용했습니다. 랭크 A는 50만 원 미만, 랭크 B는 50만 원 이상 100만 원 미만, 랭크 C는 100만 원 이상 200만 원 미만, 랭크 D는 200만 원 이상 500만 원 미만, 랭크 S는 500만 원 이상입니다. 가격이 랭크의 변경지점에 걸쳐 있는 경우는 혼동을 피하기 위해 '랭크 A~B'와 같은 방식으로 기재했습니다.

- 각 기타의 상세스펙은 브랜드 공식사이트의 정보를 최우선으로 작성되었습니다. 브랜드마다 기존의 기 타를 새로운 스펙으로 출시하거나 출시리스트에서 제외하는 경우가 비일비재하기 때문에, 책을 보는 시 점에 따라 책의 세부정보와 실제정보가 다를 수 있습니다.

- 국내에서 구매가 불가능하거나 업체와 공식적인 접촉이 어려운 모델의 경우, 높은 인지도나 완성도를 가 지고 있음에도 부득이하게 라인업에서 제외된 경우가 있으니 양해바랍니다.

- 국내 독자들의 직관적 이해를 돕기 위해 기타스펙에 흔히 쓰이는 인치, 파운드 등 외국 도량형 대신 미 터법(m, kg)으로 환산한 수치를 사용했습니다.

- 기타의 전장 항목은 공식사이트에서 제공받은 수치와 저자가 직접 실측한 수치가 섞여 있습니다. 재는 방식에 따라 1~2cm 가량 오차가 발생할 수 있습니다.

- 기타의 무게 항목 또한 공식사이트에서 제공받은 수치와 저자가 직접 실측한 수치가 섞여있습니다. 다만 무게의 경우 같은 모델이라도 목재의 밀도나 건조 상태에 따라 크게는 0.5kg 정도의 넓은 오차범위를 갖 기 때문에 대략적인 참고정보로만 활용하시기 바랍니다.

- 타기팅(Targeting)과 인어워드(In a Word) 항목에는 저자의 주관이 많이 담겨 있습니다. 기타를 선택하 는 객관적 판단기준이 아닌 책을 보는 잔재미로 가볍게 활용하시기 바랍니다.

- 브랜드 역사는 주요 대형브랜드인 경우 개별악기리뷰와 별개로 페이지를 분할했으며, 이외에는 각 브랜 드의 첫 기타 리뷰 첫머리에 추가했습니다.

- 영어병기는 브랜드마다 새로 갱신됩니다. 이미 병기한 인명이나 모델명이라도 브랜드가 바뀌면 첫 등장 에 다시 병기합니다. 이는 브랜드별 발췌독의 편의성을 높이기 위함입니다.

- 책 후반에 등장하는 목재별 분류표에서 월넛이나 부빙가처럼 주요목재가 쓰이지 않은 경우, 그리고 옵 션의 폭이 넓은 탐 앤더슨(Tom Anderson) 모델은 분류의 편의와 가독성의 재고를 위해 항목에서 제외 했습니다. 단, 목재를 섞어 쓴 경우 모델명 뒤에 괄호를 붙여 부연했으니 참고하시기 바랍니다.

☑ 읽기 전에 알아두면 좋은 것들

1. 주요목재의 종류와 특성

앨더 (alder)	오리나무. 무난한 음색으로 픽업과 연주자의 성향을 최대한 왜곡 없이 반영한다. 적당한 무게와 함께 주로 바디 목재로 쓰이며, 펜더 기타, 특히 스트랫 기타 바디의 주요 목재로 널리 쓰인다.
애쉬 (ash)	물푸레나무. 음색이 가볍고 화사하며, 넓은 음역을 소화한다. 밝은 색상과 선명한 나뭇결을 가지고 있어 무늬목으로서의 가치도 뛰어난 편이다. 주로 바디 목재로 쓰인다.
마호가니 (mahogany)	음색이 부드럽고 울림이 풍부하다. 밀도가 높아 무거운 편이며, 넥과 바디 목재로 널리 쓰인다. 외관에서 드러나는 다소 어두운 색상과 윤기가 숨은 매력 포인트.
베이스우드 (basswood)	참피나무. 중간음역대의 표현력이 준수하고 서스테인이 풍부하다. 가볍고 부드러워 가공에 용이하다. 마호가니에 버금가는 바디 목재로 각광받고 있으며, 특히 슈퍼스트랫 바디에 많이 쓰인다.
메이플 (maple)	단풍나무. 전체적인 음색은 맑으며, 특히 고음과 저음을 잘 살려낸다. 밀도가 높아 무거운 편이지만, 탑을 비롯해 넥, 지판, 바디 등 활용범위가 가장 넓은 목재로 꼽힌다. 바디의 경우 솔리드바디보다 주로 할로우나 세미할로우바디에서 많이 쓰인다. 음향목뿐 아니라 무늬목으로서의 활용가치도 높다.
로즈우드 (rosewood)	자단. 음색이 맑고 울림이 풍부하며, 단단하고 무겁다. 에보니와 더불어 지판 목재로 각광받고 있다. 에보니와 유사한 특성을 갖고 있지만 에보니보다 강도가 더 낮고 가격도 더 싼 편이다.
에보니 (ebony)	흑단. 음색이 맑고 울림이 풍부하며, 단단하고 무겁다. 로즈우드와 더불어 지판 목재로 각광받고 있으며, 주로 고급기타에 사용된다. 로즈우드와 유사한 특성을 갖고 있지만, 로즈우드보다 강도가 더 높은 만큼 가격도 더 비싸다. 온도나 습도 조절 등 더 꼼꼼한 관리가 필요하다.

"

2. 접합방식

볼트온 (bolt-on)	넥과 바디 목재가 나사로 연결된 형태. 보통 3, 4개의 나사가 쓰이고, 목재의 스트레스를 줄이기 위해 나사와 바디 목재 사이에 철판이 삽입되는 경우가 많다. 하이 프렛 연주가 까다롭다는 단점이 있지만, 대량생산과 넥 수리가 쉽다는 장점을 갖고 있다. 근래에 나오고 있는 솔리드바디 기타 대부분이 이 방식을 채택하고 있다. 펜더 기타가 대표적이다.
셋인 (set-in)	넥과 바디 목재의 접합부를 특정한 모양으로 가공해 서로 끼워 맞추고 접착제로 고정하는 형태. 볼트온 넥에 비해 대량생산이나 넥 수리가 어려운 편이지만, 하이 프렛 연주가 용이하다는 장점을 갖고 있다. 어쿠스틱 기타에 주로 쓰이며, 일렉 기타의 경우 장부맞춤(mortise and tenon joint) 방식을 활용하는 깁슨 기타가 대표적이다.
넥스루 (neck-through)	하나의 긴 목재가 기타의 헤드부터 바디의 하단까지 기타의 중심부를 구성하는 형태. 바디의 양 날개에 다른 목재가 붙는다. 다른 접합방식에 비해 대량생산과 넥 수리가 어렵다는 단점이 있지만, 하이 프렛 연주와 서스테인 유지에 용이하다는 장점을 갖고 있다.
셋스루 (set-through)	스케일 길이보다 더 긴 넥 목재와 중심부가 깊게 패인 바디 목재를 서로 접합하고 접착제로 고정하는 형태. 볼트온, 셋인, 넥스루 방식의 특장을 조합한 형태로 일컬어진다. 전체적인 제작비와 수리비가 비싸다는 단점을 갖고 있지만, 톤과 서스테인의 질을 향상시키고 하이 프렛 연주가 용이하다는 장점을 갖고 있다.

3. 픽업

싱글코일 (single coil)	코일을 감아놓은 한 줄의 자석이 하나의 픽업이 되는 형태. 주로 날렵하고 카랑카랑한 소리를 내며, 클린톤의 뉘앙스가 맑고 명료하다. 험버커에 비해 드라이브가 상대적으로 덜 받고, 잡음이 심한 편이다.
험버커 (humbucker)	싱글코일 픽업 두 개를 나란히 붙여놓은 형태. '더블코일픽업'으로 일컬어진다. 두 개의 싱글코일 픽업을 서로 반대의 극성으로 붙여 한쪽의 잡음을 다른 쪽이 상쇄해 전체적인 험(hum), 즉 잡음을 줄이는 목적을 갖고 있다. 싱글코일에 비해 톤이 무겁고 기름지며, 드라이브를 잘 받는다.

B.C. Rich
Pro X Mockingbird

:: Targeting

속주 스타일의 헤비메탈기타리스트.
가죽바지와 롱부츠에 어울리는 기타를 찾고 있는 연주자.

가격랭크	C
제조국	한국
전장	99cm
무게	4.1kg
머신헤드	Grover Super Rotomatic
너트 너비	43mm
너트 재질	Floyd Rose Locking
넥 목재	Mahogany
지판 목재	Ebony
지판 곡률 반지름	305mm
접합 방식	Neck–through
프렛 사이즈	Jumbo
프렛 수	24
스케일 길이	625mm
바디 목재	Mahogany
바디 바인딩	Aged Cream
탑	1/2" Maple
픽업 구성 및 사양	Neck: EMG 60 Bridge: EMG 81
브릿지	Floyd Rose 1000 Series Tremolo

강력한 메탈기타의 대명사로 꼽히는 비씨 리치(B.C. Rich)의 시작은 다름 아닌 플라멩코 기타였다. 1960년대 중반 미국 로스앤젤레스에서 플라멩코 기타리스트 베르나르도 차베스 리코(Bernardo Chavez Rico)가 플라멩코 기타를 제작한 것이 이 브랜드의 시초가 된다. 1969년 베르나르도가 자신의 이름에 착안한 브랜드 이름 '비씨 리치'를 내세워 일렉 기타를 만들기 시작하고, 1972년 개성 있는 외관을 자랑하는 시걸(Seagull) 라인을 출시하면서 비씨 리치의 인지도도 서서히 올라갔다. 그리고 대망의 1976년, 비씨 리치에서 선보인 모킹버드(Mockingbird)는 브랜드의 역사에 큰 획을 그었다.

모킹버드는 '모킹버드형(形)', '모킹버드 스타일'이라는 분류가 있을 정도로 특이하면서도 과감한 바디디자인을 갖고 있다. 이러한 모킹버드형 모델은 그동안 비씨 리치, 페르난데스(Fernandes), 가와사미(Kawasamy) 등 여러 브랜드에서 나왔다. 한국에서는 일본 그룹 엑스 저팬(X-Japan)의 기타리스트 히데(Hide)의 '옐로우하트 기타'로 잘 알려진 페르난데스의 MG-145S, MG-360S 모델로 모킹버드를 기억하는 연주자들이 많다. 그러나 모킹버드의 적통을 따지면 결국 비씨 리치와 마주하게 된다.

비씨 리치의 모킹버드는 스래시 메탈 그룹 슬레이어(Slayer)의 기타리스트 케리 킹(Kerry King)이나 '레스 폴맨'으로 알려져 있는 슬래시(Slash)가 사용한 것으로도 잘 알려져 있다. 물론 한때 헤비메탈 시장을 뒤흔들던 비씨 리치의 위용은 어느새 과거형이 되었지만, 비씨 리치의 모킹버드, 그 중에서도 프로 엑스 모킹버드(Pro X Mockingbird)는 지금도 국내 마니아들 사이에서 꾸준한 사랑을 받는 '메탈머신'이다. 금장 하드웨어와 화려한 바인딩을 통한 고

급스러운 외관부터 시선을 사로잡는다.

프로 엑스 모킹버드의 목재는 메이플 탑, 마호가니 바디, 마호가니 넥, 에보니 지판으로 구성되어 있다. 묵직한 톤에 최적화된 목재구성이라 할 수 있다. 또한 이 기타는 넥스루 형태로 긴 서스테인을 이끌고, EMG 81과 60 픽업으로 액티브 픽업 특유의 강렬한 사운드를 뽑아낸다. 플로이드로즈 브릿지와 락킹 시스템을 채택해 화려한 아밍 플레이도 가능하다.

톤은 그야말로 메탈머신이다. EMG 픽업의 강렬한 사운드는 헤비한 배킹 및 리프 연주에 최적화되어 있고, 점보프렛은 전체적으로 편안한 연주감을 제공한다. 단, 클린톤의 경우 액티브 픽업과 기타 목재의 특성상 다소 먹먹한 소리가 난다. 이퀄라이저와 같은 추가 페달을 이용해 톤메이킹을 하지 않으면 기본톤의 활용도는 떨어질 것이다.

In a Word

인우 20세기 말의 뜨거운 메탈 스피릿
두완 헤비메탈이 낳은, 헤비메탈을 낳은 명기

B.C. Rich
Warlock PLUS FR

:: Targeting

메탈기타 특유의 둔한 클린톤을 싫어하는 연주자.
기타의 외관에 따라 기분이 달라지는 이들을 위한 속주
용 서브기타.

가격랭크	B
제조국	한국, 중국
전장	99cm
무게	3.4kg
머신헤드	BC Rich Diecast
너트 너비	43mm
너트 재질	Floyd Rose Locking
넥 목재	Mahogany
지판 목재	Rosewood
지판 곡률 반지름	305mm
접합 방식	Set—in
프렛 사이즈	Jumbo
프렛 수	24
스케일 길이	625mm
바디 목재	Basswood
탑	Burled Maple
픽업 구성 및 사양	Neck and Bridge: B.D.S.M. Humbucker
브릿지	Floyd Rose Special

1980년대 초반에 등장한 워록(Warlock)은 '헤어메탈'이라는 표현으로 잘 알려진 글램메탈의 전성기와 함께 큰 인기를 모았다. 워록이 높은 인지도를 얻으면서 비씨 리치 역시 세계적인 기타브랜드로 성장했고, 특히 메탈씬에서 브랜드의 위상은 한층 더 공고해졌다. '헤비셰이프'의 대명사로 꼽히는 비씨 리치 기타 중에서도 유독 강렬한 바디형태로 눈길을 잡아끄는 워록의 디자인은 비씨 리치 초기 기타 디자인의 결정체라 할 수 있다. 사방으로 뻗은 날카로운 바디모양은 출시 당시 붐을 일으키던 메탈음악의 어두운 이미지와 정확히 맞아 떨어진다.

다양한 워록 모델 가운데 국내에서는 악마를 연상시키는 헤드가 달린 케리 킹 시그너처 모델이 잘 알려져 있는 편이다. 이에 비해 헤드의 외양이 비교적 얌전한 워록 플러스 플로이드로즈(Warlock Plus FR)는 워록 플러스(Warlock Plus) 사양을 바탕으로 플로이드로즈가 장착된 모델이다. 화끈한 메탈머신을 다소 저렴한 가격에 구매할 수 있다는 것이 가장 큰 장점으로 꼽힌다.

워록 플러스 플로이드로즈는 모킹버드와 달리 바디목재에 베이스우드를 사용하고 있다. 그래서 묵직한 느낌은 덜하지만 다양한 이펙팅을 통한 톤 메이킹의 편의성은 높다. 이러한 바디 목재와 함께 마호가니 넥, 로즈우드 지판, 화려한 옹이무늬의 메이플 탑의 구성도 인상적이다.

사운드 특성을 고려했을 때 이 모델은 하이게인 연주에 특화되어 있는 고성능 기타라 할 수 있다. 프로 엑스 모킹버드의 마호가니 바디와 EMG 픽업이 만들어내는 소리에 비해 다소 가벼운 느낌을 주기도 하지만, 과도하게 묵직한 톤이 부담스러운 연주자에게는 오히려 안성맞춤이라 할 수 있다. 또한 볼륨노브를 살짝 낮추는 것만으로도 고역대가 살아 있는 유려한 아르페지오 톤을 만들어낼 수 있기 때문에 클린에서 드라이브로 톤을 자주 바꾸는 연주자에게는 상당한 편의를 제공한다. 물론 모킹버드와 마찬가지로 점보 24프렛을 채택해 속주 적응력이 높다는 사실도 지나쳐선 안 된다.

과감한 바디모양에 비해 소리가 생각보다 가볍다는 느낌이 들 수 있지만, 이 '가볍다'는 표현은 어디까지나 상대적이다. 비슷한 중금속끼리 가벼워봐야 얼마나 가볍겠는가. 워록도 결국 비씨 리치의 메탈머신이라는 사실을 잊지 말자.

In a Word

인우 가볍게 떠나는 메탈 첫 걸음
두완 가격과 소리의 부담을 모두 덜어낸 훈훈한 메탈머신

Brian May
Special

:: Targeting

'퀸 빠.'
톤메이킹 시 모듈레이션 계열의 이펙터를 애용하는 탐구
형 기타리스트.

가격랭크	C
제조국	한국
전장	97cm
무게	3.6kg
머신헤드	Grover GH305 Locking Tuners
너트 재질	Graphite
넥 목재	Mahogany
지판 목재	Ebony
접합 방식	Set-through
프렛 수	24
스케일 길이	610mm
바디 목재	Mahogany
바디 바인딩	Pinstripe
탑	New Two-piece Scratch Plate
픽업 구성 및 사양	Neck, Middle and Bridge: Brian May Retro Style, Series Wired, Single Coil
브릿지	Wilkinson bridge with Brass saddles and BM Custom tremolo arm

영국의 전설적인 그룹 퀸(Queen)의 기타리스트 브라이언 메이(Brian May)는 기타리스트이자 천체물리학자라는 독특한 이력은 물론, 기타사운드의 범주를 확장시킨 그만의 개성 있는 톤으로도 유명하다. 그가 신디사이저나 오케스트라의 관악기를 연상시키는 독특한 기타톤을 완성하는 데 가장 큰 일조를 한 아이템은 브라이언 자신이 직접 제작한 기타 '레드 스페셜(Red Special)'이었다.

뛰어난 기타 연주력뿐 아니라 기타 제조 능력으로도 유명한 브라이언은 1963년 17세에 당시 항공엔지니어였던 아버지의 도움으로 기타를 만들기 시작했다. 쓸모없는 오크나무를 얻어 바디를 만들고 오래된 벽난로에서 마호가니를 뜯어내 넥을 만드는 한편, 자전거 스프링과 칼날을 이용해 트레몰로 암을 제작하는 등 과감하고 충격적인 제작 과정을 통해 대략 1년 반 만에 기타를 완성했다. 이렇게 탄생한 수제기타가 레드 스페셜의 시초가 되었다. 여기에 피크 대신 6펜스 동전을 이용한 그만의 기이한 연주 습관이 더해져 한 마디로 '듣도 보도 못한' 공전절후의 톤이 완성되었다. 일렉 기타 제작의 역사에서 획기적인 사건으로 여겨지고 있는 브라이언 메이의 레드 스페셜은 이후 그의 모든 음악 행보와 함께했다.

레드 스페셜은 1983년 길드(Guild), 2001년 번스(Burns)에서 공식 카피모델이 출시되었고, 현재는 브라이언의 독자 브랜드인 '브라이언 메이 기타(Brian May Guitars)'에서 생산되고 있다. '브라이언 메이 스페셜(Brian May Special)'은 레드 스페셜에 대한 오마주를 담은 양산형 모델이다. 원작인 레드 스페셜의 스펙을 최대한 반영해 마호가니 바디와 넥이 적용되었고, 특이하게 '0프렛'을 가지고 있는 24프렛

에보니 지판이 쓰였다. 트레몰로, 픽업, 스위치시스템은 모두 브라이언 메이의 이름으로 새롭게 제작된 것들이다.

각각의 싱글코일 픽업마다 온오프 스위치와 페이즈 스위치가 따로 있어 '픽업의 조합 × 페이징의 조합'을 통해 다양한 기본톤을 얻을 수 있다. 기타의 범주를 넘어서는 브라이언 메이 특유의 독특한 사운드 메이킹은 바로 이 페이즈 시프팅(위상변화) 스위치를 얼마나 적절히 사용하는가에 달려 있다.

기본톤 픽업과 위상이 변화된 픽업을 섞거나, 위상이 변화된 픽업끼리 조합해 기존의 위상을 복잡하게 만들거나 하는 다양한 시도가 가능한 것은 개성 있는 톤을 만드는 데 이점으로 작용할 수 있다. 그러나 다양한 시도와 실험으로 자신만의 사운드를 조합하고자 하는 각고의 노력 없이 손 가는대로 만지다보면 '특이하면서도 좋은 톤'이 아닌 '특이하기만한 이상한 톤'이 나올 가능성도 적지 않다. 사실 이 기타는 브라이언 메이의 습관과 취향에 최적화된 '맞춤정장' 같은 기타이다. 정장을 입은 그의 모습이 아무리 멋져 보여도 결국 내 몸에 안 맞으면 소용이 없다.

In a Word

인우 틀을 깨는 재기발랄함 + 실적과 결과 = 새로운 표준
두완 사운드 실험을 위한 모범교재

Burns
Dream Noiseless

:: Targeting

새로운 유행을 만들고 싶은 세션 기타리스트.
빈티지와 노이즈리스의 양립 가능성을 믿어 의심치 않는
연주자.

가격랭크	D
제조국	중국
전장	100cm
무게	4kg
머신헤드	Burns Locking Machine Heads
너트 너비	42mm
넥 목재	5 Star Figured Maple
지판 목재	Maple
지판 곡률 반지름	305mm
접합 방식	Bolt-on
프렛 사이즈	Vintage Thin
프렛 수	22
스케일 길이	648mm
바디 목재	Basswood
바디 바인딩	Pearl
탑	Custom Figured Maple
픽업 구성 및 사양	Neck, Middle and Bridge: Noiseless Rez-o-matik pickups
브릿지	Rez-o-tune Tremolo

짐 버스(Jim Burns)는 '영국의 레오 펜더(Leo Fender)'라고 불릴 정도로 영국 기타 산업의 역사에서 상징적인 인물로 꼽힌다. 1960년에 그가 독자적으로 설립한 기타 회사 '번스 런던(Burns London)'은 비트(Beat)의 유행과 함께 전성기를 맞았고, 특히 1964년 영국의 인기 그룹 섀도스(The Shadows)가 번스 기타를 쓰면서 절정의 인지도를 얻었다. 비록 짐의 사업수완 부족으로 1965년부터 회사의 소유권은 미국으로 넘어갔지만, 이전까지 그가 고안한 기타들은 영국의 대중음악에 거대한 자극제가 되었다.

드림 노이즈리스(Dream Noiseless)는 현재 번스의 양대 시리즈로 꼽히는 커스텀 엘리트(Custom Elite) 시리즈와 클럽(Club) 시리즈 중 전자를 대표하는 모델이다. 바디디자인만 보면 일반적인 스트랫 형태지만 픽가드 디자인과 브릿지의 독특한 디테일을 필두로 끝부분이 말려 있는 헤드 디자인까지 여러 모로 신선한 외관을 자랑한다.

이 모델의 사운드 기조는 극대화된 싱글 픽업 사운드에 있다. 유명 사운드 디자이너이자 기타 및 픽업 제작자인 앨런 엔트위슬(Alan Entwistle)이 디자인한 ENR(Entwistle Noise Reduction) 노이즈리스 레조매틱(Noiseless Rez-o-Matik) 픽업은 이 기타의 사운드 지향점을 여실히 드러낸다. ENR 기술의 가장 중요한 포인트는 무조건적인 노이즈 캔슬링이 아니라 싱글코일의 사운드 특성을 저해하지 않는 수준에서 이루어지는 최소한의 캔슬링에 있다.

결국 '극단적으로 모던한 노이즈리스'가 아닌 '노이즈를 살짝 걷어낸' 빈티지 싱글 사운드는 이 기타의 가장 큰 매력이라 할 수 있다. 흔히 '세션 기타'라고 일컬어지는 기타들의 특징인 깨끗하면서도 해상도가 높은 클린톤 연주가 가능하다. 공간계가 살

짝 물어 있는 드림 노이즈리스의 영롱한 클린톤은 빼어난 아름다움과 고급스러움을 동시에 가지고 있다. 단 투박하면서도 진솔한 톤을 좋아하는 연주자에게는 예의 클린톤이 너무 '고상한 척'하는 것으로 들릴 수도 있다.

게인톤의 경우 드라이브 양이 다소 부족한 느낌이 있기 때문에 호쾌한 배킹 사운드를 내려면 이펙터의 힘을 빌릴 필요가 있다.

사실 번스 기타는 마니아의 호평에 비해 국내 시장에서는 구하기가 쉽지 않다. 일단 정식 수입처가 없어서 해외 구매대행을 통해 구입하거나 중고시장을 통해 알아보는 수밖에 없는데, 중고시장에서 가끔 눈에 띄는 기타들도 번스 런던의 정품이 아닌 중국이나 동남아 등지에서 제작된 카피모델들의 비중이 높아 가격대도 정상 수준보다 낮게 책정되어 있다. 그러나 이러한 상황적 한계로 구매를 포기하기에는 사운드가 너무 매력적이다. '싱글의, 싱글에 의한, 싱글을 위한 기타'라고 표현할 수 있는 드림 노이즈리스는 빈티지와 모던 사이에서 싱글 픽업의 대안을 찾던 연주자에게 최고의 아이템이 될 것이다.

In a Word

인우　모던과 빈티지 사이를 꿰뚫은 ENR의 쾌거
두완　무관심이 무식으로 변하기 전에 반드시 확인해야 할 명기

Burns
Bison 64

:: Targeting

외관과 사운드, 그 반전이 매력적으로 느껴진다면.
진한 장르음악보다는 가벼운 팝 편곡에 두루 사용할 기
타를 찾고 계신 분들.

가격랭크	C
제조국	중국
전장	100cm
무게	3.5kg
머신헤드	Burns Deluxe Machine Heads
너트 너비	43mm
넥 목재	Maple
지판 목재	Rosewood
지판 곡률 반지름	300mm
접합 방식	Bolt-on
프렛 사이즈	Vintage Thin
프렛 수	22
스케일 길이	629mm
바디 목재	Basswood
픽업 구성 및 사양	Neck, Middle and Bridge: Alnico Burns Rez-o-matik pickups
브릿지	Burns Deluxe bridge

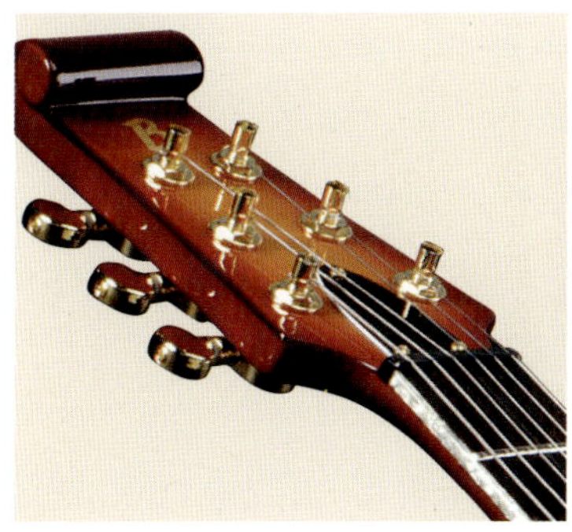

바이슨(Bison)은 번스의 역사를 대변하는 모델이다. 1961년 최초 발매 당시 최고급 사양을 장착해 일반인들이 감당하기 힘든 가격으로 판매되곤 했는데, 이전까지 미국이 아닌 지역에서 나온 기타 가운데 바이슨만큼 좋은 품질을 가진 일렉 기타는 드물었다고 한다. '들소(bison)'라는 모델 이름은 날카로운 뿔 모양을 가진 더블컷어웨이 바디에서 유래했다.

현재 바이슨의 계보는 바이슨 62와 64 모델을 통해 클럽 시리즈에서 이어지고 있다. 62 모델의 경우 원본의 디자인에 따라 일렬로 헤드머신이 장착된 호리호리한 헤드 모양을 띄고 있고, 64 모델의 경우 쌍방향의 헤드머신이 장착되어 있다. 이 가운데 바이슨 64는 한때 브라이언 메이(Brian May)가 사용한 기타로도 잘 알려져 있다.

바이슨 64는 베이스우드 바디, 메이플 넥, 로즈우드 지판의 목재구성을 가지고 있다. 번스의 알니코 레조매틱(Alnico Burns Rez-o-matik) 싱글 픽업 세 개가 바디에 세트로 장착되어 있고, 여기에 레조튜브 트레몰로 시스템(Rez-o-tube tremolo system)이 적용되어 부드러운 아밍 플레이가 가능하다. ENR이 아닌 일반 레조매틱 픽업이지만 사운드의 기조는 드림 노이즈리스와 유사하다. 공간계 이펙터에 적신 듯한 영롱한 클린톤이 매력적이다. 단, 강력한 드라이브톤을 만들려면 이펙터의 힘을 어느 정도 빌려야 한다.

메탈머신처럼 강렬한 사운드가 쏟아져 나올 것 같은 날카로운 외관에 비해 실제 소리는 싱글 픽업의 매력을 극대화한 클린톤 사운드가 주축을 이룬다. 물론 같은 번스의 싱글이라도 ENR이 장착된 드림 노이즈리스에 비해 해상도나 디테일이 부족하긴 하지만, 다소 저렴한 가격에 번스만의 싱글 철학을 맛보고 싶다면 바이슨 64도 좋은 선택이 될 것이다.

인우 미성으로 노래하는 들소
두완 유구한 전통과 리이슈에는 그만한 이유가 있는 법

Carvin
Bolt-T

:: Targeting

갓 세션에 입문한 새싹 스튜디오 기타리스트.
펜더의 스탠더드 스트랫이 다소 빈티지하다고 느껴진다면.

가격랭크	C
제조국	미국
전장	100cm
무게	3.3kg
머신헤드	Carvin Premium Locking Tuners
넥 목재	Hardrock Maple
지판 목재	Rosewood
지판 곡률 반지름	356mm
접합 방식	Bolt-on
프렛 사이즈	Jumbo
프렛 수	22
스케일 길이	648mm
바디 목재	Alder
픽업 구성 및 사양	Neck, Middle and Bridge: S60A Single-Coil Pickups, Black
브릿지	Wilkinson Tremolo

20세기 중반 미국 캘리포니아 주에서 로웰 키즐(Lowell Kiesel)이 설립한 카빈 기타(Carvin Guitars)는 비교적 낮은 국내 인지도와 상관없이 세계적인 브랜드로 인정받고 있다. 카빈에서 만드는 기타 대부분은 미국 샌디에이고에 위치한 카빈 본사에서 커스텀 방식으로 제작된다. 품질이 좋은 나무를 사용해 정교한 공정을 진행하는 것은 물론 여러 유명 아티스트와 다양한 협업을 진행한 것으로 이미 정평이 나 있다. 카빈의 기타를 사용한 대표적인 아티스트로는 앨런 홀스워스(Allan Holdsworth), 조 월시(Joe Walsh), 닐 자자(Neil Zaza), 스티브 바이(Steve Vai), 토니 맥칼파인(Tony MacAlpine) 등이 있다. 참고로 2015년을 기해 카빈 기타는 키즐 기타(Kiesel Guitars)로 브랜드 이름을 바꾸고 새로운 활로를 모색 중이다.

카빈의 대표모델 중 하나인 볼트티(Bolt-T)는 모델명에서도 알 수 있듯이 볼트온 방식으로 제작된 전형적인 스트랫이다. 담백한 디자인처럼 톤 역시 기본에 충실하다. 깔끔한 싱글에서 힘 있는 드라이브까지 사운드의 폭이 넓을 뿐 아니라 톤 각각의 품질도 모두 상향평준화되어 있다.

볼트티는 앨더 바디, 메이플 넥, 로즈우드 지판의 기본적인 스트랫 목재구성을 가지고 있다. 픽업은 3개의 S60 싱글코일 픽업세트가 기본인데, 브릿지 픽업을 C22B 험버커로 변경한 S·S·H 구성이 인기가 있다. 싱글코일의 사운드는 빈티지 성향을 잃지 않는 한도 내에서 깔끔한 질감을 보여준다. 브릿지 험버커는 클린톤에서 다소 무거운 느낌이 있지만, 그 덕에 드라이브 양이 부족해 걱정할 필요가 없을 정도로 시원하고 묵직한 게인톤을 만들 수 있다.

클린톤을 강하게 연주했을 때 톤이 깨지지 않고 약간 컴프레서가 걸린 듯 정제되어 나오는 뉘앙스는 고가의 세션 기타 중 하나인 써(Suhr) 기타의 스트랫과 유사한 느낌을 준다. 게인톤은 의외로 빈티지하기 때문에 넥과 미들 픽업을 통한 블루스, 브릿지 픽업을 통한 하드록 등 다양한 장르 선택이 가능하다. 한마디로 볼트티는 녹음실에서 뛰어난 적응력을 보여줄 수 있는 '약간 저렴한 세션용 기타'라고 할 수 있다.

1990년대에 들어서면서 헤비메탈과 같은 강성의 록음악이 주류에서 밀려남에 따라 빈티지 스트랫에 현대적 기술을 가미한 '범용기타'에 대한 수요와 공급이 급증했다. 이러한 흐름에 맞춰 출시된 수많은 범용기타 중에 볼트티는 후발주자에 속한다. 그러나 고급목재를 추구하는 칼빈의 고집과 커스텀 제작을 고수하는 그들의 장인정신은 믿어봄직하다. 늦게 출발했다고 꼭 뒤처지라는 법은 없다.

In a Word

인우　반(半) 써(Suhr)
두완　탄탄한 기본기를 갖춘 유틸리티 플레이어

Carvin
JB200C

:: Targeting

기타 연주로 삶을 향한 의지까지 고양코자 한다면.
메이플 지판의 시원한 질감을 좋아하는 속주 연주자.

가격랭크	D
제조국	미국
전장	98cm
무게	3.4kg
머신헤드	Premium Carvin Locking Tuners(19:1)
너트 너비	43mm
넥 목재	Tung—oiled Hardrock Maple
지판 목재	Flamed Maple
지판 곡률 반지름	356mm
접합 방식	Neck—through
프렛 사이즈	Jumbo
프렛 수	24
스케일 길이	635mm
바디 목재	Alder
탑	Highly Figured AAAA Flamed Maple or AAAA Quilted Maple
픽업 구성 및 사양	Neck: M22V Humbucker Bridge: M22SD Humbucker
브릿지	Original Floyd Rose tremolo with locking nut

JB200C에 대해 알아보기 전에 일단 전설의, 그리고 비운의 천재 속주 기타리스트 제이슨 베커(Jason Becker)에 대해 먼저 간단히 알아보자. 1969년 미국 캘리포니아에서 태어난 제이슨 베커는 어린 시절부터 기타연주를 시작해 테크니컬 기타의 거의 모든 초절기교를 단기간에 섭렵한 신동이었다. 17세에 마티 프리드먼(Marty Friedman)과 함께 그룹 캐코포니(Cacophony)의 멤버로 활동한 뒤, 솔로 활동은 물론 데이비드 리 로스(David Lee Roth) 밴드에서도 기타를 치며 큰 인기를 누렸다. 그러나 약관을 갓 넘긴 희대의 천재에게 크나큰 불행이 찾아왔으니, 그것은 바로 루게릭병의 확진이었다.

진단 당시 제이슨 베커는 5년의 시한부 선고를 받았다. 실제로 곧 모든 신체활동능력을 상실하며 기타를 잡을 수 없는 처지에 놓였다. 그러나 5년 뒤 그는 죽지 않고 살아남았다. 죽지 않았을 뿐만 아니라 음악도 그만두지 않았다. 제이슨은 병세가 악화일로를 걷는 와중에도 친구가 개발한 특수한 작곡 프로그램을 이용해 눈동자를 움직여가며 프로듀싱을 지속했다. 그러한 그의 노력은 결국 여러 장의 앨범으로 결실을 맺었다. 음악을 향한 제이슨의 감동적인 여정은 2012년 다큐멘터리 「제이슨 베커 : 아직 죽지 않았다(Jason Becker: Not Dead Yet)」에 실렸고, 그해 카빈에서는 제이슨 베커 헌정 모델인 JB200C를 출시했다.

시그너처가 아닌 트리뷰트 모델로 출시된 JB200C는 제이슨의 연주 성향에 맞추어 속주에 최적화된 슈퍼스트랫으로 만들어졌다. 얇게 제작된 하드록 메이플 넥이 앨더 바디에 넥스루 형식으로 접합되었고, 플레임 메이플 탑이 바디 위를 장식했다. 오리지널 플로이드로즈 브릿지와 락킹 너트가 장착되었고, 점보24프렛으로 하이 포지션 연주의 편의를 제고했다. 넥 픽업에 M22V, 브릿지 픽업에 M22SD가 장착되어 두 개의 픽업에서 무려 44개의 폴피스를 볼 수 있다.

컨트롤 부는 다소 복잡한 편이다. 푸시풀로 액티브와 패시브 방식을 전환할 수 있는 마스터 볼륨과 픽업 셀렉터, 두 개의 싱·험 전환 토글, 한 개의 페이즈 토글을 통해 수많은 기본톤을 만들 수 있다. 그러나 아무리 다양한 기본톤을 가지고 있다고 해도 JB200C는 어디까지나 슈퍼스트랫이다. 장르를 초월하는 범용성과는 다소 거리가 있다는 점을 유의해야 한다.

속주 전용 슈퍼스트랫이 보통 베이스우드 바디와 로즈우드 지판으로 제작되는데 비해 JB200C는 앨더 바디와 메이플 지판의 조합을 통해 일반 스트랫을 연상시키는 날씬한 드라이브를 들을 수 있다는 것이 가장 큰 특징이다. 하지만 스트랫에 가깝다는 말에 드라이브 양이 부족할 거라는 오해는 없길. 넘쳐날 정도로 풍부한 드라이브에서 깔끔하게 '지방컷'을 해낸 JB200C의 사운드는 마치 갓 스무 살이 된 꽃청년 제이슨 베커의 젊은 시절을 떠올리게 한다.

In a Word

인우 피부를 찌르는 날카로운 슈퍼스트랫
두완 '카빈'과 '제이슨 베커'라는 두 이름의 환상적인 조합

Carvin
DC700C

:: **Targeting**

7현 입문자 말고 중고급자.
아무리 7현이라도 너무 무거운 사운드는 싫다면.

가격랭크	D
제조국	미국
전장	101cm
무게	3.5kg
머신헤드	Carvin Premium Locking Tuners
넥 목재	5 Piece Maple Neck with Mahogany
지판 목재	Ebony
접합 방식	Neck-through
프렛 사이즈	Medium Jumbo
프렛 수	24
스케일 길이	648mm
바디 목재	Alder
픽업 구성 및 사양	Neck and Bridge: D26 Pickups
브릿지	Original Floyd Rose

입문용이 아닌 확실한 고급 7현 기타를 찾고 있다면 카빈의 DC700C를 주목할 필요가 있다. 구색만 갖추어 놓은 저가의 7현 기타와는 확연히 구분되는 높은 품질을 가진 이 기타는 카빈의 인기 라인인 DC시리즈의 대표기타로도 손색이 없다. 만약 이 기타의 사운드의 기조는 마음에 드는데 '7현 스펙'이 필요 없다면 DC145, DC400, DC600 등 DC 시리즈의 6현 모델을 살펴보는 것도 좋다.

DC700C는 앨더 바디와 5피스의 메이플·마호가니 넥, 에보니 지판의 목재구성을 취하고 있다. 픽업의 경우 코일 하나에 13개씩, 총 26개의 폴피스가 박힌 D26 패시브 험버커 두 개가 장착되어 있는 기본모델과 더불어 새롭게 디자인된 A70 액티브 픽업이 장착된 모델도 찾아볼 수 있다. 자신이 원하는 스펙으로 기타를 구매하려면 직접 커스텀 주문을 넣으면 되지만 이미 국내 업체에 수입된 재고품을 구매할 경우 따로 스펙을 변경할 수 없으니 구입 전 꼼꼼한 확인은 필수다.

7현 기타는 일반적으로 묵직하고 어두운 사운드를 지향하기 때문에 바디목재로 마호가니를 사용하는 경우가 많다. 그러나 DC700C는 앨더 바디를 사용해 상대적으로 단단하면서도 시원한 사운드를 뽑아낸다. 높은 주파수 대역이 잘 살아있기 때문에 7현 기타치고는 클린톤이 둔하지 않고 드라이브 사운드의 범용성 또한 넓은 편이다. 오리지널 플로이드로즈 브릿지를 통한 화려한 아밍 플레이도 가능하다.

한마디로 DC700C는 화려한 스펙과 외관은 물론 드라이브 사운드의 범용성까지 갖춘 '웰메이드' 기타다. 아쉽게도 연주자가 원하는 대로 주문하기에는 제약이 적지 않지만, 품질만큼은 이미 보

증되어 있다고 해도 과언이 아니다. 가까운 곳에서 자신이 원하는 스펙에 맞게 출시된 기막힌 운명의 기성품을 찾게 된다면 망설이지 않길 바란다. 그런 '천운'은 자주 찾아오는 게 아니니까.

In a Word

인우 큰 근육과 잔 근육의 아름다운 조화
두완 지나친 어둠을 '지양한' 7현 레어템

Charvel
Desolation DC-2 ST

:: Targeting

메탈 입문자.
메탈전용 서브기타.

가격랭크	A~B
제조국	중국
전장	97cm
무게	3.6kg
머신헤드	Charvel Locking Tuning Machines
너트 너비	42mm
너트 재질	Plastic
넥 목재	Mahogany
지판 목재	Rosewood
지판 곡률 반지름	305~406mm(compound)
접합 방식	Set-in
프렛 사이즈	Jumbo
프렛 수	24
스케일 길이	648mm
바디 목재	Mahogany
탑	Flame Maple Veneer on Trans Tops
픽업 구성 및 사양	Neck and Bridge: Active Desolation Humbucking
브릿지	Charvel®–Jackson Compound Radius Compensated

샤벨 기타의 창업자인 웨인 샤벨(Waybe Charvel)은 펜더 출신의 엔지니어였다. 그가 1974년 미국 캘리포니아에 설립한 회사는 기타 제조업체가 아닌 '샤벨 리페어(Charvel Repairs)'라는 기타 하드웨어 업그레이드 전문회사였다. 1977년 그로버 잭슨(Grover Jackson)이 회사지분의 10%를 갖는 계약 조건으로 입사한 뒤, 샤벨의 사업은 기타제작까지 본격적으로 확장된다. 그리고 1978년 말, 소송문제로 부도처리 위기에 놓인 샤벨 리페어를 그로버 잭슨이 인수하면서, 샤벨 리페어는 마침내 그로버의 소유가 된다.

에디 밴 헤일런(Eddie Van Halen), 리치 샘보라(Richie Sambora), 워렌 디마티니(Warren DeMartini), 에디 오헤다(Eddie Ojeda)가 샤벨의 초기제품을 사용한 대표적인 기타리스트로 꼽힌다. 1980년대에 들어서면서 랜디 로즈(Randy Rhoads)와 손을 잡은 그로버는 자신의 성인 '잭슨(Jackson)'을 내세워 새로운 브랜드를 만들게 되는데, 이에 관해서는 잭슨 브랜드 소개 챕터에서 다시 알아보기로 한다.

슈퍼스트랫의 시대를 열어젖히며 한 시대를 풍미한 샤벨은 현재 아티스트 시리즈 외에 데졸레이션(Desolation)과 프로모드(Pro-Mod) 시리즈를 내세워 그 역사를 이어가고 있다. 그 중에서 데졸레이션 시리즈에 속한 DC-2 ST(이하 DC-2) 모델은 모든 브랜드를 통틀어 유사 가격대에서 손에 꼽을 만큼 훌륭한 가성비를 가지고 있다. 데졸레이션 시리즈는 바디 모양에 따라 싱글 컷어웨이, 더블 컷어웨이, 스케이트캐스터(Skatecaster), 스타(Star), 솔로이스트(Soloist)로 나뉘는데, DC-2는 싱글 컷어웨이와 더블 컷어웨이의 두 가지 버전으로 출시되고 있다.

더블 컷어웨이 버전을 기준으로 DC-2는 바디와 넥에 마호가니, 지판에 로즈우드가 사용되어 록 머신에 걸맞은 목재구성을 자랑한다. 다소 어두워질 수 있는 마초적인 목재구성의 단점은 메이플 탑이 보완했다. 점보 24프렛이 하이포지션 연주와 속주의 용이성을 도모하는 가운데 시원하면서도 쭉쭉 뻗는 드라이브 톤의 질감은 일품이다.

DC-2의 또 하나의 특징은 샤벨의 자랑인 혼합곡률지판이다. 이 모델은 305~406mm의 혼합곡률을 가지고 있다. 즉, 헤드 쪽에서 305mm 곡률로 시작해 넥 조인트 부분에서는 406mm 곡률로 점점 평평해진다. 지판이 이렇게 되면 로우 포지션에서는 코드플레이가 수월하며 하이 포지션에서는 줄을 최대한 낮추고도 버징을 최소화하며 편안한 솔로연주를 할 수 있다. 위치에 따라 연주자가 원하는 연주감에 최대한 부응하기 위해 개발된 '사용자 친화적인' 인터페이스라고 할 수 있다. 최근 타 브랜드에서도 이러한 혼합곡률의 이점을 인지하고 점점 더 많은 모델에 혼합곡률을 적용하고 있다.

아무리 중국 생산으로 단가를 줄였다고는 하지만 다양한 고급스펙과 높은 품질의 사운드에 비해 이 기타의 가격은 정말 저렴한 편이다. 강렬한 드라이브와 고급스러운 외관을 즐기면서 록 스피릿까지 느낄 수 있는 초특가 샤벨 패키지… 제대로 만끽할 준비 되셨는지요?

In a Word

인우 Desolation을 구매한 당신, 'Congratulation'
두완 '메탈 가오'를 제대로 잡을 수 있는 가장 쉬운 방법

010

Charvel
Jake E Lee Signature Model

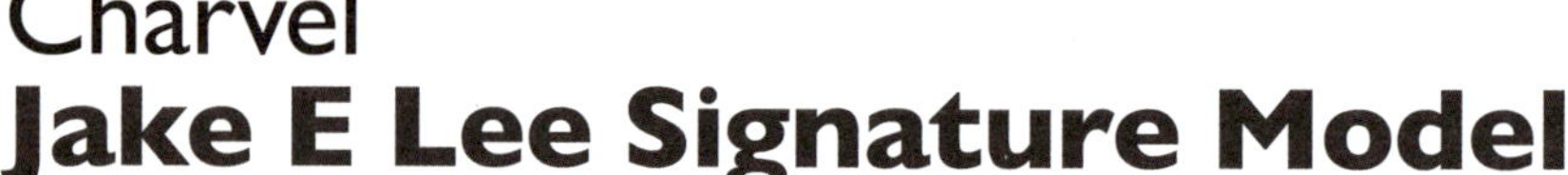

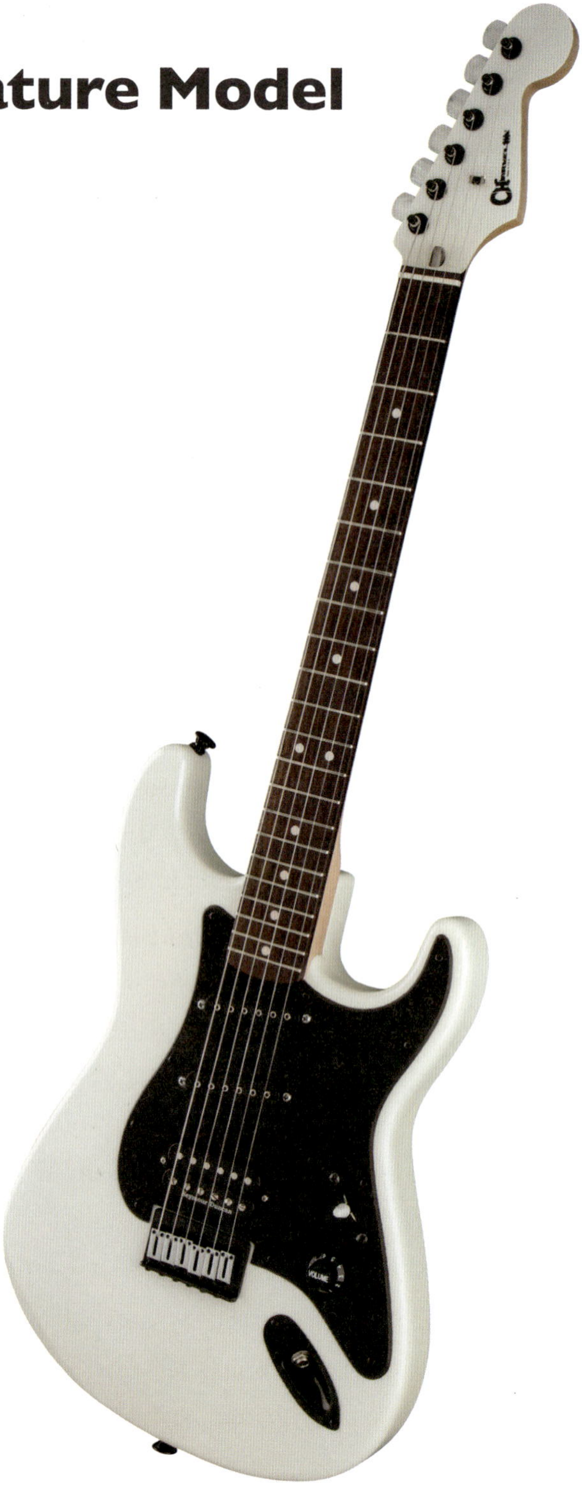

:: Targeting

세계 100대 록 명곡 카피 중인 연주자.
다소간의 촌스러움은 또 하나의 멋스러움이라고 생각하시는 연주자.

가격랭크	D
제조국	미국
전장	99cm
무게	3.6kg
머신헤드	Gotoh Pearl Button Tuners, Matching Painted Headstock
너트 너비	43mm
너트 재질	Bone
넥 목재	Quartersawn Maple
지판 목재	Rosewood
지판 곡률 반지름	305~406mm(compound)
접합 방식	Bolt-on
프렛 사이즈	Medium Jumbo
프렛 수	21
스케일 길이	648mm
바디 목재	Ash
픽업 구성 및 사양	Neck and Middle: DiMarzio SDS-1 Single-Coil Bridge: Seymour Duncan JB Humbucking
브릿지	Hard Tail Bridge with Black Base Plate

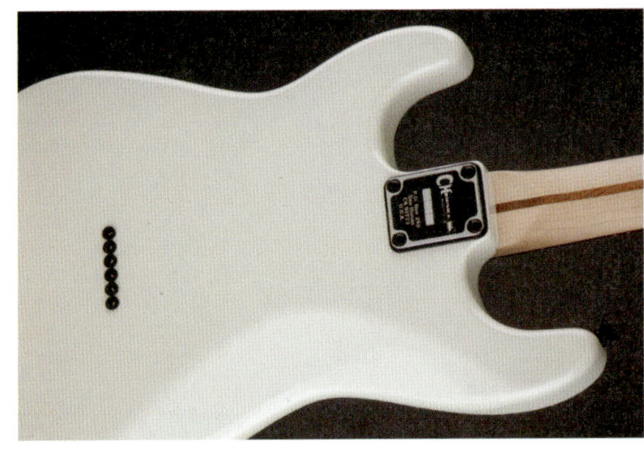

현재 샤벨의 아티스트 시리즈는 거스리 고반(Guthrie Govan), 워렌 디마티니(Warren DeMartini), 제이크 이 리(Jake E Lee), 조 듀플랑티에르(Joe Duplantier)의 시그너처 모델들로 구성되어 있다. 모두 상당한 고가에 높은 퀄리티를 자랑하고 있지만, 본 지면에서는 샤벨과 가장 깊은 인연을 가진 제이크 이 리의 미국산 시그너처를 대표모델로 다뤄볼까 한다.

제이크 이 리는 1980년대 초중반 오지 오스본(Ozzy Osbourne) 밴드의 기타리스트로 활약하면서 높은 인지도를 얻은 아티스트다. 이후 배드랜즈(Badlands), 레드 드래곤 카르텔(Red Dragon Cartel) 등 여러 그룹을 거치며 지금도 꾸준한 연주활동을 하고 있다. 오즈 오스본의 헤비메탈, 배드랜즈의 블루스록은 제이크의 호쾌한 연주 덕에 큰 빛을 발할 수 있었다.

제이크와 샤벨의 인연은 1975년부터 시작되었다. 당시 제이크가 갖고 있던 펜더 스트라토캐스터가 샤벨의 손을 거쳐 새로운 사양의 모델로 탄생한 것이 시초였다. 이 과정에서 제이크는 자신이 원하는 사운드를 내기 위해 넥과 미들 픽업을 비스듬한 형태로 장착했다. 이것은 지미 헨드릭스(Jimi Hendrix)의 기타에 장착된 브릿지 픽업 형태가 그에게 힌트를 제공한 결과였다.

현재 샤벨에서 생산하고 있는 제이크 이 리의 시그너처 모델은 제이크의 40년 내공이 담겨 있다고 해도 과언이 아니다. 샤벨 기타답게 지판은 305~406mm의 혼합곡률을 갖고 있고, 넥과 바디는 볼트온 방식으로 접합되었다. 픽업세트는 특이하게 세이무어 던컨과 디마지오를 동시에 사용했다. 불렛 트러스로드, 본 너트, 흑백 헤드매칭 등 고급기타에 걸맞은 디테일 역시 인상적이다. 디자인은 흰색 바디에 검은색 픽가드를 매치해 단순하면서도 깔끔한 매력을 자아낸다.

사운드는 드라이브 양이 충분한 상황에서도 빈티지한 느낌을 준다. 노장 기타리스트의 취향이 고스란히 녹아 있는 것 같다. 클린톤의 활용도 역시 높은 편이기 때문에 록 카테고리 안에서 상당한 범용성을 확인할 수 있다. 20세기 후반을 휩쓴 '그때 그 시절' 명곡들을 연주한다면 이만큼 기분 좋은 기타도 드물 것이다.

In a Word

인우　40년 전통의 강렬한 할아버지 손맛
두완　제이크님의 연주영상을 반드시 확인할 것

011

Cort
G250

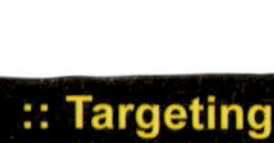

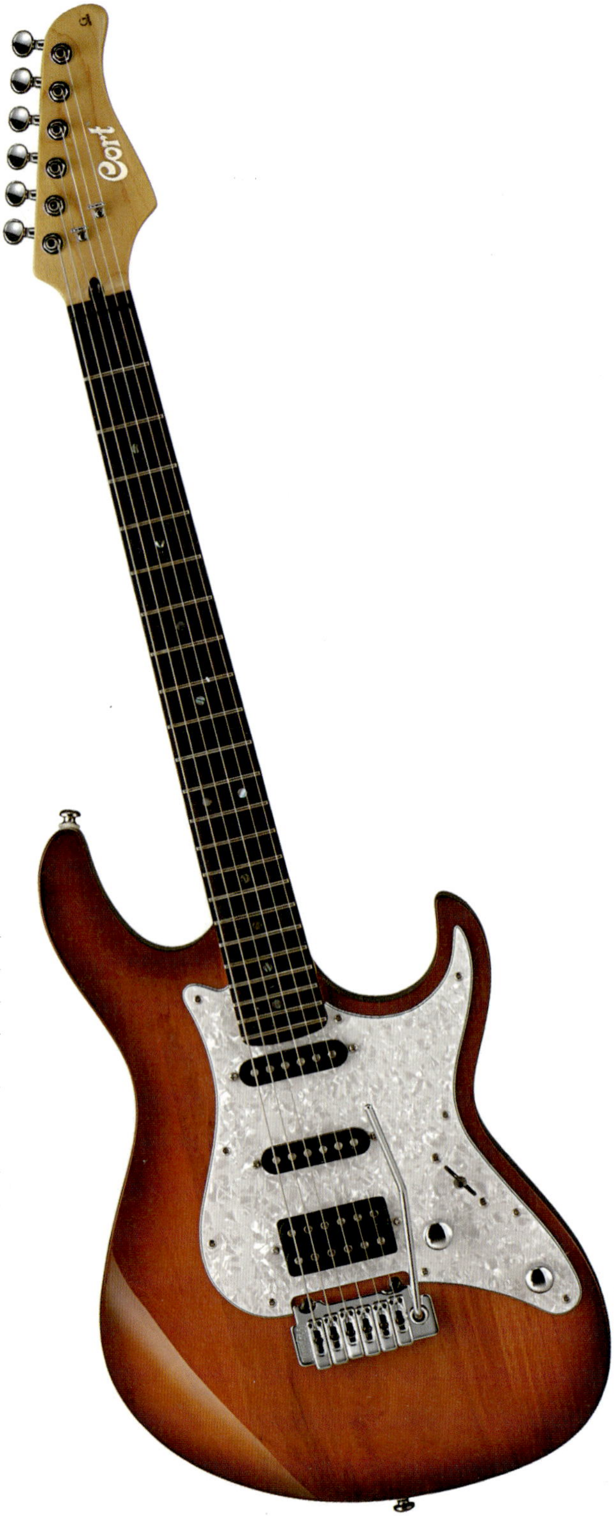

:: Targeting

순수취미에 목적을 둔 일렉 기타 입문자.
실용음악학원의 대규모 비치용 기타.

가격랭크	A
제조국	인도네시아
전장	98cm
무게	3.2kg
머신헤드	Diecast
넥 목재	Canadian Hard Maple
지판 목재	Rosewood
지판 곡률 반지름	305mm
접합 방식	Bolt-on
프렛 사이즈	Large
프렛 수	22
스케일 길이	648mm
바디 목재	Basswood
픽업 구성 및 사양	Neck and Middle: Bluebucker Pro BPEG5 Bridge: BPANC
브릿지	Wilkinson VS50 II Tremolo

콜트(Cort)의 전신은 1973년에 설립된 유아통상이다. 초기에 저가 일렉 기타를 생산하던 유아통상은 기타의 질적 개선에 심혈을 기울인 끝에 펜더, 깁슨, 아이바네즈 등 세계 유수 기타브랜드의 OEM 기업으로 성장했다. 이후로도 해외의 선진 기술을 습득해나간 유아통상은 1980년대에 들어서면서 독립을 시도했다. 이때부터 '콜트'라는 브랜드 네임이 공식화했다. 수년간 유아통상이 쌓아온 기술력은 콜트의 완전한 독립과 꾸준한 성장을 가능케 했고, 그 결과 콜트는 현재 가장 대표적인 국산 브랜드로 높은 인지도를 얻고 있다.

G250은 콜트의 입문용 기타를 대표하는 기본모델이다. 1990년대 후반 출시 후 지금까지 꾸준한 사랑을 받고 있는, 국산 엔트리 모델의 대표 베스트셀러이자 스테디셀러로 굳건히 자리하고 있다. G250이 속해있는 G시리즈에는 10만 원대 중반으로 최저가를 형성하고 있는 G110부터 80만 원에 육박하는 고급형 커스텀(G-Custom) 모델까지 다양

한 스펙과 가격대의 기타들이 포진해 있는데, 그중 G250의 가격대비 성능비가 가장 우수하다.

G250은 전형적인 스트랫을 표방하는 기타다. 아직 장르선호가 확실하지 않은 초심자들이 다양한 사운드를 체험할 수 있도록 사운드의 범용성에 포커스를 맞추고 있다. 베이스우드 바디, 메이플 넥, 로즈우드 지판(메이플 선택 가능)의 목재구성을 가지고 있으며, 윌킨슨의 VS50Ⅱ 트레몰로 브릿지와 콜트의 다이캐스트 헤드머신이 장착되어 있다. S·S·H으로 구성된 블루버커 프로(Bluebucker Pro) 픽업세트는 1볼륨, 1톤, 5단 셀렉터의 전형적인 스트랫 컨트롤로 구동된다.

결론부터 말하자면, 이 가격에 이 정도 성능의 기타는 쉽게 찾아볼 수 없다. 픽업별로 특징이 살아 있는 준수한 사운드와 뛰어난 밸런스는 물론 하드웨어의 깔끔한 마감과 편안한 연주감까지, 실로 놀라운 가성비를 자랑한다. G250을 생애 첫 기타로 선택했다면, 연주 테크닉과 사운드에 대한 이해

가 중급자 이상으로 발전하기 전까지 불편함을 느끼지 못할 것이다. 경계해야 할 것은 뭔가 부족한 것 같은 국산기타에 대한 선입견과 남의 떡이 커 보이는 질투심 뿐이다.

Dame
Saint T250

가격랭크	A	넥 목재	Hardmaple	바디 목재	Basswood
제조국	인도네시아	지판 목재	Rosewood or Maple	픽업 구성 및 사양	Neck, Middle and Bridge: K II-MAX (S-S-H)
전장	100cm	접합 방식	Bolt-on		
무게	3.8kg	프렛 사이즈	Medium	브릿지	WVS 50 II K
		프렛 수	22		
머신헤드	Dame DH-10	스케일 길이	648mm		
너트 재질	Bone				

데임(Dame)은 1998년에 설립된 한국 브랜드다. 기타리스트 조필성, 베이시스트 이태윤 등 국내의 명연주자들을 엔도서로 내세우며 인지도를 높여나갔고, 2010년 미국, 일본, 중국 등지에 해외지사를 설립해 세계시장 진출에도 박차를 가하고 있다. 초심자를 위한 다양한 중저가 기타들을 생산하고 있으며, 그중 세인트(Saint) T250은 데임의 일렉 기타 라인을 대표하는 베스트셀러이자 엔트리 모델로 꼽힌다.

2007년에 첫 출시된 T250은 국내브랜드의 저가 입문자용 일렉 기타 가운데 베스트셀러로 꼽힌다. 데임의 스탠더드 스트랫이 포진해 있는 세인트(Saint) 시리즈에 속해 있으며, 기존에 출시된 T200의 업그레이드 버전이다. 최고의 인기를 자랑하는 기본형 모델(T250) 외에도 스페셜(T250 SP), 빈티지(T250 V), 디럭스(T250 DX), 플레임 메이플 탑(T250 FM) 등 스펙의 세부항목에 따라 모델이 세분화된다.

T250은 기본적인 스트랫 형태와 무난한 스펙 구성으로 가성비와 범용성에 포커스를 맞춘 모델이다. 목재의 경우 바디에 베이스우드, 넥에 메이플이 적용되었고, 지판은 입문자용 모델답게 메이플과 로즈우드 중 하나를 선택할 수 있다. 윌킨슨의 WVS 50ⅡK 브릿지, 본 너트 등 20만원의 중반의 가격대에 비해 준수한 품질의 하드웨어도 인상적이다. 바디에는 데임에서 자체제작한 알니코 마그넷 픽업이 S·S·H 구조로 배열되어 있는데, 1볼륨 1톤 5단 픽업셀렉터에 험·싱 전환 미니토글 옵션까지 적용되어 톤의 가용범위가 상당하다. 또 하나의 특이한 스펙으로는 '뷰티 픽가드'를 들 수 있다. 한마디로 투명 픽가드를 탈착하여 자신이 원하는 디자

인의 속지를 넣을 수 있는 옵션이다. 아기자기한 디자인 포인트를 좋아하는 사람들에게 뷰티 픽가드는 신선한 잔재미가 될 것이다.

이 책에 소개되는 국산 입문자용 기타는 가격은 저렴하되 가성비 높은 기타들로 선정되었다. T250 역시 하드웨어와 사운드 모두 초심자용 입문 기타로 전혀 부족함 없는 준수한 품질을 뽐낸다. 국산에 대한 막연한 선입견이나 브랜드 네임밸류에 대한 아쉬움 때문에 색안경을 끼지만 않는다면, T250은 입문자용 기타로서 매우 경제적이면서도 효율적인 선택이 될 것이다.

In a Word

인우　믿고 쓰는 엔트리의 왕도
두완　이만하면 초심자에게도 과분하다

Danelectro
'59M NOS

:: Targeting

개성 있는 디자인을 중시하는 기타 보컬용 비주얼 기타.
뻔하디 뻔한 '기타스러움'에 질린 연주자.

가격랭크	A~B
제조국	한국
전장	101cm
무게	2.8kg
너트 재질	Aluminum
넥 목재	Maple
지판 목재	Rosewood
지판 곡률 반지름	356mm
접합 방식	Bolt-on
프렛 수	21
스케일 길이	635mm
바디 목재	Masonite Body with Laminated Wood Frame
픽업 구성 및 사양	Neck and Bridge: Lipstick Single Coils(15 years old)
브릿지	Intonatable Saddled

미국의 기타 제작업체 댄일렉트로(Danelectro)의 창립자 네이선 다니엘(Nathan Daniel)이 처음 관심을 가졌던 것은 기타가 아닌 앰프였다. 에피폰(Epiphone)에 앰프를 공급하며 본격적으로 앰프 사업에 뛰어든 네이선은 1947년 'Daniel Electrics'라는 뜻을 가진 앰프 회사 댄일렉트로를 창업한 뒤 1954년을 기해 기타 제조업에 뛰어들었다. '대중이 부담 없이 구매할 수 있는 싸고 질 좋은 기타'를 표방한 네이선의 의도는 1955년에 출시된 C시리즈 기타를 통해 구체화되었다. 이후 댄일렉트로는 일명 '립스틱 튜브(Lipstick Tube)' 픽업이 달린 U시리즈와 6현 베이스 기타인 UB-2와 함께 세를 확장했다. 1958년 독특한 외관을 가진 롱혼(Longhorn)과 쇼트혼(Shorthorn) 모델에 이어 1961년 '벨주키(Bellzouki)'라는 이름의 12현 기타까지 모습을 드러내며 댄일렉트로의 독창적인 세계는 눈부신 빛을 발했다.

그러나 1966년 네이선은 댄일렉트로의 이름을 MCA에 매각했고, 1969년 MCA의 방침에 따라 미국 뉴저지에 있던 댄일렉트로의 공장도 문을 닫았다. 1994년 창립자인 네이선까지 숨을 거두면서 댄일렉트로의 역사도 완전히 막을 내리는 듯했다. 그러나 1998년 미국 캘리포니아에 본거지를 둔 주식회사 이베츠(Evets)가 브랜드 사용권을 따냄으로써 댄일렉트로의 역사는 다시 시작되었다. 현재 이베츠는 한국에 생산라인을 두고 댄일렉트로의 영광을 재현하고 있다.

여러 차례에 걸쳐 라인업을 갱신한 댄일렉트로는 현재 더블넥, 12현, 바리톤, 시타르 등 특이한 스펙을 가진 기타들을 포함해 10여 종의 기타를 생산하고 있다. 그중 가장 대표적인 시리즈로 꼽히는 더블컷어웨이 시리즈는 '59M NOS, '59 MJ, 컨버터블(Convertible)의 세 가지 모델을 포함한다. '59M NOS의 경우 기타리스트 지미 페이지(Jimmy Page)를 비롯한 수많은 아티스트의 손을 거친 것으로도 유명하다.

'59M NOS는 짧은 뿔이 대칭으로 솟은 바디 형태를 갖고 있다. 지금은 단종된 56시리즈의 더블컷어웨이 버전으로 볼 수 있다. 목재별로 메조나이트(파이버 보드의 일종으로 목재 칩을 수증기로 쪄내 굳힌 합판) 바디, 하드메이플 넥, 로즈우드 지판으로 구성되어 있고, 댄일렉트로의 상징과도 같은 두 개의 립스틱 픽업세트가 바디에 장착되어 있다. 이 모델에 장착된 립스틱 픽업은 1999년에 선보인 NOS 립스틱 픽업(NOS lipstick pickup)인데, 모델명 중 'NOS(New Old Stock)'라는 명칭도 여기서 유래했다. 두 개의 이중노브가 2볼륨 2톤을 담당하는 한편, 그 옆으로 3웨이 픽업 토글이 장착되어 있다.

사운드는 한마디로 '개성이 넘친다.' 특이한 재료와 구성으로 이렇게 '기타 같은' 소리를 내는 것이 놀랍기만 하다. 톤의 가변성도 좋고 드라이브도 잘 먹는 편이라 댄일렉트로의 다른 모델에 비해서도 활용도가 높은 편이다. 가벼운 톤부터 어느 정도 무게감이 있는 톤까지 사운드 범위가 넓어 '골라 먹는 재미'가 있다. 물론 적응하는 기간이 다소 필요하지만, 일단 익숙해지고 나면 이만한 별미가 없을 것이다. '비밀병기 겸 세컨드 기타', 딱 그런 느낌이다.

Danelectro

In a Word ———

인우 댄일렉트로 식 스탠더드
두완 일렉 기타 제작의 신기원

Danelectro
Longhorn

:: Targeting

체구가 작은 여성, 혹은 청소년 입문용.
사차원.

가격랭크	A~B
제조국	중국
전장	90cm
무게	2.7kg
머신헤드	Diecast
너트 너비	42mm
넥 목재	Maple
지판 목재	Rosewood
지판 곡률 반지름	356mm
접합 방식	Bolt—on
프렛 수	21
스케일 길이	635mm
바디 목재	Masonite, Plywood
픽업 구성 및 사양	Neck, Middle and Bridge: Lipstick, Single Coil, Alnico
브릿지	6 Saddle Adjustable

아마도 이 책에 실리는 여러 기타 가운데 특이한 디자인으로는 둘째가라면 서러울 기타가 바로 이 롱혼이 아닐까 싶다. 롱혼이라는 이름처럼 길쭉한 대칭형 뿔 모양을 가진 풍뚱한 더블컷어웨이 바디가 충격적인 첫인상을 이끌어낸다. 플라잉 V(Flying V)나 익스플로러(Explorer) 등 특이하긴 하지만 어느 정도 예측 가능한 범주 내에 있는 기타들과 그 특이함의 범주 자체가 다르다. 물론 취향차이는 있겠지만 롱혼의 첫인상이 '특이하다', '신기하다'가 아니라 '멋지다', '매혹적이다'라면 당신의 미적 감각은 일반적이지 않다는 이야기일 수도 있다.

롱혼은 중국산 제품으로 1958년부터 1966년까지 생산되었던 롱혼 시리즈를 리이슈한 모델이다. 바디가 짧아서 체구가 작은 사람들이 연주하기에도 부담 없는 착용감을 자랑한다. 바디에 메조나이트 합판, 넥과 지판에는 각각 메이플과 로즈우드가 사용되었다. 픽업은 립스틱 픽업 세 개가 장착되어 5단 셀렉팅이 가능하다. 롱혼에는 원피스 브릿지 대신 6줄 각각의 피치와 높이 조절이 가능한 니켈 브릿지가 장착되어 있다.

사운드는 개성이 넘치는 정도를 넘어 의도가 무엇인지 파악하기 어려운 '미지의 경지'까지 가 있다. 싸구려 기타인 듯, 초특급 개성인 듯… 그 중간 그 어디쯤에 위치한 독특한 클린톤은 대체 어디에 사용해야 할지 쉽게 감이 잡히지 않는다. 드라이브 양이 부족한 듯, 아닌 듯… 꺼끌꺼끌한 게인톤 역시 장르적 특성을 초월해 있다. 쉽게 말해 어떤 장르에도 딱 어울리진 않지만 모든 장르에 재량껏 쓸 수도 있는, 생각하기 나름인 '안드로메다 식 범용성'을 가지고 있는 기타라 할 수 있다.

익숙한 것만 찾다 보면 새로운 것을 보는 눈은

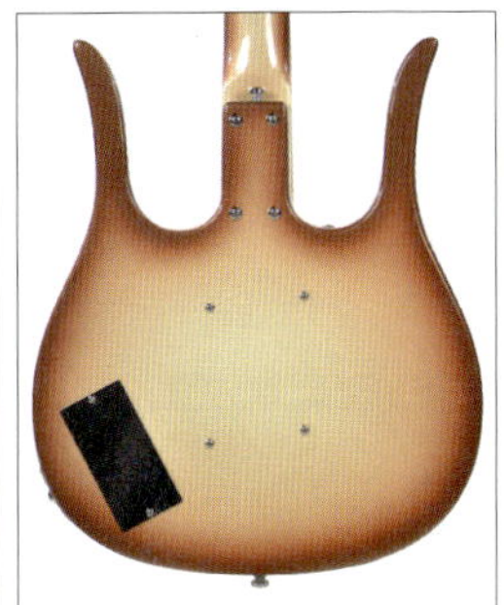

점점 흐려지는 법. 결국 '기타답다'는 판단도 하나의 선입견에 지나지 않을지 모른다. '새로운 것에 대한 두려움 없는 시도', 그리고 '다양한 취향의 존중'이라는 키워드를 쥐고 있는 롱혼을 연주하며 한번쯤 사색의 시간을 가져보는 것도 좋을 것이다.

In a Word

인우 기타인 듯 기타 아닌 기타 같은 너
두완 나는 연주를 할 것인가, 수집을 할 것인가

Dean
USA Michael Schenker Standard

:: Targeting

깁슨에 질린 V 덕후.
록 역사의 명곡들을 최적의 톤으로 연주하고 싶다면.

가격랭크	D
제조국	미국
전장	111cm
무게	3.4kg
머신헤드	Grover Tuners
너트 너비	43mm
넥 목재	Mahogany
지판 목재	Ebony
접합 방식	Set—in
프렛 수	22
스케일 길이	628mm
바디 목재	Mahogany
픽업 구성 및 사양	Neck and Bridge: USA Dean DMT Michael Schenker "Lights Out"
브릿지	Tune—O—Matic

1977년 미국 시카고에서 딘 젤린스키(Dean Zelinsky)가 설립한 딘(Dean)은 한국에서 인지도는 다소 떨어지는 편이지만 지금까지 꾸준한 행보를 보이며 세계적으로 수많은 마니아를 거느리고 있는 인기 브랜드다. 딘의 기타는 크게 USA 기타와 '비(非)' USA 기타로 나눌 수 있다. 모델의 종류는 비USA 기타가 더 많은 반면, 가격은 USA 기타가 더 비싸다. 이것은 재료와 공정의 차이에 따른 결과다. 비USA 기타는 시리즈에 따라 클래식(Classic), 스탠더드(Standard), 커스텀(Custom), 스트레이트 식스(Straight Six), 그래파이트(Graphyte) 등으로 나뉘는데, 클래식과 스탠더드 시리즈의 경우 수많은 하위시리즈를 거느리고 있어 소비자의 갈등을 유발하곤 한다. 그러나 대부분 USA 기타의 콘셉트와 겹치기 때문에 세부 사양에서 아쉬움을 느낄 경우 USA 기타 쪽으로 눈을 돌려보는 것도 좋다.

딘은 일반적인 모양의 기타 외에도 극단적인 헤비셰이프를 비롯해 상상할 수 있는 거의 모든 형태의 모델을 보유하고 있다. 색상이나 디자인도 워낙 화려한 편이라 마치 '기타 종합 박람회'를 연상케 한다. 이러한 다양성과 함께 딘의 강점으로 꼽히는 것은 아티스트 시그너처 모델이다. 그중 마이클 셴커(Michael Schenker), 비니 무어(Vinnie Moore), 다임백 데럴(Dimebag Darrell), 데이브 머스테인(Dave Mustaine)의 모델이 유명하다.

마이클 셴커는 밴드 스콜피언스(Scorpions)와 UFO를 거쳐 일명 'MSG'로 잘 알려져 있는 마이클 셴커 그룹(Michael Schenker Group)을 이끈 독일 출신의 명기타리스트다. 2005년까지 깁슨의 플라잉 V(Flying V)를 사용하며 플라잉 V의 전도사 역할을 톡톡히 했던 마이클은 2006부터 딘을 사용하기 시작했다. 현재 딘의 마이클 셴커 시리즈에 속한 일렉 기타들은 전부 플라잉 V 형태로 제작되고 있다.

USA 마이클 셴커 스탠더드(USA Michael Schenker Standard. 이하 USA 스탠더드) 모델은 마이클 셴커 시리즈의 최상위모델이다. 마이클 셴커 시리즈에는 50만 원 전후로 저렴하게 출시된 보급형 스탠더드 모델을 필두로 다양한 수요를 만족시키기 위한 여러 가격대의 모델이 포진되어 있다. 이 가운데 USA 스탠더드는 간간이 나오는 특별기념모델을 제외하면 시리즈의 최고가인 400만 원 초중반의 가격대를 형성하고 있다. 스탠더드라는 모델이름처럼 마이클 셴커의 사운드 철학이 가장 잘 반영되어 있는 모델이기도 하다.

흑백으로 좌우를 가른 외관과 그로버 튜너가 장착된 리버스 V 형태의 헤드 디자인은 개성과 화려함을 끌어올렸다. 픽업은 마이클의 커스텀 와운드 픽업 험버커 세트가 쓰여 마이클이 선호하는 톤을 충실히 재현했다.

30년이 넘는 마이클 셴커의 음악인생을 대변하는 1980년대의 하드록 드라이브톤이 이 기타를 대표하는 사운드다. 고음역대보다는 중저음이 탁월하여 리프나 배킹 연주에 최적화되어 있다. 메탈기타의 신경질적인 고음역대보다 힘 있는 저역대의 밀도감을 중시하는 연주자에게는 최고의 톤이라고 할 수 있다. 다만 시그너처 기타로서 정체성이 너무 강하다는 점, 그리고 20세기 후반 하드록 씬에 최적화되어 다소 '고풍스러운' 느낌을 줄 수 있다는 점은 감안해야 한다.

In a Word

인우 멋스러움과 고풍스러움의 사이, 그 어디쯤
두완 농익은 하드록 사운드 미디어

Dean
USA VINMAN 2000

:: Targeting

중급이상의 속주 기타리스트.
빈티지한 감성이 공존하는 슈퍼스트랫을 찾고 있다면.

가격랭크	D
제조국	미국
전장	100cm
무게	3.7kg
머신헤드	Grover Tuners
넥 목재	Maple
지판 목재	Maple
접합 방식	Bolt-on
프렛 수	22
스케일 길이	648mm
바디 목재	Alder
탑	5A Quilt Maple
픽업 구성 및 사양	Neck: DiMarzio Fast Track Middle: DiMarzio Vintage Blues Bridge: USA DMT Vinnie Moore
브릿지	Original Floyd Rose

1980년대 중반부터 솔로 아티스트이자 그룹 UFO의 기타리스트로서 왕성한 활동을 펼치고 있는 비니 무어는 잉베이 맘스틴(Yngwie Malmsteen)과 함께 네오 클래시컬 속주 시대를 이끌었던 연주자로 평가받는다. 초기에는 잉베이의 아류로 치부되기도 했지만, 곧 영리한 프레이즈와 깔끔한 연주스타일로 거장의 반열에 올라섰다. 서정성과 공격성을 모두 겸비하며 군더더기 없는 연주를 선보인 그는 지금까지 수많은 후배 연주자들에게 큰 영향을 미쳤다.

딘의 비니 무어 시리즈(Vinnie Moore Series)는 크게 300만 원대 중후반 가격의 상위모델인 USA 빈맨 2000(USA VINMAN 2000)과 100만 원대 초반인 비니 무어 시그너처(Vinnie Moore Signature)로 나뉜다. 이 가운데 빈맨 2000은 전형적인 슈퍼스트랫의 형태를 가지고 있다. 앨더 바디와 월넛·메이플 5피스 넥, 메이플 지판의 구성에 플레임 메이플 탑을 올려 전체적으로 화려한 외관을 뽐낸다. 모든 모델이 헤드 매칭으로 제작되어 디자인의 완성도가 높다. 각지고 날카로운 헤드 모양뿐 아니라 12프렛에 박힌 'VM' 펄 인레이 역시 시선을 사로잡는다. 픽업의 경우 넥과 미들에 DMT 디자인 미니험버커 세트, 브릿지에 USA 비니 무어 커스텀 험버커 픽업이 장착되어 있다.

이 모델은 속주 전용의 슈퍼스트랫이긴 하지만 고출력 하이게인 사운드만을 지향하지는 않는다. 클린톤과 게인톤 모두 빈티지한 감성의 진득한 톤이 묻어나기 때문에 전통적인 장르 음악에도 무난히 적용할 수 있다. 크런치 사운드의 활용도 역시 높은 편이다. 속주를 비롯한 하이테크 플레이를 선호하지만 엄청난 드라이브로 승부하는 극단적 슈퍼스트랫 사운드에 귀가 지쳤다면 반드시 눈여겨볼만한 모델이다.

In a Word

인우 쫄깃쫄깃한 '시골감성' 슈퍼스트랫
두완 외적 편견을 깨는 의외의 범용성

Dean
Dimebag Razorback
- Explosion

:: Targeting

헤비메탈밴드 리드 기타.
장발과 근육 보유자.

가격랭크	C
제조국	한국
전장	116cm
무게	4.1kg
머신헤드	Grover Tuners
넥 목재	Mahogany
지판 목재	Rosewood
접합 방식	Set-in
프렛 수	22
스케일 길이	628mm
바디 목재	Mahogany
탑	Mahogany
픽업 구성 및 사양	Neck: DMT Design Bridge: Seymour Duncan Dimebucker
브릿지	Licensed Floyd Rose

그룹 판테라(Pantera)와 데미지플랜(Damageplan)의 기타리스트로 유명한 다임백 데럴은 타의 추종을 불허하는 날카로운 기타연주로 '면도날'이라는 별명을 가졌다. 특히 스래시 메탈을 바탕으로 리듬감을 강조한 그루브 메탈(groove metal)은 다임백의 연주를 통해 한층 더 진보할 수 있었다. 1980년대부터 2000년대 초반까지 왕성한 음악활동을 하던 다임백은 2004년 미국에서 열린 데미지플랜의 공연 도중 한 관객이 쏜 총에 맞고 사망했다. 뛰어난 연주실력을 가졌는데도 비명횡사의 불운을 피하지 못했던 불세출의 기타리스트 다임백 데럴. 그는 헤비메탈의 상징적 인물이 되어 지금도 록음악씬에 지대한 영향력을 미치고 있다.

다임백 데럴은 딘에서 유일하게 복수의 시리즈를 거느리고 있는 아티스트다. 다임백의 시그너처 시리즈는 레이저백(Razorback), 레이저볼트(Razorbolt), 레벨(Rebel), ML, 스텔스(Stealth)로 나뉜다. 종류가 여럿인 만큼 대표모델을 선정하는 것도 쉽지 않다. 그러나 가장 강렬한 헤비셰이프를 가진 다임백 레이저백 시리즈(Dimebag Razorback Series) 중 국내에서도 인기가 많은 익스플로전(Explosion) 모델만큼은 절대 지나쳐서는 안 되는 명기다.

레이저백 시리즈는 100만 원대 중후반의 모델들이 주를 이룬다. 이 가운데 익스플로전은 100만 원대 후반의 가격을 형성하고 있다. 레이저백 시리즈는 ML 시리즈의 바디모양을 바탕으로 오랜 진화를 거친 듯한, 다소 격렬한 바디모양을 취하고 있는데, 그중 익스플로전은 이러한 바디모양에 불타오르는 듯한 디자인까지 더해져 다임백 기타 중에서도 가장 강렬한 느낌을 준다. 바디 아래쪽 홈이 적절한 위치에 있기 때문에 앉아서 연주할 때도

큰 불편함은 없다. 목재의 경우 바디와 탑, 넥에 마호가니가 사용되었고, 넥에는 로즈우드 지판이 올라가 있다. 플로이드로즈 브릿지를 통해 강력한 아밍 플레이가 가능하며, 세이무어 던컨의 다임버커 픽업세트로 다임백 특유의 메탈톤을 만끽할 수 있다.

입자가 고우면서 퍼즈틱하게 먹는 드라이브의 질감은 배킹, 리프, 피킹 하모닉스 등 스래시 메탈의 주법에 특화되어 있다. 스케일이 짧은 편이기 때문에 연주감과 속주 적응력도 뛰어나다. 클린톤은 의외로 아름답다. 아르페지오 연주에 잘 어울릴 만큼 너무 무겁지 않으면서 영롱한 느낌이 인상적이다. 다만 극단적으로 화려하고 강렬한 첫인상 때문에 사운드에 범용성에 비해 외관의 범용성이 크게 떨어진다는 점이 아쉽다. 이것이 굳이 단점이라면 단점이다.

In a Word

인우 의외로 친절한 험상궂은 아저씨
두완 드라이브만 걸면 그 모습 그대로

Dean
V Dave Mustaine
- Rust In Peace

:: Targeting

헤비메탈밴드 리듬 기타.
타 브랜드에 이은 두 번째 V기타(첫 V로는 다소 부담스러
울 수도).

가격랭크	C
제조국	한국
전장	114cm
무게	3.2kg
머신헤드	Grover Tuners
넥 목재	Mahogany
지판 목재	Ebony
접합 방식	Set—in
프렛 수	24
스케일 길이	648mm
바디 목재	Mahogany
탑	Mahogany
픽업 구성 및 사양	Neck and Bridge: Seymour Duncan Live Wire
브릿지	Tune—o—matic

밴드 메가데스(Megadeth)의 기타리스트이자 보컬리스트로 잘 알려진 데이브 머스테인은 스래시 메탈의 정립과 부흥에 일조한 뮤지션으로 평가받는다. 인기그룹 메탈리카(Metallica)의 초창기 멤버로도 유명한 그는 엄청난 음악적 승부욕과 걸출한 창작력은 물론 고주망태의 생활습관까지 보이며 숱한 화제를 몰고 다녔다. '상남자', '꽃중년' 등 다양한 닉네임을 가진 데이브는 30년이 넘는 긴 시간동안 메가데스를 이끌며 지금도 베테랑의 저력을 과시하고 있다.

딘의 데이브 머스테인 시리즈(Dave Mustaine Series)는 스무 가지가 넘는 하위모델을 포함하고 있다. 50만 원대의 가장 저렴한 모델부터 500만원을 훌쩍 넘는 USA 모델까지 다양한 라인업을 갖추고 있다. 이 가운데 100만 원대 후반의 가격을 형성하고 있는 러스트 인 피스(Rust In Peace) 모델은 한국산으로 잘 알려져 있다. 데이브 머스테인 시그너처 모델 중에 국내 인지도가 가장 높은 모델이기도 하다.

날선 V형태의 바디와 각진 헤드 디자인, 그리고 화려한 그래피티가 더해진 외관은 화려하고 강렬한 분위기를 뿜어낸다. 바디와 넥 모두 마호가니가 사용되었고, 넥에 에보니 지판을 올려 다소 묵직한 목재구성을 취했다. 데이브 머스테인이 선호하는 D 형태의 넥과 곡률반지름이 큰 평평한 지판은 빠른 연주에 최적화되어 있다.

사운드의 경우 우선 헤비메탈의 리프 연주에 최적화되어 있는 드라이브톤이 인상적이다. 마이클 셴커의 V가 보편적인 하드록 느낌을 낸다면, 러스트 인 피스는 흉폭하고 극단적인 게인이 잘 어울리는 메탈머신이라 할 수 있다. 다만 스트링 스루 방식을 썼기 때문에, 이 모델은 화려한 솔로보다 묵직한 리프 위주의 연주에 적합하다. 즉, 직관적인 연주감과 서스테인의 확보가 중요한 리듬기타의 포지션에 특화되어 있다. 따라서 아밍과 같은 현란한 솔로 플레이를 좋아한다면, 러스트 인 피스는 '비추'다.

In a Word

인우 깨달음을 얻은 리듬기타 외길인생
두완 외모로 보나 소리로 보나, 오로지 메탈

Epiphone®

Epiphone
Les Paul CUSTOM PRO

에피폰의 역사를 이야기하려면 오스만 제국까지 거슬러 올라가야 한다. 1873년 오스만 제국 시절에 그리스인 아나스타시오스 스타소포울로스(Anastasios Stathopoulos)가 아랍전통악기인 우드(oud)를 만들면서 에피폰의 역사가 시작되었다. 아나스타시오스는 1903년 미국 뉴욕으로 이주한 뒤에도 계속 악기를 만들어 팔았다. 1915년 아나스타시오스가 죽은 뒤 가업을 물려받은 그의 아들 에파미논다스(Epaminondas)는 밴조 제작에 집중하며 전문 제조업체의 초석을 다졌다.

에파미논다스의 별명 '에피(Epi)'와 그리스어로 '소리'라는 뜻을 가진 '폰(phone)'이 만나 '에피폰(Epiphone)'이라는 명칭이 쓰이기 시작한 것은 1928년의 일이다. 1930년대 초반부터 밴조에서 기타 제작으로 주력사업을 변경한 에피폰은 아치탑 기타 전문 제조사로 이름을 날리기 시작했다. 특히 1936년에 처음 공개된 엠퍼러(Emperor) 모델은 에피폰의 우

수성을 대변하기에 충분했다.

그러나 에피폰의 전성기는 짧았다. 1943년 에파미논다스가 죽으면서 회사의 기반이 흔들리기 시작했다. 형의 사업을 물려받은 동생들이 직원들과 마찰을 일으켰고, 에피폰의 재정 상태는 나날이 악화했다. 회사는 뉴욕에서 필라델피아로 본거지를 옮기며 고군분투했지만 모두 허사였다. 결국 1957년 에피폰은 경쟁사인 깁슨에 인수·합병되었다.

한동안 에피폰은 한국산 저가 악기를 제조하는 브랜드로 전락했다. 그러나 1988년 깁슨의 대표모델들을 우수한 품질과 합리적인 가격으로 생산하면서 재기의 발판을 마련했고, 그 신화는 지금까지 명맥을 이어오고 있다. 흔히 에피폰을 깁슨의 하위브랜드로만 생각하는 경우가 많은데, 이처럼 에피폰은 일렉 기타의 여명기에 독자적인 기술력을 바탕으로 주류 브랜드들과 어깨를 나란히 했던 '유서 깊은 브랜드' 중 하나다.

019

Epiphone
ES-339 PRO

:: Targeting

100만 원대 이상의 솔리드바디 기타를 메인으로 사용하
고 있는 연주자의 서브기타.
최초 기타 구매예산을 다소 여유 있게 설정할 수 있는 초
심자의 엔트리 기타.

가격랭크	B
제조국	중국
전장	105cm
무게	3.3kg
머신헤드	Grover Vintage with Tombstone Buttons (14:1)
너트 너비	43mm
넥 목재	Mahogany
지판 목재	Rosewood
지판 곡률 반지름	305mm
접합 방식	Set-in
프렛 사이즈	Medium Jumbo
프렛 수	22
스케일 길이	628mm
바디 목재	Reduced size Laminated Maple body with solid center block
바디 바인딩	Fingerboard and body 1-ply (cream)
픽업 구성 및 사양	Neck and Bridge: Alnico Classic PRO
브릿지	LockTone Tune-o-matic bridge with LockTone Stopbar tailpiece

ES-339의 가장 큰 특징은 컴팩트한 바디사이즈에 있다. 깁슨 최초의 세미할로우바디 모델로 여전히 많은 사랑을 받고 있는 ES-335가 처음 출시되었을 때, 당시 연주자들은 ES-335만의 풍성하고 아름다운 사운드에 매료되곤 했다. 그러나 바디가 넓은 탓에 잦은 연습과 공연에 대응하는 데 연주감이 떨어진다는 불평을 받았고, 이것을 수용한 깁슨은 ES-335의 사운드 기조를 유지한 채 바디의 크기만 줄인 ES-339를 탄생시켰다.

깁슨 커스텀샵에서만 간간히 구경할 수 있던 ES-339 모델이 처음으로 에피폰에서 출시된다는 소식이 전해졌을 때, ES-399의 넓은 사운드 레인지를 저렴한 가격으로 만날 수 있다는 기대감이 많은 연주자 사이에 자리했다. 그러한 기대에 부응한 에피폰 ES-339는 다양한 호평과 함께 발매 직후부터 상당한 판매고를 올렸다. 처음에는 고가의 메인 솔리드바디 기타를 가지고 있는 중급 이상의 연주자들에게 서브기타로서 인기를 끌었지만, 지금은 첫 기타 구매 예산에 여유가 있는 초심자에게도 엔트리 기타로서 주목받고 있다.

에피폰 ES-339의 최대장점은 '의외의 범용성'이다. 세미할로우바디는 기본적으로 사운드가 재지(jazzy)하거나 솔리드바디 기타에 비해서 특이할 것이라는 선입견이 생기기 쉽지만, 이 ES-339는 적어도 세미할로우바디 기타 중에서는 가장 무난하고 다채로운 사운드를 뽑아낸다.

ES-339 프로 모델의 경우 동일브랜드의 다른 세미할로우 모델과 마찬가지로 바디에 라미네이티드 메이플(단풍나무 합판)이 사용되었고, 마호가니 넥에 로즈우드 지판이 올라갔다. 픽업으로 사용된 알니코 클래식 프로는 흔히 '가요톤'으로 통칭되는 날렵한 클린톤부터 파워풀한 고출력 게인 사운드까지 상당히 넓은 톤 레인지를 구현한다. 여기에 매우 유의미하면서도 밸런스가 좋은 푸시풀 방식의 코일 탭 옵션이 적용되기 때문에, 사운드 레인지는 한층 더 확장된다. 세미할로우의 개성과 엔트리 기타가 가질 수 있는 최고의 범용성을 동시에 취하고 싶은 이들에게 이 이상의 대안은 없을 것이다.

In a Word —————

인우 세미할로우에 숨겨 놓은 희대의 범용성
두완 품질보증마크 '339'

020

Epiphone
Les Paul Custom PRO

:: Targeting

스트랫 형태의 메인기타가 지겨워진 중급 이상 연주자의
'환승용' 기타.
레스 폴 한 대로 모든 장르를 커버하고 싶은 연주자.

가격랭크	B
제조국	중국
전장	103cm
무게	3,8kg
머신헤드	Grover Tuners(14:1)
너트 너비	43mm
넥 목재	Mahogany
지판 목재	Rosewood
지판 곡률 반지름	305mm
접합 방식	Set-in
프렛 사이즈	Medium Jumbo
프렛 수	22
스케일 길이	628mm
바디 목재	Mahogany
바디 바인딩	Body Top (5-ply white/black) / Body Back (5-ply white/black) / Body (1-ply cream)
탑	Maple Veneer
픽업 구성 및 사양	Neck: ProBucker-2(4-wire) Bridge: Probucker-3(4-wire)
브릿지	LockTone Tune-o-matic bridge with Stopbar tailpiece

에피폰은 스탠더드부터 리이슈, 시그너처 라인까지 다양한 레스 폴 모델을 보유하고 있다. 그래서 '레스 폴'이라는 큰 카테고리 안에서 대표모델을 선정하기가 꽤 까다로운 브랜드다. 그럼에도 이름부터 레스 폴 라인을 대표하는 레스 폴 '스탠더드'를 제치고 레스 폴 '커스텀 프로(Custum PRO)'를 본 지면의 대표모델로 선정한 이유는 에피폰 특유의 '중저가'와 '가성비'라는 키워드에 있다.

커스텀 프로는 스탠더드에 비해 다양한 옵션과 고급 스펙을 갖고 있다. 전자는 70만 원대, 후자는 50만 원대로 두 모델의 가격차는 약 20만원에 불과하지만, 스펙과 사운드의 차이가 가격 차이를 능가한다. 쉽게 말해 '가성비'에서 우열이 갈린다.

커스텀 프로는 마호가니 바디, 마호가니 넥, 로즈우드 지판의 전형적인 레스 폴 목재구성을 취하고 있다. 에피폰을 대표하는 고급 픽업인 프로버커(ProBucker) 픽업세트를 썼는데, 이를 통해 커스텀 프로는 알니코 클래식 픽업세트가 장착된 스탠더드보다 더 강렬한 게인 사운드를 뽑아낸다. 이러한 픽업세트와 함께 선택된 푸시풀 방식의 코일탭 옵션은 사운드메이킹의 범위를 넓힌다.

일반적으로 저가형 기타에 장착된 코일탭 옵션은 무의미한 변화 양상을 보여준다거나 험·싱 전환 시 출력 밸런스가 깨지는 고질적인 문제점을 드러내곤 한다. 하지만 에피폰의 코일탭은 비단 커스텀 프로뿐 아니라 코일탭이 장착된 모든 에피폰 기타에서 뛰어난 퀄리티를 자랑한다. 험·싱의 사운드 전환은 물론, 싱글 전환 시 문제로 나타나는 사운드 밸런스도 나무랄 데 없는 안정감을 드러낸다. 이쯤 되면 코일탭은 에피폰의 필살 스펙이라고 해도 과언이 아니다.

이외에도 이 기타를 '커스텀 프로'로 만들어주는 스펙은 다양하다. 바디 앞뒤로 배치된 디테일한 더블 바인딩, 헤드 중앙에 배치된 커스텀 로고, 새하얀 알파인 화이트(에보니 색상옵션도 가능) 바디 위에 올라간 금장 하드웨어 등 사운드뿐 아니라 외관의 고급화를 지향한 흔적이 곳곳에서 드러난다.

깁슨의 레스 폴이 최고급 재료를 단순한 조리법으로 녹여낸 우직한 전통 요리의 느낌이라면, 에피폰의 레스 폴은 저렴한 재료를 다양한 요리법과 메뉴 구성으로 맛깔나게 활용한 퓨전 요리의 느낌이 강하다. 이것이 중저가 브랜드로서 에피폰이 갖는 가장 중요한 정체성이자 강점이기도 하다.

Epiphone

In a Word

인우 넓은 톤 레인지를 자랑하는 전천후 레스 폴
두완 고(故) 레스 폴(Les Paul) 씨도 극찬할 만한 레스 폴

021

Epiphone
The Dot

처음으로 세미할로우바디 기타를 구매하고자 하는 연주자.
기타의 최대 덕목은 역시 가성비라고 생각하는 연주자.

가격랭크	B
제조국	인도네시아
전장	110cm
무게	3.5kg
머신헤드	Grover Tuners(16:1)
너트 너비	43mm
넥 목재	Mahogany
지판 목재	Rosewood
지판 곡률 반지름	305mm
접합 방식	Set-in
스케일 길이	628mm
바디 목재	Laminated Maple
탑	Laminated maple
픽업 구성 및 사양	Neck: Alnico Classic Humbucker Bridge: Alnico Classic Plus Humbucker
브릿지	LockTone Tune-o-matic bridge with Stopbar tailpiece

깁슨의 '대표 세미할로우바디 기타' 하면 가장 먼저 떠오르는 모델이 ES-335다. 이 모델의 에피폰 리이슈 버전이 바로 에피폰의 닷(The Dot)이다. 닷은 단순히 깁슨 ES-335의 저가형 카피모델이 아니라 에피폰 특유의 정체성과 톤의 개성이 살아 있는 대표적인 중저가 세미할로우바디 모델이다.

닷은 라미네이티드 메이플(단풍나무 합판) 바디에 마호가니 넥, 로즈우드 지판의 목재구성을 취하고 있다. 지판 위에는 이 기타의 모델명이 된 담백한 '닷' 인레이가 올라가 있다. 중앙의 센터블록 양쪽으로 챔버드 윙(chambered wings, 빈 공간이 있는 바디의 양 날개 부분)을 붙이는 세미할로우바디 기타 고유의 제작공법이 그대로 적용되었다. 넥 픽업에 알니코 클래식 험버커, 브릿지 픽업에 알니코 클래식 플러스 험버커가 장착되었다.

사운드는 기본적으로 세미할로우바디 기타 특유의 톤을 잘 살리고 있다. 자사의 또 다른 세미할로우바디 기타인 ES-339 프로(PRO)와 비교했을 때 범용성은 상대적으로 떨어지지만, 세미할로우의 기준이라고 할 수 있는 깁슨의 ES-335 스타일의 세미재즈 톤을 재현하는 데 있어서는 한 수 위다. 그렇다면 깁슨의 ES-335와 직접 비교해보면 어떨까? 가격차를 생각하면 당연한 이야기겠지만, 일단 깁슨의 ES-335가 닷에 비해 풍성한 바디의 울림, 높은 해상도, 고음역대의 영롱한 톤을 갖고 있다. 그러나 6~7배 정도의 가격차를 고려했을 때, 이 두 기타의 퀄리티 차이가 생각만큼 크지 않다는 점은 짚고 넘어가야 할 부분이다. 주관을 보태자면 70~80%의 품질을 15% 전후의 가격대로 얻을 수 있는 셈이니, 가성비 측면에서 이 보다 더 나은 세미할로우바디 기타는 없다고 해도 과언이 아니다.

실제로 타 브랜드의 세미할로우바디 기타 모델을 살펴보면 닷보다 저렴하게 출시되는 모델은 많지 않다. 세미할로우바디 기타가 가질 수 있는 가장 저렴한 가격대에 이 정도의 품질을 실현시킨 에피폰의 저력에 박수를 보내고 싶다. 톤에 실린 바디의 울림에 눈을 뜨기 시작했다면, 몽글몽글한 재즈 기타의 프레이즈가 귀에 감기기 시작했다면, 이 기타야말로 지금 당장 주목해야 할 명기다.

In a Word ────────

인우 최적의 세미할로우바디 엔트리 기타
두완 프로가 아닌 이상 굳이 깁슨 ES-335까지 갈 필요도 없다

022

Epiphone
G-400 PRO

:: Targeting

밴드에서 리듬과 배킹 연주를 주로 하는 세컨드 기타.
특이한 디자인과 무난한 사운드의 첫 기타를 구매하고
싶은 초심자.

가격랭크	A
제조국	인도네시아
전장	104cm
무게	3.2kg
머신헤드	Wilkinson Vintage Classics(14:1)
너트 너비	43mm
너트 재질	Black Imitation Bone (PVC)
넥 목재	Mahogany
지판 목재	Rosewood
지판 곡률 반지름	305mm
접합 방식	Set-in
프렛 사이즈	Medium Jumbo
프렛 수	22
스케일 길이	628mm
바디 목재	Mahogany
픽업 구성 및 사양	Neck and Bridge: Epiphone Alnico Classic PRO 4-wire Humbucker
브릿지	LockTone Tune-o-matic bridge with LockTone Stopbar tailpiece

에피폰의 가장 큰 매력은 역시 저렴한 가격으로 깁슨의 명기타들을 주니어 버전으로 만날 수 있다는 점이 아닐까. 그런 점에서 볼 때 G-400 프로(PRO) 역시 준수한 품질의 SG 대체제다. 다만 한 가지 짚고 넘어가야 할 점은 에피폰의 레스 폴이나 세미할로우바디 라인의 기타들이 깁슨의 원작들을 재현하는 수준이 워낙 높다보니 상대적으로 G-400이 다소 아쉽게 느껴진다는 것이다. 물론 이것은 어디까지나 '상대적인' 이야기다.

G-400 프로는 일반적인 SG 스펙인 마호가니 바디, 마호가니 넥, 로즈우드 지판의 목재구성을 그대로 취하고 있다. 바디에 알니코 클래식 프로 4와이어 픽업세트가 장착되어 있고, 슬림테이퍼 넥이 편안한 연주감을 제공한다. ES-339나 레스 폴 커스텀 프로와 마찬가지로 푸시풀 방식의 코일탭 기능이 적용되어 깁슨 SG 오리지널의 고질적 아쉬움인 '뚱뚱한 클린톤'을 날씬하게 정리할 수 있다.

전체적인 톤은 다소 아쉽다. 코일탭을 이용해 사운드 메이킹의 범위를 넓힐 수 있다는 장점이 있지만, 기본이 되는 험버커 톤의 해상도는 다소 떨어지는 편이다. 높은 주파수 대역에서 시원하게 뻗는 느낌이 적고, 하이게인 연주 시 저음이 약간 뭉개져 뮤트 배킹의 손맛 역시 덜하다. 그러나 40만 원대라는 저렴한 가격대를 생각해보면, 이 역시 '상대적인' 푸념으로 받아들일 수 있는 수준이다.

모든 장르를 커버할 정도로 범용성이 높은 편은 아니지만, 록의 범주에서는 이것저것 쓸 만한 톤이 많다. 팜뮤트 주법이 주를 이루는 리프 위주의 메탈에서는 먹먹한 저음이 다소 아쉽겠지만, 파워코드 위주의 하드록 사운드라면 안성맞춤이다. SG 스타일의 '사운드'보다 단순히 SG 형태의 기타 '디자인'을 원하는 초심자의 경우, 20만 원대에 출시된 압도적 가성비의 입문용 기타인 SG 스페셜(SG Special)로 눈을 돌려보는 것도 좋다.

In a Word

인우 SG '오픈베타서비스'
두완 기타로 막 달리고 싶을 때

023

Epiphone
Casino

:: **Targeting**

비틀즈 팬.
로큰롤과 블루스를 좋아하는 독불장군형 연주자.

가격랭크	B
제조국	인도네시아
전장	106cm
무게	2.7kg
머신헤드	Small Button
너트 너비	43mm
넥 목재	Mahogany
지판 목재	Rosewood
지판 곡률 반지름	305mm
접합 방식	Set—in
프렛 사이즈	Medium Jumbo
프렛 수	22
스케일 길이	628mm
바디 목재	5—ply Maple
탑	Basswood
픽업 구성 및 사양	Neck and Bridge: Epiphone P—90
브릿지	LockTone Tune—o—matic bridge with Trapeze tailpiece

앞서 살펴본 모델들과 카지노(Casino)의 가장 큰 차이점은 '오리지널리티'다. 레스 폴, SG, ES-335, ES-339 등 깁슨의 원조모델을 리이슈한 버전이 아닌 에피폰만의 고유모델, 그중에서도 가장 유서 깊으며 에피폰의 정체성을 듬뿍 담고 있는 모델이 바로 카지노다. 씬라인 풀할로우 형태로 제작된 카지노는 1961년 첫 출시 이후 50년이 넘는 긴 시간 동안 깁슨과 별개로 에피폰만의 오리지널리티를 확립하는 기수 역할을 했다.

카지노는 외관만 언뜻 보면 세미할로우바디로 착각하기 쉽지만 실제로는 센터블록이 없는 풀할로우바디 기타다. 1960년대로 접어들면서 두껍고 커다란 아치탑 할로우바디에서 ES-335 스타일의 세미할로우바디로 시장의 대세가 바뀌었는데, 이러한 양상이 풀할로우 시장에도 영향을 미쳐 ES-335를 연상시키는 씬라인의 새로운 기조가 등장한 것이다.

카지노는 뮤지션 덕을 크게 본 모델이기도 하다. 가장 대표적인 아티스트가 다름 아닌 비틀즈(The Beatles)다. 활동 당시 드러머를 제외한 모든 멤버가 카지노를 손에 쥔 적이 있다. 비틀즈 음악에 사용된 카지노 사운드는 「Revolver」(1966), 「Sgt. Pepper's Lonely Hearts Club Band」(1967) 등 스튜디오 앨범에서도 쉽게 확인할 수 있다. 비틀즈 외에도 비치보이스(The Beach Boys)의 칼 윌슨(Carl Wilson), 오아시스(Oasis)의 노엘 갤러거(Noel Gallagher) 등 유명 아티스트들이 카지노를 사용하며 대중음악사의 사운드 측면에 지대한 영향을 미쳤다.

카지노는 바디에 라미네이티드 메이플, 탑에 베이스우드가 쓰였고, 넥과 지판에 각각 마호가니와 로즈우드가 쓰였다. 픽업의 경우 P-90 소프바세트로 범용성보다 개성 넘치는 풀할로우 사운드를 구현하는 데 초점을 맞추었다. 로큰롤이나 가벼운 블루스에 잘 어울리는 P-90 특유의 빈티지 사운드가 인상적이다. 바디의 공명을 따뜻하게 전달하는 클린톤도 지나칠 수 없다.

물론 확고한 개성과 범용성이 양립하긴 쉽지 않다. 깔끔하고 날씬한 클린톤을 뽑아내거나 모던한 음악에 활용하는 데 카지노는 다소 한계가 있다. 그러나 '장르적으로 딱히 정해진 톤이란 게 있나? 난 내 맘에 드는 톤으로 내 갈 길 가겠다!' 하는 연주자에게 이 기타는 최고의 아이템이 될 수 있다.

In a Word

인우 깁슨의 하위 브랜드가 아님을 당당히 증명하는 에피폰의 효자

두완 세계대중음악사가 많은 빚을 진 명명백백한 유물

024

Epiphone
Sheraton II

:: Targeting

사운드 퀄리티에 민감한 중급이상 연주자의 첫 세미할로
우바디 기타.
서브기타로 장만하기에는 ES-335의 가격대가 너무 부
담스럽다면.

가격랭크	B
제조국	인도네시아
전장	106cm
무게	3.8kg
머신헤드	Grover Tuners(14:1)
너트 너비	43mm
넥 목재	5-piece Hard Maple/Walnut
지판 목재	Rosewood
지판 곡률 반지름	305mm
접합 방식	Set-in
프렛 사이즈	Medium Jumbo
프렛 수	22
스케일 길이	628mm
바디 목재	Laminated Maple with Mahogany Center Block
바디 바인딩	Multi-Body
픽업 구성 및 사양	Neck and Bridge: Alnico Classic Humbucker
브릿지	Gold Locktone Tune-o-matic bridge with Stopbar tailpiece

쉐라톤(Sheraton)은 카지노와 함께 에피폰을 대표하는 오리지널모델로 꼽힌다. 1958년 깁슨의 칼라마주 공장에서 처음 생산된 이 모델은 발매 직후부터 큰 사랑을 받으며 당시 위기에 빠져 있던 회사를 구해내는 데 결정적인 역할을 하기도 했다. 이 기타는 20세기 중반을 풍미한 블루스의 거장 존 리 후커(John Lee Hooker)가 애용하며 더욱 유명세를 떨쳤다. 실제로 존은 쉐라톤이 깁슨의 ES-335 시리즈를 능가한다는 극찬을 보내기도 했다. 최근엔 밴드 뱀파이어 위켄드(Vampire Weekend)의 에즈라 코에닉(Ezra Koenig)이 픽가드를 제거한 내추럴 색상의 쉐라톤 모델을 즐겨 사용해 다시 한 번 주목을 받았다.

쉐라톤은 풀할로우인 카지노와 달리 마호가니 센터블록을 삽입한 세미할로우의 형태를 취하고 있다. 측후판과 상판 모두 라미네이티드 메이플로 제작되었고, 넥은 하드 메이플과 월넛의 5피스 구성을 취하고 있다. 픽업으로 쓰인 알니코 클래식 험버커 픽업세트는 ES-335 스타일의 사운드를 재현한다. 전후면에 새겨진 더블바인딩과 금장 하드웨어, 블록 앤 트라이앵글(block & triangle) 자개 인레이는 외관의 품격을 높인다.

바디의 울림이 잘 전달되면서도 따뜻함이 살아있는 클린톤 사운드는 뛰어난 퀄리티를 자랑한다. 전체적인 톤의 질감은 부드러운데, 톤메이킹에 따라 뭉근한 재즈톤부터 쟁글쟁글한 블루스톤까지 두루 소화가 가능하다. 특히 알니코 클래식 험버커에서 뿜어져 나오는 게인톤이 생각보다 강렬해 하드록 계열은 물론 개러지나 모던한 장르까지 포괄할 수 있다. 개성 넘치는 카지노의 P-90보다 더 넓은 사운드 레인지를 자랑하는 알니코 클래식 험버커의 저력을 다시금 확인할 수 있다.

쉐라톤의 범용성이 카지노보다 그저 '조금' 뛰어난 정도라고 생각하면 큰 오산이다. '전천후'라는 말이 어울리는 세미할로우바디 기타가 있다면, 그것이 바로 쉐라톤이라고 해도 과언이 아니다. 연주자들 사이에서 쉐라톤이 '에피폰의 숨은 명기'로 칭송받으며 꾸준한 사랑을 받아온 비결은 결국 이 사운드의 내밀함에 있었던 것이 아닐까.

In a Word

인우 ES-335와 정면승부가 가능한 에피폰의 비밀병기
두완 에피폰을 얕볼 수 없는 가장 큰 이유

ESP
E-II ECLIPSE DB VB

:: Targeting

클린톤·드라이브톤의 전환이 잦은 연주자.
너무 무거운 메탈이 좀 부담스럽다면.

가격랭크	C~D
제조국	일본
전장	97cm
무게	3.6kg
머신헤드	Gotoh Locking Tuners
너트 너비	42mm
너트 재질	Bone
넥 목재	Mahogany
지판 목재	Ebony
지판 곡률 반지름	305mm
접합 방식	Set-in
프렛 사이즈	Extra Jumbo
프렛 수	22
스케일 길이	628mm
바디 목재	Mahogany
탑	Maple
픽업 구성 및 사양	Neck: EMG 60 Bridge: EMG 81
브릿지	Gotoh TOM Bridge & Tailpiece

1975년 일본에서 탄생한 ESP(Electronic Sound Products)는 1980년대 스래시메탈씬에서 두각을 나타내기 시작했다. 특히 밴드 메탈리카(Metallica)의 커크 해밋(Kirk Hammett)과 제임스 헷필드(James Hetfield)를 엔도서로 확보한 것이 회사의 인지도 상승에 결정적인 역할을 했다. 메탈리카가 헤비메탈 음악의 절대 강자로 떠오르면서 ESP의 인기도 덩달아 치솟았다. 특히 ESP의 라이벌로 꼽히던 잭슨이 2002년을 기해 펜더에 인수되고, 이후 잭슨의 엔도서였던 기타리스트들이 ESP로 대거 이동함에 따라 ESP는 '강성(强聲)'의 선두주자가 되었다.

ESP의 제품군은 크게 ESP E-II, ESP 오리지널(Original), ESP USA, LTD, 시그너처로 분류된다. 이 가운데 최고급모델이 포진한 오리지널 시리즈는 바디모양에 따라 이클립스(Eclipse), FRX, 호라이즌(Horizon), 미스티크(Mystique)로 나뉜다. 오리지널 시리즈와 LTD의 중간 레벨에 위치한 E-II 시리즈의 경우 이클립스, FRX, 호라이즌, 미스티크는 물론 M, ST, TE 등 더 많은 시리즈로 나뉜다. 2014년 미국 캘리포니아주에 ESP 공장이 들어서면서 탄생한 ESP USA 역시 이클립스, 호라이즌, M-III 등의 하위시리즈를 갖고 있다.

바디 형태를 기준으로 삼았을 때 ESP를 상징하는 시리즈는 단연 이클립스다. 오리지널 시리즈에 속한 이클립스 모델(CTM)이 500만 원을 훌쩍 뛰어 넘는 살인적인 가격대를 가진 반면, E-II 시리즈에 속한 이클립스 모델들은 다행히(?) 상대적으로 부담이 덜한 200만 원 전후 가격대다. 이러한 E-II 이클립스 모델의 가장 큰 장점은 오리지널 이클립스 모델과 픽업구성이 같다는 것이다. 결국 오리지널 사운드의 기조나 퀄리티를 잘 유지한 상태에서 절반 이하의 가격을 갖고 있기 때문에, E-II 이클립스 모델은 CTM의 대체재로 충분한 자격을 갖췄다.

E-II 이클립스 시리즈가 보유한 여러 모델 가운데 DB VB는 마호가니 넥, 에보니 지판, 메이플 탑의 목재구성으로 메탈기타다운 위용을 과시한다. 의외로 얇은 넥과 엑스트라점보 프렛이 적용되어 외관에 비해 연주감도 편하고, 속주도 용이하다. 픽업은 오리지널 이클립스와 같은 EMG 81/60 액티브 험버커의 구성을 취하고 있다. 미국산과 일본산의 단가차이를 고려하면 결국 목재나 하드웨어에서 가격을 절감한 셈인다.

상위시리즈부터 원산지와 픽업만 다시 정리해보면, 오리지널은 미국산·EMG, USA는 미국산·세이무어 던컨, E-II는 일본산·EMG다. 물론 각 시리즈마다 목재의 퀄리티 차이가 있는 것은 사실이지만, 그중에서 E-II 이클립스의 가성비가 가장 뛰어나다는 사실은 부정할 수 없다. 오리지널과 E-II를 일반적인 '상위모델-보급형모델'의 도식으로 생각하면 큰 오산이다.

사운드는 날렵한 외관처럼 시원하고 깔끔하다. 오리지널 이클립스가 묵직하고 강렬한 느낌을 강조했다면, E-II 이클립스는 저음부터 고음까지 고르게 정돈된 '메탈모범생' 같다. 드라이브만큼 클린톤도 상당히 날씬하다. 픽업의 가변성이 좋기 때문에 추가적인 이펙팅 없이 앰프톤만으로도 활용도가 높다. 하이게인 성향의 연주를 즐기면서 클린톤도 자주 쓰는 연주자라면, 이 모델은 가려운 곳을 정확히 긁어주는 좋은 파트너가 될 것이다.

In a Word ───────

인우 메탈의 중립지대
두완 반전 있는 터프가이

026

ESP
KH-2

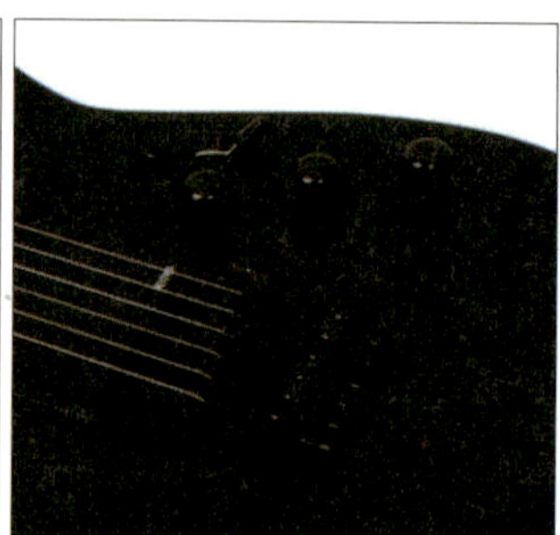

메탈리카 만능주의자.
이클립스의 사운드마저 무겁다고 생각한다면.

가격랭크	D
제조국	일본
전장	98cm
무게	3.3kg
머신헤드	Gotoh Tuners
너트 너비	42mm
넥 목재	Maple
지판 목재	Rosewood
지판 곡률 반지름	400mm
접합 방식	Bolt—on
프렛 사이즈	Extra Jumbo
프렛 수	24
스케일 길이	648mm
바디 목재	Alder
픽업 구성 및 사양	Neck: EMG 60 Bridge: EMG 81
브릿지	Floyd Rose Original

ESP의 상업적 성공을 이끈 일등공신은 단연 메탈리카다. 메탈리카에서 기타를 연주하는 커크 해밋과 제임스 헷필드 모두 ESP에서 오랫동안 엔도서 자리를 지켰다. 메탈리카가 전 세계 록음악계에서 압도적인 영향력을 갖고 있는 만큼, 두 사람은 ESP에서 다수의 시그너처 모델을 보유하고 있다. 제임스 헷필드의 시그너처 라인업이 크게 이클립스 형태와 헤비셰이프의 익스플로러 형태로 나뉘는 한편, 커크 해밋의 시그너처 라인업은 일반 스트랫 형태가 주를 이루는 가운데 간간이 더블컷어웨이 레스 폴 형태가 섞여 있다.

제임스 헷필드도 물론 뛰어난 기타리스트지만, 커크 해밋이야말로 리드 기타리스트로서 메탈리카의 사운드를 진두지휘하고 있다고 해도 지나치지 않다. 커크 해밋의 시그너처 모델 중 가장 유명한 모델은 단연 'KH-2 빈티지(Vintage)'다. 바디 하단을 장식한 주황색 라벨과 렐릭 처리된 외관부터 치명적인 매력을 뿜낸다. 문제는 가격이다. 기본 판매가가 800만 원을 넘으니, 지판에 새겨진 해골 인레이보다 가격이 더 무섭다고 할 수 있다.

다행히 이 모델과 같은 계보에 있는 저렴한 버전의 모델이 여럿 있다. 40만원 전후의 KH-JR, 100만원 전후의 KH-330, 200만원 전후의 KH-602 등 다양한 가격대의 모델이 KH 라인업을 구성하고 있다. 이 가운데 KH 사운드의 본질을 잘 구현하는 동시에 가성비도 뛰어난 기타가 바로 KH-2 모델이다. 앞서 이야기한 KH-2 빈티지 모델과 이 모델의 차이는 외관의 렐릭 여부와 넥 접합방식에서 나타난다. 물론 화려한 렐릭 처리에 따르는 공임과 대표모델의 상징성을 갖고 있는 것은 빈티지 모델이지만, 볼트온인 KH-2와 넥스루인 빈

티지 모델 사이의 사운드 차이는 크지 않다. 결국 양자의 차이에 따른 300만 원 가량의 추가비용을 지불할지 여부는 개개인의 가치판단에 달린 셈이다.

KH-2는 메탈전용기타지만 다소 스트랫에 가까운 목재구성을 취하고 있다. 그리고 얇은 넥과 엑스트라점보 24프렛은 속주를, 오리지널 플로이드로즈는 격렬한 아밍 플레이를 가능케 한다. 바디엔 ESP의 전형적 메탈용 옵션인 EMG 81/60 액티브 험버커 세트가 장착되어 있다.

일반적으로 헤비메탈기타는 목재구성에 따라 크게 두 종류로 나눠볼 수 있다. 한쪽이 마호가니와 에보니 위주의 묵직한 구성이라면, 다른 한쪽은 앨더나 메이플을 내세운 선명한 스트랫 성향의 구성이다. 그런데 KH-2는 후자의 목재구성에 액티브 픽업인 81/60 세트를 더해 새로운 정체성을 확보했다. 묵직하고 강렬한 일렉트릭의 성향을 단단하고 밝은 성향의 나무에 얹어 날카로운 뉘앙스를 탄생시킨 것이다. 한동안 어색해 보였던 이 '콜라보'는 결국 이 시대를 대표하는 메탈사운드가 되었다.

In a Word ─────────────

인우 칼바람 휘몰아치는 한겨울 메탈사운드
두완 강성의 엄연한 척도

027

ESP
E-II HORIZON QM/FR RDB

:: Targeting

팔색조 같은 매력을 품고 있(다고 스스로 믿)는 연주자.
꽤 노력해봤지만 액티브 픽업과는 도무지 친해지지 않는
다면.

가격랭크	D
제조국	일본
전장	96cm
무게	3.2kg
머신헤드	Gotoh Tuners
너트 너비	42mm
넥 목재	Maple
지판 목재	Ebony
지판 곡률 반지름	305mm
접합 방식	Set-through
프렛 사이즈	Extra Jumbo
프렛 수	24
스케일 길이	648mm
바디 목재	Mahogany
탑	Quilted Maple
픽업 구성 및 사양	Neck: Seymour Duncan SH-2 Bridge: Seymour Duncan TB-14
브릿지	Floyd Rose Original

ESP의 대표모델로 입지를 굳건히 하고 있는 양대 산맥은 이클립스와 호라이즌이다. 이 가운데 호라이즌은 아치 형태의 굴곡이 유려한 메이플 탑과 특색 있는 헤드 모양으로 외관의 포인트를 살렸다. 헤드의 경우 E-II 시리즈의 7현이나 8현 모델을 제외하면 전부 위아래로 세 개씩 페그가 배치된 휘어진 삼각뿔 모양이다. 이러한 디자인과 함께 넥스루 접합방식도 중요한 특징 중 하나다. 이클립스와 마찬가지로 호라이즌 역시 오리지널, USA, E-II 카테고리에서 확인할 수 있고, 이 순서대로 각각 500만 원, 400만 원, 200만 원의 가격대가 형성되어 있다.

E-II의 호라이즌 시리즈에 속한 QM/FR RDB 모델은 바디에 마호가니, 넥에 메이플, 지판에 에보니, 탑에 퀼티드 메이플이 쓰였다. 헤드에 고토 튜너, 바디에 오리지널 플로이드로즈 브릿지가 장착되어 있고, 얇은 넥과 엑스트라점보 24프렛은 속주의 편의를 도모한다. 픽업의 경우 앞서 살펴본 EMG 픽업의 ESP 기타들과 달리 넥과 브릿지에 각각 세이무어 던컨의 SH-2, TB-14 패시브 험버커 세트가 쓰여 사뭇 다른 사운드 기조를 뽐낸다.

물론 퀼티드 메이플 탑과 유선형의 헤드 형태가 어우러진 고급스럽고 화려한 디자인도 빼놓을 수 없다.

사운드는 바삭하면서도 알찬 드라이브톤의 질감이 일품이다. 패시브 픽업이라고 해서 힘이 떨어질 거라고 생각한다면 큰 오산이다. 전체적인 출력량의 차이는 있지만, 적절한 볼륨세팅을 통한 저음의 뮤트 배킹은 오히려 EMG보다 더 '헤비메탈스럽다'고 느껴질 수 있다. 이클립스의 사운드가 적당한 크기의 고른 입자감을 가졌다면, 호라이즌은 큰 덩어리를 씹는 맛과 그 위에 뿌려진 파우더의 고운 입자감이 어우러져 다채로운 느낌을 준다. 결국 호라이즌은 믿음직한 메탈모범생인 이클립스보다 더 자유분방한 맛이 강한 메탈머신이라 할 수 있다.

In a Word

인우 놀 줄 아는 메탈머신
두완 패시브에 대한 선입견 타파

028

EVH
Wolfgang Special

:: Targeting

고른 질감의 부드러운 드라이브를 선호하는 연주자.
록 편곡 레코딩 전용기타.

가격랭크	C
제조국	멕시코
전장	93cm
무게	3.3kg
머신헤드	EVH Tuners
너트 너비	43mm
넥 목재	Quartersawn Maple
지판 목재	Maple
지판 곡률 반지름	305~406mm(compound)
접합 방식	Bolt-on
프렛 사이즈	Jumbo
프렛 수	22
스케일 길이	648mm
바디 목재	Basswood
픽업 구성 및 사양	Neck and Brdige: EVH Wolfgang Humbucking
브릿지	EVH-Branded Floyd Rose Locking Tremolo with EVH D-Tuna

에디 밴 헤일런(Eddie Van Halen)은 미국의 하드록 그룹 밴 헤일런(Van Halen)의 리더로 1980년대에 새로운 기타 테크닉을 펼친 인물이다. 평론가들은 데뷔 당시 전례 없는 초절기교로 중무장한 에디를 '지미 헨드릭스(Jimi Hendrix) 이후 가장 혁신적인 기타리스트'로 평했다. 에디는 자신의 트레이드마크와도 같은 라이트핸드 주법과 태핑 플레이로 다른 속주 기타리스트와 다른 독자적인 스타일을 구축하는 한편, 이펙터 활용과 사운드메이킹에 있어서도 수많은 업적을 남겼다. 당대 최고의 기타리스트이자 만능 뮤지션으로서 에디는 지금도 하이테크닉 기타의 교과서적 존재로 추앙받고 있다.

에디는 기타의 사운드뿐 아니라 하드웨어에도 높은 관심을 보였다. 특히 그는 직접 재료를 구해 기타와 이펙터를 제작했던 것으로도 유명하다. 그 결과 1990년대 초반 어니볼(Ernie Ball)과 협업을 통해 자신의 공식 시그너처 기타인 'EVH 뮤직맨(Music Man)'을 만들었다. 에디의 주도로 2년이 넘는 개발 기간 동안 수많은 시행착오와 테스트를 거친 이 결과물은 그의 이름 이니셜인 'EVH'가 사용된 첫 번째 기타였다. 이후 어니볼과 결별한 에디는 1990년대 중반 피비(Peavey)사를 통해 새로운 시그너처 모델인 '피비 EVH 울프강(Peavey EVH Wolfgang)'을 선보였다. ('울프강(Wolfgang)'이라는 명칭은 그의 아들이자 현재 밴 헤일런에서 베이시스트로 활동 중인 울프강 밴 헤일런(Wolfgang Van Halen)의 이름에서 유래했다.) 2000년대 중반을 기해 펜더와 손을 잡은 에디는 펜더의 기술적 노하우를 활용하는 동시에 'EVH'를 브랜드화하는 데 심혈을 기울였다. 그렇게 탄생한 기타 브랜드 EVH와 에디의 다양한 시그너처 모델들은 그동안 에디가 선보인 음악세계를 확실하게 대변하고 있다.

현재 EVH는 울프강 시리즈와 스트라이프(Stripe) 시리즈를 통해 10여 종의 하위모델을 선보이고 있다. 이 가운데 대다수를 차지하고 있는 울프강 시리즈는 70만 원대의 저렴한 보급형 모델 WG부터 800만 원대의 USA 커스텀 렐릭 모델까지 다양한 가격대의 제품을 아우르고 있다.

150만원 전후의 가격대에 책정된 '울프강 스페셜(Wolfgang Special)'은 멕시코산 제품으로 품질과 완성도가 뛰어난 것으로 평가받는다. 가격은 400만 원대에 출시되는 '울프강 USA(Wolfgang USA)'의 1/3 수준이지만 오리지널 울프강 사운드에 근접한 사운드를 자랑한다. 스펙의 가장 큰 특징은 브릿지에서 찾을 수 있다. EVH 디튜너(D-Tuna) 옵션이 추가된 플로이드로즈가 6번현의 D튜닝을 푸시풀 조작으로 단순화했다. 이를 통해 연주자는 현란한 아밍 플레이는 물론 저음을 활용한 헤비한 사운드를 즉각 뽑아낼 수 있다.

클린톤은 평범한 편이지만 게인톤의 퀄리티는 매우 우수하다. 전체적으로 테크니컬한 록 플레이에 최적화된 사운드를 들려준다. 배킹이나 솔로를 연주할 때 발군의 드라이브감을 자랑하는 것은 물론 이큐 밸런스가 뛰어나 레코딩 활용도 역시 높다. 드라이브의 입자가 곱고 부드럽기 때문에 유려한 속주플레이도 가능하다. 다만 강렬하게 쏴붙이는 고음의 뉘앙스를 좋아한다면, 이러한 드라이브 사운드가 얌전하게 느껴질 수 있다. 따라서 자신의 드라이브 취향을 제대로 파악하는 과정은 반드시 선행되어야 한다.

In a Word ————

인우 점잖은 록머신
두완 우리가 알고 있는 바로 그 '밴 헤일런 사운드'

FENDER®

FENDER FAMILY TREE

(본 계보도에서는 펜더멕시코와 스콰이어를 제외한 펜더US의 제품군만 다루고 있습니다. 역대 출시된 모델들 중 대표성과 인지도를 고려하여 선정하였습니다)

* TELECASTER

US REGULAR

BROADCASTER
(1950~1951)

ESQUIRE
(1950~1969)

NOCASTER
(1951)

TELECASTER
(1951~1983)

AMERICAN STANDARD
TELECASTER
(1988~)

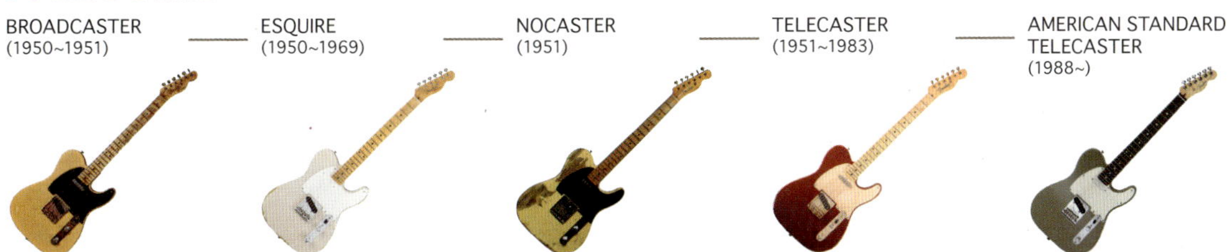

US REPLICA

AMERICAN VINTAGE
'52 TELECASTER
(1998~)

AMERICAN VINTAGE
'62 CUSTOM
TELECASTER
(1999~2012)

AMERICAN VINTAGE
'58 TELECASTER
(2012~)

AMERICAN VINTAGE
'64 TELECASTER
(2012~)

US REVISED

THINLINE
TELECASTER
(1968~1979,
1997~2001,
2006~)

TELE PLUS
(1990~1998)

TELE-SONIC
(1998~2004)

AMERICAN DELUXE
TELECASTER
(1998~)

AMERICAN
NASHVILLE B-BENDER
TELECASTER
(1998~)

HIGHWAY ONE
TELECASTER
(2002~2011)

AMERICAN SPECIAL
TELECASTER
(2010~)

AMERICAN 60th
ANNIVERSARY
TELECASTER (2011)

US ARTIST SIGNATURE

JAMES BURTON
TELECASTER
(1990~)

J5 TELECASTER
(2003~)

G.E. SMITH
TELECASTER
(2007~)

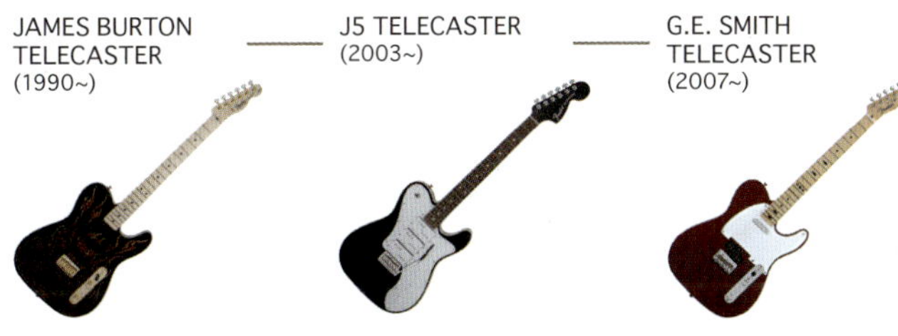

* STRATOCASTER

US REGULAR

STRATOCASTER
pre-CBS
(1954~1965)

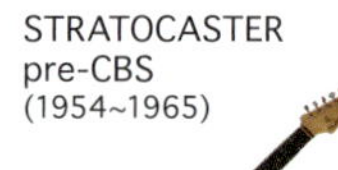

AMERICAN STANDARD
STRATOCASTER
(1986~)

US REPLICA

AMERICAN VINTAGE
'57 STRATOCASTER
(1998~2012)

AMERICAN VINTAGE
'62 STRATOCASTER
(1998~2012)

AMERICAN VINTAGE
70s STRATOCASTER
(1998~2012)

AMERICAN VINTAGE
'56 STRATOCASTER
(2012~)

AMERICAN VINTAGE
'59 STRATOCASTER
(2012~)

AMERICAN VINTAGE
'65 STRATOCASTER
(2012~)

US REVISED

STRAT PLUS
(1987~1998)

FLOYD ROSE CLASSIC
STRATOCASTER
(1992~1998)

AMERICAN DELUXE
STRATOCASTER
(1998~)

AMERICAN DOUBLE
FAT STRATOCASTER
(2000~2003)

HIGHWAY ONE
STRATOCASTER
(2002~2011)

AMERICAN SPECIAL
STRATOCASTER
(2010~)

AMERICAN 60th
ANNIVERSARY
COMMEMORATIVE
STRATOCASTER
(2014)

US ARTIST SIGNATURE

ERIC CLAPTON
STRATOCASTER
(1988~)

YNGWIE MALMSTEEN
STRATOCASTER
(1988~)

JEFF BECK
STRATOCASTER
(1991~)

STEVIE RAY VAUGHAN
STRATOCASTER
(1992~)

BUDDY GUY
STRATOCASTER
(1995~)

JIMI HENDRIX
STRATOCASTER
(1997~2000)

JOHN MAYER
STRATOCASTER
(2005~)

ERIC JOHNSON
STRATOCASTER
(2005~)

* OTHER US–MADE MODELS

DUO-SONIC
(1956~1969)

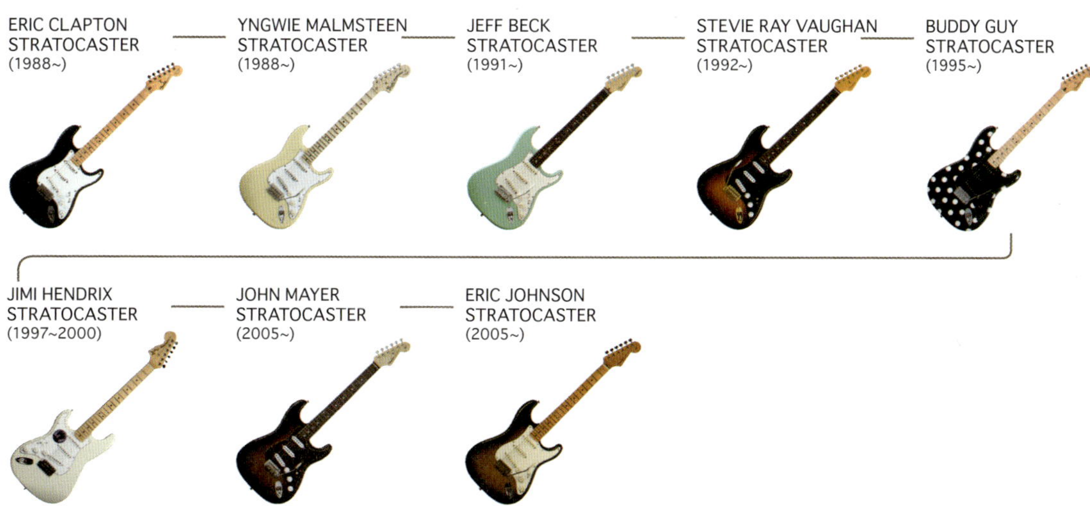

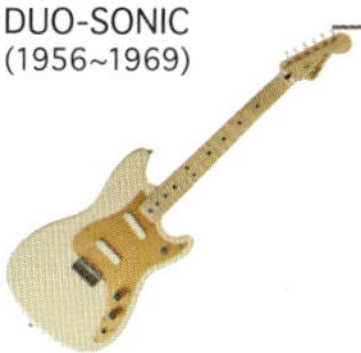

MUSICMASTER
(1956~1980)

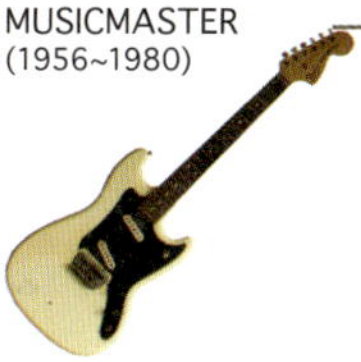

ELECTRIC XII
(1965~1969)

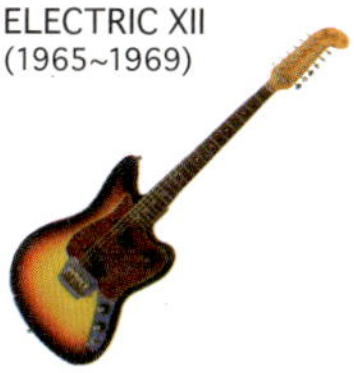

MONTEGO I&II
(1968~1974)

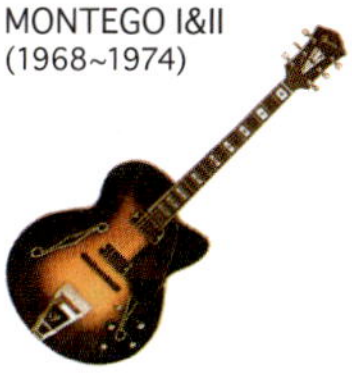

JAZZMASTER
(1958~1980)

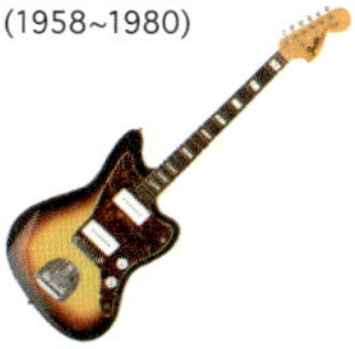

AMERICAN VINTAGE
'62 JAZZMASTER
(1999~2012)

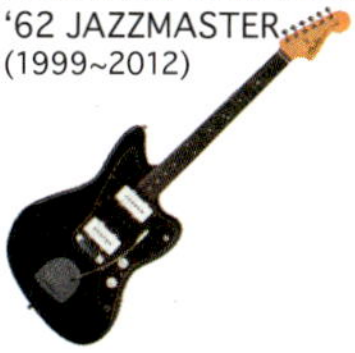

AMERICAN VINTAGE
'65 JAZZMASTER
(2012~)

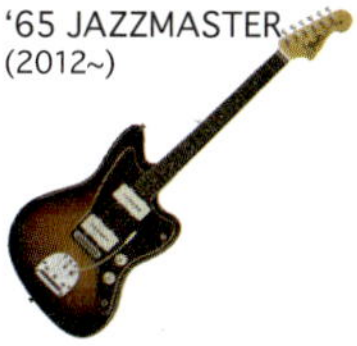

SHOWMASTER
(2004~2009)

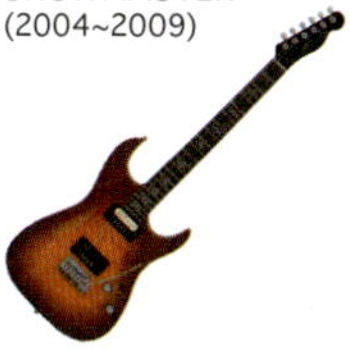

JAGUAR
(1962~1980)

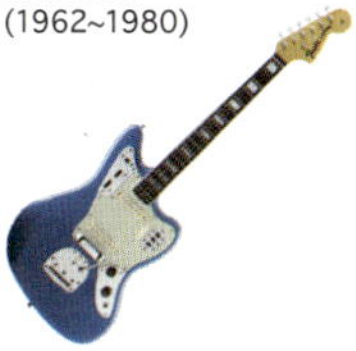

AMERICAN VINTAGE
'62 JAGUAR
(1999~2012)

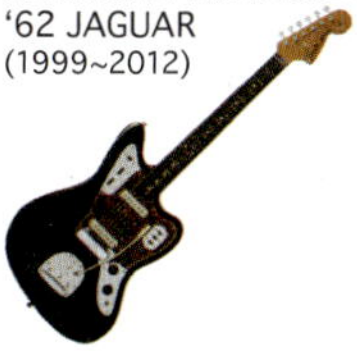

AMERICAN VINTAGE
'65 JAGUAR
(2012~)

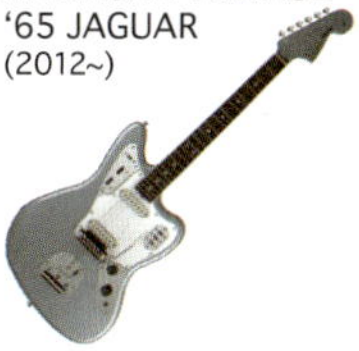

MUSTANG
(1964~1981)

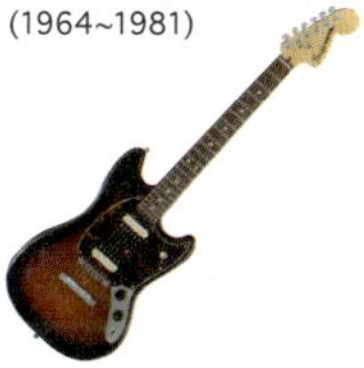

BRONCO
(1967~1980)

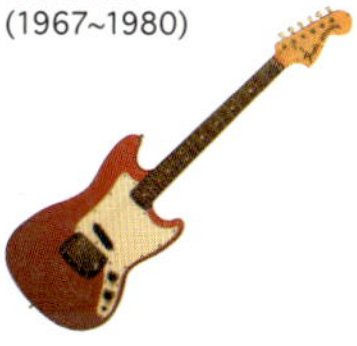

CORONADO I&II
(1966~1969)

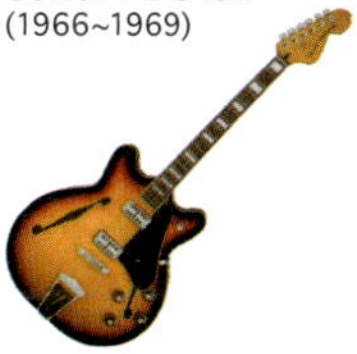

STARCASTER
(1976~1980)

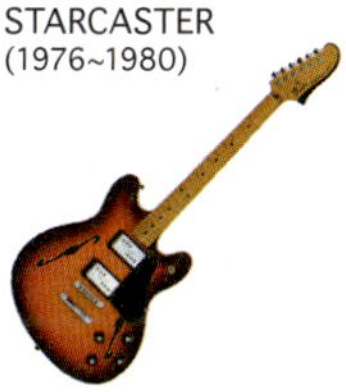

Fender
®
Made in USA

STRATOCASTER
Fender
®
MADE IN U.S.A.

1990년 세계 최대의 경매회사인 소더비즈(Sotheby's)에서 각종 악기 및 예술품을 대상으로 하는 대대적인 경매가 있었다. 여러 가지 물건들이 당차게 경매에 올라 자신의 진가를 뽐내는 와중에도 단연 관심을 끌었던 매물은 바로 지미 헨드릭스(Jimi Hendrix)가 1969년 '우드스탁 페스티벌(Woodstock Festival)'에서 연주했던 '68 스트라토캐스터('68 Stratocaster)였다. 이 기타의 경매 시작가는 무려 8천만 원이었고, 열띤 입찰 경쟁 끝에 결국 4억원이라는 어마어마한 가격에 낙찰되었다. 이는 그때까지의 역대 모든 일렉 기타 거래를 통틀어 최고 기록의 액수였다. 더 놀라운 사실은 15년 후 에릭 클랩튼(Eric Clapton)의 블래키(Blackie) 스트라토캐스터가 프리미엄 포함 959,500파운드(약 18억원)에 낙찰되면서 이 기록을 네 배 이상 경신했다는 사실이다.

대체 악기 하나에 이렇게 큰 가치가 매겨지는 이유는 무엇일까. 단순한 '도구'에는 도구의 기능을 크게 벗어난 가치가 매겨지지 않는다. 결국 펜더(Fender) 기타가 음악을 연주하기 위한 단순한 도구가 아닌, 음악의 역사를 고스란히 담고 있는 하나의 '예술작품'으로서 인정받고 있다는 이야기다. 이것이 자타공인 '세계최고의 기타브랜드', '모든 기타의 스탠더드'로 꼽히는 펜더의 저력이다.

라디오 서비스센터를 운영하던 엔지니어 출신의 레오 펜더(Leo Fender)가 본격적으로 악기 사업에 뛰어든 것은 1945년의 일이다. 랩스틸 기타와 앰프 등을 제작하던 펜더의 전신 K&F(Karffman&Fender)는 1946년 '펜더산업(Fender Manufacturing)'으로, 1947년에 '펜더 전자악기 주식회사(Fender Electric Instrument Company)'로 명칭을 바꾸며 점진적으로 사업을 확장해나갔다. 1940년대 후반부터 솔리드바디 기타 연구에 매진한 레오는 1951년 브로드캐스터(Broadcaster, 텔레캐스터(Telecaster)의 전신), 1954년 스트라토캐스터(Stratocaster)를 만들어내며 20세기 음악 역사를 주도하기 시작했다. 이후로도 펜더는 꾸준히 새로운 히트작을 내놓으며 명실상부 세계정상의 기타브랜드로 군림하게 된다.

펜더의 악기를 사용한 아티스트들을 여기서 일일이 열거하는 것은 의미가 없다. 일단 시작하면 지면의 할애를 멈출 수 없을 정도로 수많은 세계적 뮤지션이 펜더와 함께 음악의 역사를 만들어왔기 때문이다. 한번도 펜더를 쳐보지 않은 기타리스트를 찾는 것이 오히려 더 빠를 정도. 또한 펜더는 모든 악기브랜드에 절대적 스탠더드를 제시하기도 했다. 오늘날 이야기하는 대부분의 '전형적인' 기타 스펙은 대부분 펜더에서 온 것이라고 해도 지나치지 않다. 아무리 하이엔드 브랜드의 초고가 기타라고 해도 펜더 기타와 비교하는 것은 하나의 필수통과 의례다. 일벌레로 유명했던 레오 펜더의 끊임없는 연구와 혁신적인 시도의 결과물은 어느새 범세계적 표준으로 자리 잡았다.

좋은 악기를 만드는 훌륭한 기타브랜드는 많다. 하지만 대중성과 역사성, 영향력과 점유율 등 모든 부분을 높은 수준에서 동시에 만족시킬 수 있는 기타브랜드는 펜더뿐이다. 세계를 대표하는 기타브랜드를 단 하나만 꼽으라면 단연코 펜더라고 이야기할 수 있는 이유가 여기에 있다. 혹시 지금 이 책을 읽으면서 펜더라는 브랜드를 처음으로 알게 된 독자가 있다면, 당신은 지금까지 일렉 기타에 관심이 없어도 너무 없었던 거다. 혹은 지금 이 책을 타의로 보고 있거나.

029

Fender
American Standard Telecaster

:: Targeting

빈티지의 표준을 맛보고 싶다면.
메탈에 관심 없는 남녀노소.

가격랭크	C
제조국	미국
전장	99cm
무게	3.3kg
머신헤드	Deluxe Staggered Cast/Sealed
너트 너비	43mm
너트 재질	Synthetic Bone
넥 목재	Maple
지판 목재	Maple or Rosewood
지판 곡률 반지름	241mm
접합 방식	Bolt—on
프렛 사이즈	Medium Jumbo
프렛 수	22
스케일 길이	648mm
바디 목재	Alder
픽업 구성 및 사양	Neck: Custom Shop "Twisted" Single—Coil Tele Bridge: Custom Shop Vintage—Style Tele
브릿지	6—Saddle American Standard Strings—Through—Body Tele with Bent Steel Saddles and Stamped Brass Plate

스패니시 스타일(하와이언 스타일에 대비되는 개념으로 무릎에 놓고 치는 랩스틸 기타가 아닌 현재의 들고 치는 형태의 기타를 초기에 이르던 말)의 기타가 대중들에게 조금씩 어필하면서 많은 악기회사와 연주자, 아마추어 발명가 사이에서는 '솔리드바디' 악기의 가능성에 대한 고민이 시작되었다. 1949년 레오 펜더는 오랜 시간의 연구 끝에 애시 바디와 원사이드 헤드머신, 볼트온 제작공법을 적용한 프로토타입을 제작했다. 이 프로토타입은 약간의 수정을 거쳐 '에스콰이어(Esquire)'와 '브로드캐스터'라는 이름으로 새롭게 탄생했고, 나중에 모습을 드러낸 텔레캐스터의 원형이 되었다.

레오는 당시 주류를 이루던 할로우바디 특유의 따뜻하고 풍성한 감성이 아닌 새로운 느낌의 톤을 만들고 싶어했다. 랩스틸 기타들이 다른 브랜드의 기타들보다 더 깨끗하고 서스테인이 좋은 사운드를 가지고 있음을 확인했다. 이것이야말로 새로운 솔리드바디 스탠더드에 걸맞은 톤이라고 생각했던 레오는 1949년에 출시한 랩스틸 기타 챔피언(Champion)의 픽업을 새 솔리드바디 기타에 장착했다. 펜더 기타 특유의 까랑까랑한 톤은 이렇게 탄생했다.

이후 트러스로드 삽입을 비롯한 세세한 기술적 보완과 공격적인 마케팅을 통해 1951년부터 서서히 인기를 끈 브로드캐스터는 펜더의 첫 솔리드바디 성공작으로 자리매김했다. 하지만 브로드캐스터라는 이름은 그리 오래가지 못했다. 당시 뉴욕에 근거지를 두고 있던 종합 악기브랜드 그레치(Gretsch)에서 소송을 제기했기 때문이다. 브로드캐스터라는 명칭은 그레치에서 1937년부터 출시한 드럼 모델의 이름이었다. 소송 결과, 펜더의 브로드캐스터는 '텔레캐스터'로 개명을 했다. 소송 직후부터 개명을 하기까지 약 1년의 공백기에 '브로드캐스터' 로고 없이 출시된 1951년 모델들은 현재 '51 노캐스터(Nocaster, 이름이 없다는 의미)'라는 이름으로 펜더 커스텀샵에서 리이슈되고 있다.

이렇게 우여곡절 끝에 1952년부터 본격 생산된 텔레캐스터는 당대의 유명 컨트리 기타리스트인 지미 브라이언트(Jimmy Bryant)가 사용하며 새로운 전성기를 맞았다. TV쇼에도 자주 출연할 정도로 유명인사였던 지미의 영향력 덕에 많은 사람이 그를 따라 텔레캐스터를 구매하기 시작했다. 1951년도에 제작된 영화 「In Old Amarillo」에 지미가 텔레캐스터를 연주하는 장면이 삽입되며 텔레캐스터의 인기는 더욱 높아졌다. 이러한 성공을 가능하게 한 가장 큰 요인은 레오가 주창한 대량생산 시스템이었다. 단순하고 효과적인 디자인, 바디와 넥을 효율적으로 접합하는 볼트온 조립방식이 펜더의 생산력을 탁월하게 높여주었다. 사실 인기가 높아져도 그 수요를 감당할 만큼의 공급이 전제되지 않으면 소용없는 일인데, 대량생산을 추구한 레오의 선견지명이 결국 빛을 발한 셈이다.

현재 텔레캐스터는 스콰이어(Squier)에 속한 25개 모델을 제외하고 약 80종의 모델을 생산하고 있다. 다양한 시리즈로 분류되어 있지만, 그중에 가장 기본이 되는 것은 단연 아메리칸 스탠더드(American Standard)다. 이 시리즈는 조금씩 스펙이 변경되며 몇 년에 한 번씩 새롭게 출시되고 있다. 스탠더드는 기본형을 비롯해 왼손잡이용, 더블 험버커, 비벤더(B-Bender) 옵션 모델까지 총 4종으로 나뉜다. 기본형 모델은 앨더나 애시 바디, 메이플 넥에 메이플이나 로즈우드 지판을 선택·적용할 수 있는데, 대개 시리얼넘버에 따라 미리 조합이 되어 수입되기 때문에 원하는 스펙에 가까운 기타를 구매하면 된다.

현재 아메리칸 스탠더드 텔레캐스터는 60년 전의 원형에 비해 편의성 높은 스펙구성을 취하고 있다. 클린 사운드는 쟁글쟁글하고 사각거리는 텔레 특유의 질감이 잘 살아 있고, 게인톤의 잘 정리된 빈티지 감성은 '옛날 텔레'들에 비해 활용도가 높다. 이 시리즈는 '좋다 나쁘다'를 표현하기에 앞서 항상 스스로 기준이 되는 기타이기 때문에 연주자는 본인의 취향을 잘 고려해야 한다. 단, 과거에 비해 '빈티지 농도'가 점점 줄어가고 있다는 것은 염두에 둬야 할 부분이다.

현재 텔레캐스터는 스탠더드 시리즈 외에도 디럭스, 스페셜, 빈티지 등 다양한 취향을 고려한 여러 가지 시리즈들이 구비되어 있다. 제임스 버튼(James Burton), 짐 루트(Jim Root), 존 파이브(John 5), 리치 코젠(Richie Kotzen) 등 유명 아티스트 시그너처 모델은 물론 고급 스펙의 커스텀샵 모델들도 있으니, 연주자는 예산에 맞추어 자신의 성향을 충분히 반영하는 고민이 필요할 것이다. 물론 고민이 귀찮다면 아메리칸 스탠더드가 가장 확실한 해답이기는 하다. 그러나 스탠더드 연도에 따라 악기 성향 차이가 있기 때문에 예습은 필수다.

In a Word

인우   세계최초의 '성공한' 솔리드바디 기타
두완   당신이 기타 마니아라면, 요건 1초라도 쳐봤겠지

030

Fender
American Standard Stratocaster

:: Targeting

모든 기타리스트.
모든 잠재적 기타리스트.

가격랭크	C
제조국	미국
전장	100cm
무게	3.3kg
머신헤드	Fender Standard Cast/Sealed Staggered
너트 너비	43mm
너트 재질	Synthetic Bone
넥 목재	Maple
지판 목재	Maple or Rosewood
지판 곡률 반지름	241mm
접합 방식	Bolt-on
프렛 사이즈	Medium Jumbo
프렛 수	22
스케일 길이	648mm
바디 목재	Alder
픽업 구성 및 사양	Neck, Middle and Bridge: Custom Shop Fat '50s Single—Coil Strat
브릿지	2—Point Synchronized Tremolo with Bent Steel Saddles

1951년 텔레캐스터 출시 이후 레오 펜더는 기타리
스트들과 함께 태스크포스를 꾸려 텔레캐스터, 에
스콰이어에 대한 의견을 모아 불편한 점들을 개선
하기 시작했다. 당시 연주자들의 주된 요구는 수
평·수직이 모두 조절되는 6개의 개별 브릿지, 빅스
비 스타일의 헤드머신, 뛰어난 균형감, 3개 이상의
픽업, 튜닝안정성이 우수한 암 등 다양했다. 이에
따라 곧 새로운 모델개발에 착수한 레오는 1954년
펜더의 전설적인 모델로 꼽히는 스트라토캐스터를
탄생시켰다.

　　스트라토캐스터는 출시부터 당시의 어떤 기타
와도 차별화되는 독특한 아우라를 뿜냈다. 일단 솔
리드바디 기타로는 최초로 세 개의 픽업이 장착되
었고, 3단 픽업셀렉터를 통해 각 픽업을 개별적으
로 선택할 수 있도록 했다. 각각의 픽업은 여섯 개
의 독립적인 폴피스를 통해 줄별로 볼륨밸런스를
조정할 수 있었고, 1볼륨 2톤의 노브 구성으로 미
들과 프론트 픽업의 톤도 개별적으로 조정할 수 있
었다. 새롭게 디자인되어 스트라토캐스터에 장착된
비브라토 유니트는 '트레몰로'라 명명되었는데, 이
명칭은 이후 타 브랜드에서도 사용하면서 지금은
하나의 대명사로 굳어졌다.

　　물론 각 줄의 길이를 다르게 조정할 수 있는
여섯 개의 개별 브릿지는 펜더 스트랫이 처음은 아
니었다. 하지만 펜더의 브릿지는 길이뿐 아니라 각
줄의 높이도 조절할 수 있도록 설계돼 줄마다 더
정확한 튜닝이 가능했다. 이 새로운 브릿지는 단지
레오의 아이디어뿐 아니라 그의 팀원과 실험 참여
자들이 힘을 모아 그 아이디어를 음악적으로 절묘
하게 실용화한 대표적인 사건이었다.

　　1950년대 후반 로큰롤의 시대가 열리고 버디

홀리(Buddy Holly), 칼 퍼킨스(Carl Lee Perkins), 버디 가이(Buddy Guy) 등 당대 유수의 기타리스트가 이 트레몰로 기능을 적극 사용하기 시작했다. 여기서 나타난 새로운 사운드와 연주기법에 많은 뮤지션이 열광했고, 스트라토캐스터는 곧 전국구의 인기를 얻었다. 한때 스트라토캐스터의 파격적 진보에 회의적인 의견을 개진했던 딜러들도 결국 눈에 불을 켜고 스트라토캐스터를 매입할 수밖에 없었다. 이후 조지 해리슨(George Harrison), 지미 헨드릭스, 에릭 클랩튼 등 역사적 아티스트들의 간택을 받은 스트라토캐스터는 머지않아 세계적인 명기로 거듭났다.

현재 스트라토캐스터는 일반 스트랫 100여 종과 커스텀샵 모델 40여 종을 포함, 스콰이어 모델을 제외하고 140종이 넘는 어마어마한 라인업을 보유하고 있다. 가장 기본이 되는 아메리칸 스탠더드 모델 외에 텔레캐스터와 마찬가지로 디럭스, 스페셜, 빈티지 등 여러 시리즈로 출시되고 있다. 이러한 스트라토캐스터 라인업의 또 하나의 특징이자 자랑거리는 아티스트 시리즈다. 스트라토캐스터가 보유한 시그너처 모델의 명부는 타 브랜드의 그 어떠한 시리즈보다도 화려하다. 펜더 아티스트의 상징과도 같은 '기타의 신' 에릭 클랩튼을 필두로 제프 벡(Jeff Beck), 에릭 존슨(Eric Johnson), 스티비 레이 본(Stevie Ray Vaughan), 잉베이 맘스틴(Yngwie Malmsteen), 존 메이어(John Mayer), 버디 가이, 리치 블랙모어(Ritchie Blackmore), 데이비드 길모어(David Gilmour), 제프 벡(Jeff Beck) 등 세계 최정상의 아티스트가 즐비하다.

현재의 아메리칸 스탠더드 스트라토캐스터는 펜더의 여러 기술적 발전과 세부적 변화들이 적용되어 있지만, 첫 출시 당시의 원형을 비교적 잘 간직하고 있다. 목재가 어떻고 무슨 부품이 사용되었고 하는 세세한 이야기는 이미 의미가 없다. 그저 '전형적'이라는 단어 외에는 표현할 방법이 없는 전형적인 디자인과 스펙, 거기에 조금씩 추가되는 현대의 기술력 정도다. 사운드도 마찬가지다. 다른 기타의 사운드를 판단하는 기준이 되는 전형적인 사운드임에 분명하다. 한마디로 스트라토캐스터는, 그냥 스트라토캐스터다.

이쯤 되면 출시된 지 60년도 더 된 오늘날까지 스트라토캐스터가 엄청난 사랑을 받고 있다는 사실은 그리 놀랄 일도 아니다. 2010년을 기준으로 누적 판매량은 이미 200만 대를 훌쩍 뛰어 넘은 것으로 집계되고 있다. 이는 출시 이후 매일 최소한 백 대씩 꾸준히 팔려야 달성 가능한 어마어마한 수치다. 하지만 펜더의 스트라토캐스터의 출시가 기타의 역사에서 갖는 의미는 비단 엄청난 판매량 때문만은 아닐 것이다. 역사상 가장 인기 있는 기타, 다른 브랜드에 의해 가장 많이 카피된 기타, 가장 많은 연주자가 연주한 기타, 기타리스트라면 누구나 가지고 싶은, 이미 가지고 있어도 한 대 더 가지고 싶어지는 그런 기타가 바로 스트라토캐스터다. 이 펜더의 역작은 이미 일렉 기타의 살아있는 전설이라고 해도 지나치지 않다.

Fender

In a Word

인우 지구대표 일렉 기타(1)
두완 당신이 기타 마니아라면, 요건 0.1초라도 쳐봤겠지

031

Fender
American Vintage '65 Jazzmaster

:: Targeting

스트랫과 텔레는 이미 지겨운 골수 펜더 마니아.
개성 넘치는 빈티지 사운드를 찾고 있다면.

가격랭크	D
제조국	미국
전장	102cm
무게	3.5kg
머신헤드	Single Line "Fender Deluxe" Vintage Style
너트 너비	42mm
너트 재질	Bone
넥 목재	Maple
지판 목재	Bound Round—Laminated Rosewood
지판 곡률 반지름	184 mm
접합 방식	Bolt—on
프렛 사이즈	Vintage—Style
프렛 수	21
스케일 길이	648mm
바디 목재	Alder
픽업 구성 및 사양	Neck and Bridge: American Vintage '65 Single—Coil Jazzmaster
브릿지	American Vintage Floating Tremolo with Tremolo Lock Button

1950년대 후반 펜더의 경쟁사였던 깁슨의 최상위 기종 슈퍼 400 CES(Super 400 CES)는 고가의 기타를 장만할 의사가 있는 연주자들, 그중에서도 일류 재즈기타리스트를 타깃으로 큰 실적을 올리고 있었다. 당시 펜더의 최고가 모델은 300달러를 넘지 않았으니 700달러였던 깁슨의 슈퍼 400 CES에 비하면 절반에도 한참 못 미치는 수준이었다. 그래서 펜더도 깁슨이 주목했던 이들, 즉 구매력 있는 재즈 연주자들을 위한 조금 더 비싼 고사양의 기타를 만들어 '고급화 전략'에 동참하기로 했다. 물론 펜더답게 할로우 말고 솔리드바디로.

이러한 목적으로 탄생한 기타가 1958년 출시되자마자 펜더의 최상위 기종이 된 '재즈마스터(Jazzmaster)'였다. 과거의 생산 라인에서 찾아보기 힘든 새로운 시도로 가득한 이 야심작을 시장에 내놓은 펜더는 처음부터 강한 자신감을 보였다. 디자인 작업에 참여했던 프레디 타바레스(Freddie Tavares)

는 훗날 이렇게 회상했다. "스트라토캐스터를 만들었을 때, 우리는 이 기타가 단연 세계 최고의 기타라고 생각했다. 그런데 얼마 뒤, 이것보다 더 좋은 기타를 만들자고 결심했다. 그래서 재즈마스터를 만들었다."

재즈마스터는 출시되자마자 일단 독특한 외관으로 주목을 받았다. 소위 '상쇄형 허리선'이라 불리는 고유의 오프셋(offset) 바디라인과 펜더 최초로 시도되는 메이플 넥과 로즈우드 지판의 조합, 그리고 이전 모델들보다 조금 더 커진 빅스비 스타일의 헤드 디자인까지, 쉽게 말해 펜더의 이전 모델들과 완전히 차별화되는 새로운 외관이었다. 달라진 것은 디자인만이 아니었다. 새롭게 도입된 플로팅 비브라토 유닛은 테일피스와 브릿지가 완전히 구분되어 외관상으로도 독특한 느낌을 연출했을 뿐 아니라 줄이 끊어져도 튜닝의 안정성을 유지하도록 고안된 신기술이었다. 넓고 납작한 두 개의 픽업은 이

Fender

전의 펜더스러움을 간직한 브릿지 사운드와 부드럽고 두툼한 넥 사운드로 구분되어 솔리드바디 특유의 뉘앙스를 잃지 않으면서도 재즈 기타사운드 메이킹이 가능하도록 했다.

재즈마스터의 컨트롤 시스템은 당시로서는 굉장히 획기적이었다. 일반적인 1볼륨 1톤의 노브 구성과 함께 추가로 슬라이드 스위치가 달린 구조였다. 이 슬라이드 스위치는 같은 픽업이라도 별개의 회로를 사용할 수 있도록 고안되어 한쪽은 리듬 사운드, 다른 한쪽은 리드 사운드를 낼 수 있었다. 리듬과 리드의 톤 체인지가 가능한 이 시스템을 흔히 '듀얼 서킷(dual-circuit)'이라고 부른다.

그러나 이러한 수많은 기술적 장점과 펜더의 강력한 의지에도 불구하고 재즈마스터는 실패작이 되고 말았다. 할로우바디의 따뜻한 재즈 사운드에 익숙해져 있는 재즈기타리스트들에게 재즈마스터는 '펜더다운 새로운 재즈용 악기'가 아닌 '이도저도 아닌 애매한 물건'으로 받아들여졌다. 당시 명재즈 연주자로 군림하던 조 패스(Joe Pass)가 잠시 재즈마스터를 사용하기는 했지만, 새로운 물건에 대한 호기심 그 이상이 되지는 못했고, 그 사용 기간도 아주 짧았다. 오히려 재즈마스터는 재즈뮤지션을 겨냥한 레오 펜더의 의도와 달리 록 뮤지션들을 통해 더 자주 노출되었다. 엘비스 코스텔로(Elvis Costello), 큐어(The Cure)의 로버트 스미스(Robert Smith), 마이 블러디 발렌타인(My Bloody Valentine)의 케빈 쉴즈(Kevin Shields), 악틱 몽키스(Arctic Monkeys)의 알렉스 터너(Alex Turner) 등이 대표적이다. 펜더의 입장에서 보면 이들은 죽어가는 재즈마스터에 산소 호흡기를 달아준 은인이나 마찬가지였을 것이다. 이러한 록 뮤지션들 덕에 재즈마스터는 몰락 직전에 재기의

발판을 다졌고, 결국 두터운 마니아층을 형성하며 펜더의 '별미' 기타로 새롭게 자리매김했다.

해당 모델은 1965년도 재즈마스터를 리이슈한 모델로 출시 당시의 스펙들이 충실히 재현되어 있다. 앨더 바디와 메이플 넥, 로즈우드 지판의 전형적인 스트랫 목재구성을 취했고, 극도로 둥근 지판 곡률(반지름 184mm)과 각종 빈티지 스타일 부품으로 예스러운 맛을 살렸다. 바디에는 재즈마스터 전용 싱글코일 P90 픽업이 장착되어 있으며, 듀얼 서킷으로 다양한 톤메이킹이 가능하다. 스트랫을 기준으로 보면 약간 속이 빈 듯한, '마니악한' 빈티지 사운드가 인상적이다. 개성 넘치는 빈티지 스타일 기타를 찾고 있다면 좋은 선택지가 될 것이다. 단, 기타의 잠재력을 충분히 뽑아내려면 듀얼 서킷 시스템 적응기가 어느 정도 필요할 것이다.

In a Word

인우 작명실패
두완 사운드 실험에 목마른 그대에게

032

Fender
American Vintage '65 Jaguar

:: Targeting

스트랫과 텔레는 이미 지겨운 골수 펜더 마니아.
너바나 및 커트 코베인 팬.

가격랭크	D
제조국	미국
전장	101cm
무게	3.5kg
머신헤드	Single Line "Fender Deluxe" Vintage Style
너트 너비	42mm
너트 재질	Bone
넥 목재	Maple
지판 목재	Bound Round—Laminated Rosewood
지판 곡률 반지름	184 mm
접합 방식	Bolt—on
프렛 사이즈	Vintage—Style
프렛 수	22
스케일 길이	610mm
바디 목재	Alder
픽업 구성 및 사양	Neck and Brdige: American Vintage '65 Single—Coil Jaguar
브릿지	American Vintage Floating Tremolo with Tremolo Lock Button

Fender

재즈마스터가 힘겹게 쥐고 있던 바통을 이어받은 최상위모델은 1962년도에 출시된 재규어(Jaguar)였다. 재규어는 언뜻 보기에도 재즈마스터와 외관이 비슷했고, 실제로도 재즈마스터에 뿌리를 둔 모델이었지만 재즈마스터와 여러 모로 차이를 보였다. 일단 재규어는 펜더 최초로 크롬 컨트롤 패널을 채택한 것은 물론, 프렛 수도 이전 모델에 비해 하나 더 늘어난 22프렛이었다. 22프렛은 펜더 최초였다. 그리고 이전의 648mm에서 610mm로 크게 줄어든 스케일 길이를 통해 '빠르게, 그리고 더욱 편하게'라는 연주감 향상의 모토를 내걸었다. 재즈마스터의 잡음 논란을 불식시키기 위한 메탈 실딩의 픽업 세트도 변화된 부분이었다. 컨트롤 역시 복잡해졌다. 과거 듀얼 서킷의 리드 부분에 픽업셀렉터와 로우컷 필터 스위치를 추가한 복잡한 인터페이스는 그만큼 다양한 톤 세팅을 제공했다.

재규어도 재즈마스터처럼 출시된 직후 한동안 인기를 누렸다. 아무래도 당시 텔레캐스터와 스트라토캐스터로 솔리드바디 기타의 마니아층을 꽤 확보하고 있던 펜더의 최상위 기종인데다가 '재즈마스터도 기대에 부응하지 못했으니 이번만큼은 정말 확실하지 않겠냐'는 소비자들의 기대까지 더해져 호기심 반, 기대 반의 판매고를 올렸던 것이다. 출시 초기 재규어를 사용한 대표적인 아티스트로는 그룹 비치 보이스(The Beach Boys)의 칼 윌슨(Carl Wilson)을 들 수 있다. 칼이 비치 보이스의 몇몇 히트곡에 재규어를 사용함에 따라 재규어는 어느 정도 광고효과를 누렸다. 그러나 '기타 역사상 가장 빼어난 솔리드바디 일렉 기타'라는 펜더의 자부심에도 불구하고, 재규어의 인기는 재즈마스터처럼 곧 식고 말았다.

그러나 반전이 기다리고 있었다. 1980년대 펑크록씬에서 수요가 급증하기 시작한 재규어는 인디씬과 얼터너티브록을 관통한 뒤 영광의 1990년대를 맞이했다. 1990년대 초반 주류 음악계를 뒤흔든 밴드 너바나(Nirvana)의 커트 코베인(Kurt Cobain)은 재규어를 세계적인 히트상품으로 만든 일등공신이었다. 이러한 재규어의 선전은 재규어의 저렴한 가격과 개성 넘치는 사운드가 낳은 결과였다. 펜더가 거의 '버린 자식' 취급하던 재규어가 회사의 별다른 노력 없이 최초의 전성기를 맞았으니, 펜더의 입장에서는 '손 안 대고 코 풀기', 그것도 아주 '깔끔하게 코 풀기'였다고 해도 과언이 아니다.

10종이 넘는 재규어 모델 가운데 아메리칸 빈

티지(American Vintage) 시리즈에 속한 ′65 재규어 모델은 1965년에 출시된 재규어의 리이슈 모델이다. 앨더 바디, 메이플 넥, 로즈우드 지판 등 전형적인 스트랫 목재구성을 사용하고 있는 것은 물론 출시 당시의 하드웨어 세부스펙들도 그대로 적용되어 있다. 특히 펜더의 모든 기타를 통틀어 가장 복잡한 서킷 구조는 타의 추종을 불허한다. 리드 서킷에서는 각각 픽업의 온오프와 미들컷 스위치가 활성화되는 한편, 리듬 서킷에서는 슬라이드 노브로 볼륨과 톤을 따로 조작할 수 있다. 버튼을 눌러 줄을 뮤트시킬 수 있는 뮤트 스위치도 이 기타의 중요한 특징이다.

사운드는 텔레와 스트랫의 중간쯤 되는 개성 있는 리드톤부터 재즈마스터를 연상시키는 부들부들한 리듬톤까지 가용범위가 넓은 편이다. 온오프 스위치를 적극적으로 조작한다면, 블루스나 서프 음악에 어울리는 빈티지 사운드와 거친 질감의 얼터너티브록 사운드를 두루 넘나들 수 있을 것이다.

In a Word

인우 얼터너티브하게 얻어걸린 행운의 명기
두완 지금은 별로 안 친한 재즈마스터의 불알친구

033

Fender
Limited 1955 Relic Esquire

:: Targeting

원시 그대로의 기타가 궁금하다면.
콜렉터.

가격랭크	D
제조국	미국
전장	99cm
무게	3.3kg
머신헤드	Vintage—Style
너트 너비	42mm
너트 재질	Bone
넥 목재	Quatersawn Maple
지판 목재	Maple
지판 곡률 반지름	241mm
접합 방식	Bolt—on
프렛 사이즈	Narrow Jumbo
프렛 수	21
스케일 길이	648mm
바디 목재	Lightweight Ash
픽업 구성 및 사양	Bridge: Custom Shop Hand—Wound '55 Single—Coil Tele
브릿지	3—Saddle Vintage—Style Strings—Through—Body Tele with Brass Barrel Saddles

에스콰이어는 펜더에서 1949년 남(NAMM)쇼에 출품하기 위해 브로드캐스터와 함께 만든 펜더의 첫 솔리드바디 기타 중 하나였다. 텔레캐스터가 '2픽업' 버전으로만 출시된 반면, 에스콰이어는 '1픽업' 혹은 '2픽업'의 두 가지 버전으로 출시되었다. 이 부분을 제외하면 텔레캐스터와 별 차이가 없던 에스콰이어는 이후 텔레캐스터에 흡수·통합되는 식으로 정규생산라인에서 빠졌고, 현재는 커스텀샵의 리미티드 에디션, 멕시코 펜더의 클래식 시리즈 등에서 간간이 찾아볼 수 있다. 에스콰이어의 2픽업 버전은 텔레캐스터와 흡사하기 때문에 최근에 리이슈되는 모델들은 전부 1픽업 버전으로 출시되어 텔레캐스터와 차별화를 꾀하고 있다.

해당 모델은 1955년 모델을 복각한 리미티드 에디션 렐릭(relic, 과거에 구입한 기타를 오랜 시간동안 연주한 것처럼 각종 스크래치와 부품의 부속 정도까지 일부러 훼손·복각하는 것) 모델이며, 커스텀샵 렐릭답게 가격은 500만 원을 호가한다. 커스텀샵 기념 모델은 1000만 원에 출시되는 경우도 있으니 이 정도면 양반이다. 참고로 리미티드 에디션은 사이트상에서도 정보가 자주 바뀌는 편이니 직접 주문을 원한다면 미리 구매가능 여부를 확인해야 한다.

이 모델은 애시 바디에 소프트 V형의 메이플 통넥을 사용해 빈티지한 손맛을 높였다. 스케일 길이, 지판곡률 반지름, 너트 너비 등 세부적인 수치는 출시 당시의 모습을 그대로 재현했다. 브릿지 역시 줄을 개별로 조정할 수 없도록 한 3새들 빈티지 스타일로 빈티지 골수팬들의 향수를 자극한다. 픽업의 경우 커스텀샵에서 손수 제작한 싱글코일 텔레캐스터 픽업이 장착되어 있다.

펜더의 첫 솔리드바디 기타 모델답게 외관과

사운드는 빈티지를 넘어 '원시'에 가깝다. 게다가 출력은 부족하고, '깽깽'거린다는 표현을 써도 무방할 만큼 클린톤의 뉘앙스가 약하다. 드라이브의 양도 현저히 부족하다. 어떤 장르에 써먹을 수 있을지 감을 잡을 수 없는 힘 빠진 다크 톤도 간과할 수 없다. 현대의 기타 제작기술을 기준으로 삼았을 때, 한 마디로 이 기타는 거칠고 투박하기 이를 데 없다. 그러나 이처럼 다양한 기술적인 단점과 난해한 활용성에도 에스콰이어를 찾는 수요는 끝이 없다. 그 이유는 결국 이 모든 것을 초월하는 에스콰이어의 역사적 존재가치 때문이 아닐까.

In a Word ———————

인우　구전기타설화
두완　펜더에 미쳐 있다면 말리지 않겠다

1987년 멕시코 바하칼리포르니아 주 엔세나다(Ensenada)에 들어선 펜더 공장은 미국 캘리포니아 주 코로나(Corana)에 위치한 펜더 공장과 자동차로 겨우 세 시간 거리에 있다. '미국산 펜더(이하 미펜)'를 생산하는 코로나 공장과 '멕시코산 펜더(이하 멕펜)'를 생산하는 엔세나다 공장 사이에 교류는 위치상 수월할 수밖에 없다.

1989년부터 본격적으로 앰프와 기타를 생산한 엔세나다 공장은 나날이 증가하는 펜더 기타의 수요를 분담하는 역할을 했다. 1992년 초까지 하루 생산량은 200대에도 못 미치는 수준이었지만, 1994년 대규모 화재 후 공장이 새로운 설비와 함께 재건되면서 생산량은 폭증했다. 비공식적인 통계에 따르면, 최근 엔세나다 공장에서 생산하는 기타 제품은 연간 10만 대가 넘는다. 휴일을 제외하면 하루에 약 300대 정도를 만드는 셈이다. 직원 수 역시 약 800명이 근무하는 코로나 공장보다 1.5배 정도 많은 1200여 명에 육박한다.

흔히 멕펜은 기존의 펜더에서 독립된 하나의 하위 브랜드나 시리즈로 오해받곤 한다. 실제로 멕펜은 단순히 멕시코 공장에서 생산된 펜더를 의미한다. 펜더의 공식홈페이지에서도 펜더의 하위 브랜드인 스콰이어의 카테고리는 따로 분리되어 있는 반면, 멕펜은 미펜과 따로 분리되지 않고 같은 카테고리로 묶여 있다. 다만 각 공장에서 전담해서 출시하는 시리즈가 다르고, 그에 따른 가격차가 있기 때문에 한국의 악기 업체에서는 편의상 미펜과 멕펜을 구분하는 경우가 많다.

멕펜은 멕시코 스탠더드(Mexico Standard), 멕시코 디럭스(Mexico Deluxe), 로드원(Road Worn), 로드원 플레이어(Road Worn Player), 클래식(Classic), 클래식 플레이어(Classic Player), 블랙탑(Black Top), 펀샵(Pawn Shop) 등 여러 시리즈를 보유하고 있다. 국내에 출시되는 가격은 대부분 70~200만 원선이다. 멕펜 기타들을 둘러보기에 앞서 각 모델의 역사적 사실이 추가적으로 기록되어 있는 미펜편부터 살펴보기 바란다.

034

Fender
Road Worn '60s Stratocaster

:: Targeting

가성비 높은 저렴한 렐릭을 찾고 있다면.
메탈 장르를 제외한 전천후 공연용 기타.

가격랭크	C
제조국	멕시코
전장	100cm
무게	3.2kg
머신헤드	Vintage–Style
너트 너비	42mm
너트 재질	Synthetic Bone
넥 목재	Maple
지판 목재	Rosewood
지판 곡률 반지름	184 mm
접합 방식	Bolt–on
프렛 사이즈	Vintage–Style
프렛 수	21
스케일 길이	648mm
바디 목재	Alder
픽업 구성 및 사양	Neck, Middle and Bridge: Tex–Mex Single–Coil Strat
브릿지	6–Saddle Vintage–Style Synchronized Tremolo with Vintage–Style Tremolo Arm

소프트 렐릭을 기본으로 하는 로드원 시리즈는 모델 대부분이 150만 원 전후의 가격대를 가지고 있다. 멕펜 치고는 상당히 고가지만 자연스러운 렐릭이 자랑하는 빈티지한 질감과 훌륭한 마감 덕에 아메리칸 스탠더드 못지않은 높은 인기를 누리고 있다. 이 가운데 로드원 '60s 스트라토캐스터(Road Worn '60s Stratocaster)는 로즈우드 지판, 3톤 선버스트 색상 등 1960년대의 스트라토캐스터 사양을 기준으로 제작된 모델이다.

로드원 '60s 스트라토캐스터는 앨더 바디, 메이플 넥, 로즈우드 지판으로 전형적인 1960년대 스트랫 목재구성을 취하고 있다. 1950년대의 2톤 선버스트에서 그러데이션이 한 단계 늘어난 3톤 선버스트 색상을 기본으로 한다. 지판은 곡률반지름이 184mm로 상당히 둥근 편이고, 나머지 상세 부품 수치들도 당시 스트랫의 스펙을 충실히 따르고 있다. 픽업은 세 개의 텍스멕스 싱글코일(Tex-Mex Single-Coil) 세트가 사용되었고, 그 옆에 1볼륨 2톤의 노브가 달려 있다.

전체적인 사운드는 빈티지한 질감과 탄탄한 중음역을 통해 미펜과 다른 화끈한 매력을 뽐낸다. 특히 게인톤은 싱글코일로 나왔는데도 크리스피한 질감과 함께 평균 이상의 드라이브 적응력을 과시한다. 미펜 스탠더드와 동일한 체급으로 직접비교가 가능할 정도로 퀄리티가 뛰어나다. 단 로즈우드 지판보다 메이플 지판을 선호할 경우, 로드원 시리즈에 속한 '50s 스트라토캐스터 모델을 선택하면 된다. 물론 지판 외에도 넥 형태, 컬러, 프렛 사이즈, 픽가드의 나사 개수 등 미묘한 차이가 몇 가지 있으니 유의하기 바란다.

In a Word

인우 'Lord' Worn
두완 미펜보다 '못한' 게 아니라, 미펜과 '다를' 뿐

035

Fender
Classic Series '72 Telecaster Thinline

:: Targeting

같은 밴드의 기타리스트가 펜더 스트랫을 선점했다면.
일반 텔레 디자인은 좋은데 사운드가 싫었던 연주자.

가격랭크	C
제조국	멕시코
전장	99cm
무게	3kg
머신헤드	Fender Vintage "F" Stamped
너트 너비	42mm
너트 재질	Synthetic Bone
넥 목재	Maple
지판 목재	Maple
지판 곡률 반지름	184 mm
접합 방식	Bolt—on
프렛 사이즈	Vintage—Style
프렛 수	21
스케일 길이	648mm
바디 목재	Semi—Hollow Ash
픽업 구성 및 사양	Neck and Bridge: Fender "Wide Range" Humbucking
브릿지	6—Saddle Vintage—Style Strat Strings—Through—Body Hardtail

텔레캐스터의 대표 바디목재인 애시는 다른 목재에 비해 다소 무겁다는 단점을 가지고 있다. 이러한 문제를 해결하기 위해 바디에 구멍을 내는 방법이 고안되었고, 그 결과로 씬라인 텔레캐스터(Thinline Telecaster)가 탄생했다. 1968년에 출시된 씬라인 텔레캐스터(이하 씬라인 텔레)의 무게는 일반 텔레의 절반에 불과해 한때 텔레의 무게에 불만을 가졌던 많은 연주자에게 환영받았다. 바이올린을 연상시키는 F홀과 스트라토캐스터를 닮은 픽가드는 씬라인 텔레를 규정하는 디자인이다.

'72 씬라인 텔레 모델은 같은 시리즈에 속한 '69 씬라인 텔레와 여러 모로 스펙차이를 보인다. 그중 가장 대표적인 것은 바디목재와 픽업이다. 마호가니 바디와 싱글코일 픽업을 사용한 '69 모델과 달리 '72 모델은 텔레 고유의 바디목재인 애시 바디에 와이드 레인지 험버커 세트를 통해 사운드의 기조를 달리했다. 1970년대 스타일의 '불렛 트러스로드'(bullet truss rod. 헤드 쪽으로 튀어나온 트러스로드의 끝부분이 마치 총알을 닮았다 하여 지어진 이름)와 화려한 픽가드 디자인이 눈길을 끈다.

공간감이 느껴지는 따뜻하고 넓은 사운드가 인상적이다. 일반적인 텔레 사운드에서 이큐 레인지와 공간감을 전체적으로 확장한 느낌이다. 세미 할로우지만 바디가 얇고 작기 때문에 울림도 과하지 않고, 하울링의 위험성도 낮다. 험버커톤의 무게감은 적당하다. 고음역이 정돈된 부드럽고 풍성한 게인톤을 뽑아낼 수 있다는 것이 의외의 장점이다. 기존 텔레의 톤이 너무 가볍거나 날카롭다고 생각했다면 아주 좋은 대안이 되겠지만, 고유의 텔레 사운드와 다소 거리가 있기 때문에 호불호가 갈릴 것이다.

In a Word

인우　Thin라인, Thick사운드
두완　그 텔레의 이란성 쌍둥이

036

Fender
Classic Player Jazzmaster Special

:: Targeting

빈티지 장르 연주자의 서브기타.
개성 넘치는 빈티지 사운드를 찾고 있다면.

가격랭크	C
제조국	멕시코
전장	102cm
무게	3.5kg
머신헤드	Vintage—Style
너트 너비	42mm
너트 재질	Synthetic Bone
넥 목재	Maple
지판 목재	Rosewood
지판 곡률 반지름	241mm
접합 방식	Bolt—on
프렛 사이즈	Medium Jumbo
프렛 수	21
스케일 길이	648mm
바디 목재	Alder
픽업 구성 및 사양	Neck and Bridge: Special Design Hot Single—Coil Jazzmaster
브릿지	Adjusto—Matic Bridge with Vintage Style "Floating" Tremolo Tailpiece and Tremolo Lock Button

이 빠진 것은 물론, 곡률반지름의 차이를 제외하면 세부 수치는 거의 동일하기 때문이다. 재즈마스터 스페셜이 빈티지 재즈마스터보다 지판은 더 평평하다.

목재는 바디에 앨더, 넥에 메이플, 지판에 로즈우드를 썼다. 넥에는 글로스 우레탄 피니시가 적용되었고, 바디에는 '스페셜 디자인 핫 싱글코일 재즈마스터(Special Design Hot Single-Coil Jazzmaster)'라는 긴 이름을 가진 픽업 두 개가 장착되어 있다. 재즈마스터의 상징과 같은 오프셋 바디디자인과 듀얼 서킷은 기본이다.

픽업 이름에 '핫(hot)'이라는 단어가 들어간 것처럼, 멕펜다운 '후끈한 소리'가 사운드의 주축을 이룬다. 미펜 재즈마스터와 비교했을 때 고음역대보다 중저역대가 강조되어 있고, 톤의 인상도 상대적으로 어둡다. 게인은 의외로 잘 먹는 편이다. 다소 텁텁한 느낌 때문에 테크니컬한 하이게인 사운드를 내기는 어렵지만, 빈티지 하드록이나 그런지록 정도는 충분히 소화할 수 있다. 한마디로 개성 넘치는 재즈마스터의 톤을 다소 저렴한 가격에 구할 수 있다는 점이 이 기타의 가장 큰 매력이다.

클래식 플레이어 재즈마스터 스페셜(Classic Player Jazzmaster Special. 이하 재즈마스터 스페셜)은 멕펜의 클래식 플레이어 시리즈에 속한 모델이다. 200만 원대 중후반에 육박하는 미펜의 빈티지 재즈마스터에 경제적 부담을 느낀 연주자라면, 100만 원대 중반 가격인 재즈마스터 스페셜이 좋은 대안이 될 수 있다. 전체적인 스펙이 다운그레이드되어 가격거품

In a Word ─────────

인우   거품을 빼도 재즈를 마스터할 수 없는 건 여전
두완   열혈 로커 '김재즈'

037

Fender
Kurt Cobain Road Worn Jaguar

:: Targeting

너바나 및 커트 코베인 팬.
모듈레이션 활용도가 높으며 독창적 사운드를 중시하는
연주자.

가격랭크	C~D
제조국	멕시코
전장	101cm
무게	3.4kg
머신헤드	Gotoh Cast/Sealed
너트 너비	42mm
너트 재질	Synthetic Bone
넥 목재	Maple
지판 목재	Rosewood
지판 곡률 반지름	241mm
접합 방식	Bolt-on
프렛 사이즈	Medium Jumbo
프렛 수	22
스케일 길이	610mm
바디 목재	Alder
픽업 구성 및 사양	Neck: DiMarzio PAF DP-103 Bridge: DiMarzio DP100 Super Distortion Humbucking
브릿지	Adjusto-Matic Bridge with Vintage Style "Floating" Tremolo Tailpiece and Tremolo Lock Button

1990년대 초반 미국의 그런지록이 전 세계에 맹위를 떨치기 시작했다. 그 시발점은 너바나의 메이저 데뷔앨범 「Nevermind」(1991)과 앨범의 첫 싱글 〈Smells Like Teen Spirit〉이었다. 보컬과 기타를 맡은 커트 코베인(Kurt Cobain)의 절규는 젊은이들의 목소리를 대변했고, 세 멤버가 만든 거침없는 사운드는 허세 가득한 메탈음악에 KO펀치를 날렸다. 결국 커트 코베인이 이끈 너바나의 대성공은 펄잼(Pearl Jam), 사운드가든(Soundgarden), 앨리스 인 체인스(Alice In Chains) 등 여러 밴드에게 화려한 실크로드가 되었다.

'커트 코베인' 하면 떠오르는 기타는 왼손잡이용 재규어(Jaguar)와 머스탱(Mustang)이다. 그중에서도 스위치 여러 개가 아예 제거되거나 테이핑으로 막힌 1965년식 선버스트 재규어를 기억하고 있는 팬이 많을 것이다. 이러한 실례를 바탕으로 제작된 커트 코베인 로드원 재규어(Kurt Cobain Road Worn Jaguar)는 지금은 전설로 일컬어지는 커트 코베인의 시그너처 모델이다. 멕펜의 로드원 시리즈 모델답게 소프트 렐릭 처리가 되어 있고, 200만 원 전후의 가격대로 멕펜 중에서는 최고의 몸값을 자랑한다. 당연한 이야기지만 왼손잡이 모델도 기본 옵션으로 선택할 수 있다.

픽업의 경우 싱글코일 픽업을 사용한 빈티지 모델과 달리 넥 쪽에 디마지오 PAF DP-103, 브릿지 쪽에 디마지오 DP100 슈퍼 디스토션 험버커가 장착되어 있다. 듀얼 서킷이 적용되어 있는데, 온오프 스위치나 볼륨노브 구성에서 빈티지 모델과 약간 차이가 있다. 사운드는 멕펜스러운 투박한 중음대가 인상적이며, 크런치하면서도 공격적인 게인톤이 '그런지' 감성을 잘 담아내고 있다. 당신이 커트 코베인의 팬이라면, 이 기타로 〈Smells Like Teen Spirit〉의 메인리프를 연주하는 순간 이 기타를 쉽게 손에서 놓지 못할 것이다.

커트 코베인이 사망한 지도 벌써 20년이 넘었지만, 새로운 시대를 개막한 그의 음악적 영향력과 전설의 이미지는 여전히 건재하다. 사실 '버린 자식'이라고 일컬어질 정도로 죽을 쑤던 펜더의 재규어 모델이 재기하는 데 기여한 아티스트가 여럿 있지만, 그중 팔 할은 단연 커트 코베인이다.

Fender
(Mexico)

In a Word

인우 시대정신
두완 커트와 재규어의 특급 시너지

038

Fender
Pawn Shop Mustang Special

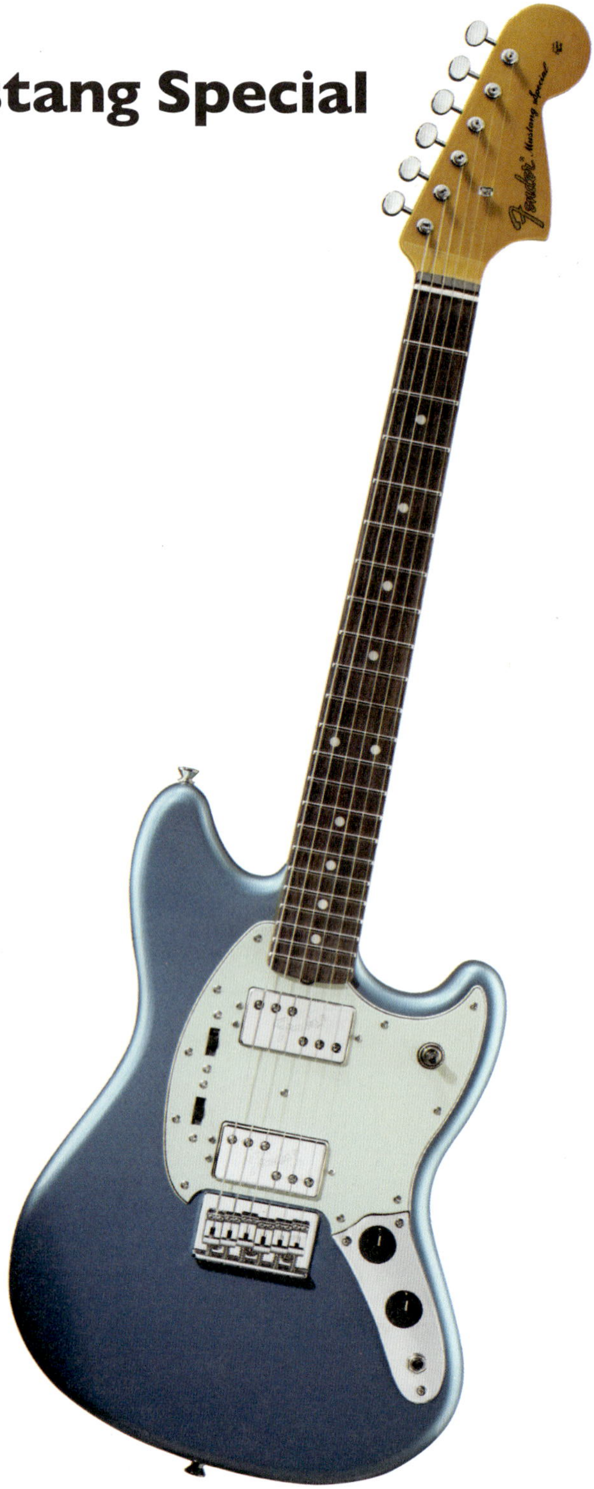

:: Targeting

텔레 스트랫은 너무 무난해서 싫은데, 또 그거 빼고 나니 뭘 골라야 할지 모르겠다면.
세미범용 세컨드 기타.

가격랭크	C
제조국	멕시코
전장	99cm
무게	3.0kg
머신헤드	Vintage-Style
너트 너비	42mm
너트 재질	Synthetic Bone
넥 목재	Maple
지판 목재	Rosewood
지판 곡률 반지름	241mm
접합 방식	Bolt-on
프렛 사이즈	Medium Jumbo
프렛 수	22
스케일 길이	610mm
바디 목재	Alder
픽업 구성 및 사양	Neck and Bridge: Enforcer "Wide Range" Humbucking with Downsized Wide Range Covers
브릿지	6-Saddle Vintage-Style Strat Strings-Through-Body Hardtail

1964년 남쇼에서 펜더는 재즈마스터나 재규어와 같은 최상위모델이 아닌 저가형 기타 콘셉트로 머스탱을 소개했다. 1956년 학생용 기타로 출시된 듀오소닉(Duo-Sonic)에 비브라토 유니트를 장착한 모델이 바로 머스탱이었다. 머스탱의 비브라토 시스템은 높이와 길이를 조정할 수 있는 '세미락커(semi-locker)' 브릿지가 달린, 비교적 단순화된 시스템이었다. 이러한 머스탱은 두 개의 쓰리 포지션 스위치가 각 픽업의 온·오프·위상반전을 조절하고, 픽업마다 통합 볼륨과 톤을 담당하는 노브가 따로 있는 구조였다.

최초 출시 당시 머스탱은 듀오소닉 모델과 마찬가지로 납작한 판자 모양의 바디를 가지고 있었다. 그러나 머스탱 출시를 기점으로 펜더는 '학생용' 기타 모델들의 바디 라인을 점차 컨투어 처리된 형태로 바꿔나갔다. 여기서 말하는 '학생용' 기타란 픽업 하나 달린 뮤직마스터(Musicmaster), 픽업 두 개

가 달린 듀오소닉, 듀오소닉에 비브라토 유니트가 장착된 신제품 머스탱까지 총 세 개의 라인업을 말한다. 현재 뮤직마스터와 듀오소닉은 단종된 반면, 머스탱은 스콰이어를 제외하고 펜더에서만 총 6개의 모델이 출시되고 있다.

이 가운데 펀샵 머스탱 스페셜(Pawn Shop Mustang Special, 이하 펀샵 머스탱)은 이름처럼 펀샵 시리즈에 속해 있다. '전당포(pawn shop)'라는 명칭이 말해주듯이 이 시리즈는 과거의 전당포처럼 다양한 이야기가 서린 특이하고 재미난 기타를 만들고자 한 펜더의 의지가 구현된 결과물이다. 펀샵 머스탱 역시 출시 당시의 스펙과 약간 다른 구성으로 제작되어 있는데, 활용도는 의외로 높다. 이 기타의 가장 큰 특징은 2개의 와이드 레인지 험버커 픽업마다 달린 3포지션 스위치다. 오리지널 모델의 스위칭이 온·오프·위상반전이었던 반면, 펀샵 머스탱의 스위칭은 S·H·S의 험·싱 전환은 물론 전환한 싱글도 선택해 사용할 수 있는 구조다. 픽업셀렉터와 함께 경우의 수를 조합하면 기본톤만 무려 18개나 된다.

사운드는 펜더의 각종 사운드를 한데 모아놓은 것처럼 다채롭다. 리듬커팅에 어울리는 날씬한 싱글 사운드부터 일반적인 빈티지 스트랫 톤, 그리고 기대 이상으로 강렬한 하드록 험버커 사운드까지, '종합선물세트'를 방불케 하는 펜더식 범용성이 일품이다. 물론 인위적으로 톤을 바꾸는 것이 귀찮은 연주자는 번잡스러움을 느낄 수 있겠지만, 이처럼 골라먹는 재미가 상당한 기타도 드물다.

In a Word

인우 펜더종합선물세트 오픈베타
두완 전당포에 들어온 '진짜' 만화경

GIBSON FAMILY TREE

(본 계보도의 라인업은 역대 출시된 깁슨 모델들 중 대표성과 인지도를 고려하여 선정하였습니다.)

CHET ATKINS

CHET ATKINS CE
(1982~2005)

CHET ATKINS
COUNTRY
GENTLEMAN
(1986~2005)

CHET ATKINS SST
(1987~2005)

CHET ATKINS
TENNESSEAN
(1990~2005)

ES

ES-150
(1936~1942,
1947~1956)

ES-100
(1938~1941)

ES-125
(1941~1943,
1946~1970)

ES-5
(1949~1955)

ES-175
(1949~)

ES-295
(1952~1958,
1990~2000)

ES-335
(1958~)

ES-345
(1959~1982, 2002~)

LARRY CARLTON ES-
335
(2002~)

EXPLORER

EXPLORER
(1958~1959, 1975~)

ALLEN COLLINS
EXPLORER
(2003)

THE BILL KELLIHER
'GOLDEN AXE'
EXPLORER
(2013~)

LZZY HALE EXPLORER
(2014~)

FIREBIRD

FIREBIRD I REVERSE-
BODY
(1963~1965,
1991~1992)

FIREBIRD I NON-
REVERSE
(1965~1969)

FIREBIRD III REVERSE-
BODY
(1963~1965)

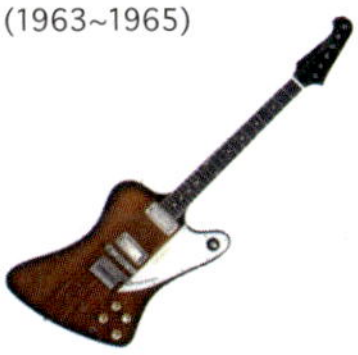

FIREBIRD V REVERSE-
BODY
(1963~1965, 1986~)

50TH ANNIVERSARY
FIREBIRD
(2013~)

FLYING V

FLYING V
(1958~1959,
1965~1969,
1971~1979,
1984~)

FLYING V II
(1979~1982)

JIMI HENDRIX FLYING V
(1991~1993)

GRACE POTTER S
IGNATURE FLYING V
(2012~)

LES PAUL

LES PAUL CUSTOM
(1953~1963, 1968~)

LES PAUL JUNIOR
(1954~1963,
1986~1992,
2001~)

LES PAUL STANDARD
(1958~1963,
1968~1969,
1972~)

LES PAUL ARTISAN
(1976~1981)

LES PAUL STUDIO
(1983~)

LES PAUL CLASSIC
(1990~)

LES PAUL SUPREME
(2003~)

LPJ
(2013~)

LES PAUL ARTIST SIGNATURE

JIMMY PAGE LES PAUL
(1995~1999, 2004~)

ZAKK WYLDE
BULLSEYE
LES PAUL
(2000~)

PETER FRAMPTON
LES PAUL
(2000~)

JOE PERRY BONEYARD
LES PAUL
(2003~)

SLASH LES PAUL
(2004~)

BILLIE JOE
ARMSTRONG
LES PAUL JUNIOR
(2006~)

GARY MOORE LES
PAUL
STANDARD
(2013~)

JOE BONAMASSA
SKINNERBURST '59
LES PAUL
(2014~)

SG

SG SPECIAL
(1959~1970,
1972~1978,
1985~)

SG CUSTOM
(1963~1979,
1997~2005,
2006~)

SG STANDARD
(1963~1970,
1972~1980,
1983~1986,
1988~)

SG DELUXE
(1971~1972,
1981~1984,
1998~)

SG SPECIAL FADED
(2002~)

SGJ
(2013~)

SGS3
(2014~)

SG ARTIST SIGNATURE

TONY IOMMI SG
(1988, 2001~2005)

ANGUS YOUNG SG
(2000~)

OTHER MODELS

L-5CES
(1951~)

SUPER 400CES
(1951~)

BYRDLAND
(1955~)

EDS-1275 DOUBLE 12
(1958~1968, 1974~)

CITATION
(1969~1970, 1975,
1979~1983, 1993~)

MARAUDER
(1975~1981)

B.B. KING LUCILLE
(1980~)

깁슨의 창립자 오빌 깁슨(Orville H. Gibson)은 1856년 미국 뉴욕에서 태어났다. 어렸을 때부터 현악기의 제작에 관심이 많았던 오빌은 1881년 신발가게 점원으로 첫 취업을 하게 되었는데, 악기와 전혀 관련이 없는 직장에 다니면서도 악기제작에 대한 열정은 쉽게 버리지 못했다. 결국 회사를 다니면서 만돌린과 기타에 대한 연구를 거듭했고 머지않아 전문적으로 악기를 제작하는 경지에 올랐다. 당시 오빌의 아이디어는 훗날 일렉 기타에 적용되는 기술로, 악기의 탑을 깎아 자체적으로 지탱이 되는 아치 형태를 만드는 것이었다. 이렇게 곡면을 연출하는 디자인은 앰프의 연결이 없던 당시 악기의 울림을 증폭하는 데 중요한 역할을 했고, 오빌이 만든 만돌린과 기타는 출시와 동시에 폭발적인 반응을 얻었다.

오빌이 예의 혁신적 디자인을 본격적으로 사용하기 시작한 것은 1894년이었다. 그리고 1902년 10월 11일 미시건 주의 칼라마주(Kalamazoo)에 '깁슨 만돌린·기타 제조사(Gibson Mandolin-Guitar Manufacturing Company, Limited)'라는 이름으로 대량생산을 위한 공장이 들어섰다. 안타깝게도 오빌은 브랜드가 처음으로 출시한 일렉 기타(1935년 일렉트릭 랩 스틸 기타 E-150)를 보지 못하고 1918년 세상을 떠났지만, 위대한 브랜드의 탄생이 그의 손에서 비롯된 것은 지금도 변함없는 사실이다.

1948년 테드 맥카티(Ted McCarty)가 입사하며 깁슨의 역사는 새로운 국면을 맞이했다. 뛰어난 업무 능력 덕에 입사 2년 만에 사장 자리까지 오른 테드는 1966년까지 햇수로 17년 동안 깁슨을 진두지휘하며 진정한 황금기를 이룩했다. '테드 맥카티 시대'라고 일컬어지는 이 기간 동안 직원 수는 10배, 이익은 15배, 판매량은 13배가량 증가했다고 하니, 그가

깁슨에 미친 영향력이 어느 정도인지 짐작할 만하다.

테드 맥카티가 이룩한 것은 비단 양적인 성장만이 아니었다. 맥카티 사단은 깁슨의 희대 명작인 레스 폴(Les Paul)을 비롯해 SG, ES-335, 플라잉 V(Flying V), 익스플로러(Explorer), 파이어버드(Firebird) 등 수많은 히트작을 생산했다. 더불어 튠오매틱(Tune-o-matic) 브릿지, 스톱바 테일피스(stop bar tailpiece), 험버킹 픽업 등 현재 깁슨의 정체성과도 같은 주요부품 개발까지 완수하며 혁신과 진보의 아이콘으로 자리했다. 물론 테드가 퇴사한 후에도 깁슨은 다양한 시도를 하며 발전을 지속했지만, 그가 깔아놓은 철옹성과도 같은 회사의 기반이 없었다면 이후의 성취가 결코 순탄치 않았을 것이다.

깁슨은 솔리드바디, 할로우, 세미할로우 등 기타의 모든 세부 분야에서 다양한 히트작을 생산한 공전절후의 브랜드다. 흔히 깁슨은 펜더와 함께 기타 산업의 양대 산맥으로 꼽힌다.

수많은 아티스트가 깁슨 기타와 함께 20세기 음악사를 써내려왔고, 설립 100주년을 훌쩍 넘긴 지금도 깁슨은 음악계의 살아있는 역사이자 전설로서 악기업계에 절대적인 영향력을 행사하고 있다.

039

Gibson
2014 Les Paul Standard Plus

:: Targeting

남녀노소 불문. (단, 기본적인 근력 필수.)
극단적 빈티지 스타일을 제외한 전 장르용 메인기타.

가격랭크	D
제조국	미국
전장	100cm
무게	3.9kg
머신헤드	Locking Grover Keystone(18:1)
너트 너비	43mm
너트 재질	TekToid
넥 목재	Mahogany
지판 목재	Rosewood
지판 곡률 반지름	305mm
접합 방식	Set-in
프렛 수	22
바디 목재	Mahogany
탑	Gread AAAA Figured Maple
픽업 구성 및 사양	Neck: Rhythm BurstBucker Pro(Alnnico #5) Bridge: Lead BurstBucker(Alnico #5)
브릿지	TonePros Locking Tune-o-matic bridge with TonePros Locking Stopbar tailpiece

미국 태생의 기타리스트이자 작곡가인 레스 폴(Les Paul)은 전 장르를 아우르는 넓은 연주 스펙트럼과 다양한 활동을 펼친 인물로 유명하다. 1940~50년 대 수많은 탑10 히트곡에 레코딩 세션으로 참여하 며 최고의 전성기를 누리기도 했지만, 이러한 연 주활동보다 솔리드바디 일렉 기타를 직접 만들어 낸 업적으로 더 잘 알려져 있다. 1940년대에 레스 폴이 직접 고안해 상당한 유명세를 탔던 로그(The Log) 기타는 깁슨 레스 폴의 전신이었다.

1951년 경쟁사인 펜더가 솔리드바디 기타인 '브로드캐스터(Broadcaster)'를 히트시키자 깁슨은 솔 리드바디 기타 제작의 필요성을 절감했다. 테드 맥 카티는 레스 폴의 의견을 반영하여 마호가니 바디 에 메이플 탑을 올린 새로운 솔리드바디 기타의 최 종 프로토타입을 제작했다. 결국 1952년 깁슨은 레 스 폴과 정식으로 엔도서 계약을 체결하고 본격적 으로 레스 폴 기타를 생산하기 시작했다.

깁슨 레스 폴 시그너처 모델은 최적기에 처 음 모습을 드러냈다. 레스 폴과 그의 아내 메리 포드(Mary Ford)의 넘버원 히트송 〈How High the Moon〉(1951)이 그래미 명예의 전당에 오른 직후에 출시되어 그의 시그너처 기타에 대한 인지도도 급 격히 상승했다. 1953년 폴과 메리가 직접 진행하는 TV쇼까지 생기면서 새로운 깁슨 모델들은 그 후광 을 입고 더 큰 인기를 누렸다. 깁슨의 입장에서는 새로운 모델을 광고하는 데 최적의 시기와 최고의 엔도서를 선택한 행운을 누렸던 셈이다.

당시 레스 폴 시그너처 모델에는 크림색 커버 의 직사각형 싱글코일 픽업이 장착되어 있었다. 이 픽업은 곧 '소프바(soap bar) 픽업'이라는 애칭과 함께 큰 인기를 얻었다. 그리고 유일한 약점으로 꼽혔던

트래피즈 브릿지(trapeze bridge)의 불안정성은 약 1년 에 걸친 디자인 수정을 통해 현재 레스 폴 모델의 전신이 되는 볼트 고정식 스톱바 테일피스로 바뀌 었다. 출시 직후 레스 폴은 1952년에 1716대, 53년 에 2245대가 팔리며 폭발적인 인기를 끌었다. 이러 한 판매량은 그때까지 깁슨이 생산한 기타 모델 중 ES-125를 제외하고는 최고의 기록이었던 것은 물 론 당시 펜더 텔레캐스터의 판매량에 필적하는 수 준이었다. 깁슨의 입장에서 이것은 솔리드바디 기 타시장이 열린 후 눈엣가시와 같던 펜더와 어깨를 나란히 하게 된 의미 있는 사건이었다.

첫 발매 후 커스텀(Custom), 골드탑(Gold Top), 주 니어(Junior) 등으로 조금씩 스펙이 변경되고 종류 가 다양해진 레스 폴 모델은 1957년 깁슨이 험버커 를 개발하면서 새로운 전환점을 맞았다. 1958년 바 디의 센터에서 가장자리로 갈수록 노란색에서 붉 은색으로 변하는 체리 선버스트(cherry sunburst) 색 상이 적용된 레스 폴 체리(Les Paul Cherry) 모델부터 본격적으로 험버커가 장착되었다. 이것이 레스 폴 '58 스탠더드(Les Paul '58 Standard) 모델이 탄생한 배 경이 되었다. 이후 '스탠더드(Standard)'라는 모델명은 1960년부터 잠시 자취를 감추었다가 1968년부터 다시 모습을 드러낸 후 지금까지 명맥을 이어오고 있다.

2008년 이후 스탠더드에는 몇 가지 중대한 변 화가 있었다. 무거운 무게로 악명이 높던 레스 폴 의 바디 속을 약간 비운 챔버드 바디(chambered body) 스펙으로 연주의 편의성을 제고한 데 이어, '57 험 버커, 490R·498T 등 이전의 전형적인 픽업세트를 버스트버커(Burstbucker)로 교체해 현대적인 사운드 를 지향했다. 또한 2015년 '지포스(G-Force)'라는 자

동튜닝시스템 장착 모델이 스탠더드로 출시되면서 깁슨의 스탠더드는 다시 새로운 국면에 접어들었다. 그러나 현재 깁슨의 자동튜닝시스템은 아직 충분한 피드백이 이루어지지 않아 기존 팬들의 호불호가 극명하게 갈리는 상황이다. 따라서 본 지면에서는 2015 스탠더드가 아닌 2014 스탠더드, 그중에서도 스탠더드 플러스(Plus)를 대표모델로 선정했다. 플러스가 아닌 '그냥' 2014 스탠더드의 경우 지포스의 전신인 미니튠(Min-ETune)이 장착되었기 때문에 같은 이유로 대표모델에서 제외했다. 스펙이 안정화되려면 다소 시간이 필요할 것 같다.(2016년 현재 지포스를 필두로 하는 2015년의 스탠더드 스펙은 'HP(High Performance)' 시리즈로 분화되어 생산되고 있다. 그리고 기존의 스펙은 'T(Traditional)' 시리즈로 다시 복귀해 '2016 레스 폴 스탠더드 T(2016 Les Paul Standard T)'와 같은 새로운 포맷의 모델명으로 출시되기 시작했다. 이는 깁슨 측에서 소비자와 시장의 비판적 의견을 적극 반영했음을 알 수 있는 대목이다.)

일반적으로 레스 폴 스탠더드는 해마다 스펙이 바뀌어 출시되긴 하지만 '정체성'과도 같은 기본 스펙으로는 마호가니 바디, 마호가니 넥, 로즈우드 지판의 목재구성과 2008년부터 등장한 버스트버커 픽업세트를 들 수 있다. 흔히 '남성적인 투박함', '기름지고 풍성한 톤'으로 대변되는 레스 폴의 사운드는 20세기 중반의 로큰롤부터 지금의 하드록, 헤비메탈까지 강력하고 풍부한 뉘앙스가 필요한 모든 장르에 활용되어 왔다.

지금까지 듀언 올맨(Duane Allman), 지미 페이지(Jimmy Page), 밥 말리(Bob Marley), 게리 무어(Gary Moore), 조 페리(Joe Perry), 슬래시(Slash), 피트 타운센드(Pete Townshend), 잭 와일드(Zakk Wylde) 등 일일이 열거하기 어려울 만큼 수많은 초일류 연주자가 레스 폴을 연주했다. 깁슨이 만든 이 희대의 명작은 펜더의 스트라토캐스터와 일렉 기타 역사의 오리지널리티를 양분할 수 있는 유일한 대항마로서 지금도 악기업계 전반에 절대적인 영향을 미치고 있다.

040

Gibson
USA 2013 SG Standard

:: Targeting

레스 폴이 '사운드 好·무게 不好'한 연주자.
하드록 밴드 메인기타, 혹은 타 장르 밴드의 '록 편곡 전
용' 서브기타.

가격랭크	C
제조국	미국
전장	102cm
무게	3.0kg
머신헤드	Vintage Tuners
너트 너비	43mm
넥 목재	Mahogany
지판 목재	Bound Rosewood
접합 방식	Set-in
프렛 수	22
스케일 길이	628mm
바디 목재	Mahogany
픽업 구성 및 사양	Neck and Bridge: '57 Classic Humbucker
브릿지	Chrome Tune-o-matic bridge with Stopbar tailpiece

체리 선버스트로 대표되는 레스 폴 '58 모델은 최초 출시 이후 수년간 깁슨의 선전에 지대한 영향을 미칠 만큼 큰 성공을 거두었다. 테드 맥카티는 여기서 만족하지 않고 새로운 모델 개발에 박차를 가했다. 1958년 레스 폴 주니어(Les Paul Junior)와 1959년 레스 폴 스페셜(Les Paul Special)에 더블컷어웨이를 적용한 테드는 1961년에 새롭게 개량한 바로 '이 모델'로 기존의 레스 폴을 대체했다. 1963년 레스 폴과 엔도서 계약을 끝낸 깁슨은 헤드스톡에서 'Les Paul'이라는 글자를 삭제하면서 이 모델을 'SG'로 명명했다. 그 유명한 깁슨 SG(Solid Guitar)는 이렇게 탄생했다.

SG 모델은 기존의 레스 폴 모델과 별개의 생산라인에서 나온 제품이 아니었다. 1961년도에 출시된 SG는 기존의 레스 폴 모델을 대체한 '1961년식 레스 폴'이었다. 단, 바디의 두께는 1960년 레스 폴 모델에 비해 절반으로 줄었고, 두 개의 뿔이 달린 더블컷어웨이 디자인이 적용되었다. 픽업의 배열과 외관구성을 기준으로 한 모델 네이밍은 기존의 방식대로 진행되었다. 그 결과 3 험버커, 에보니 지판, 펄 블록 인레이, 5피스 헤드스톡 인레이, 금장 하드웨어를 활용한 커스텀 모델, 2 험버커, 로즈우드 지판, 펄로이드 사다리꼴 인레이, 니켈 하드웨어를 활용한 스탠더드 모델, 2 P-90 픽업, 지판 바인딩, 다트 인레이를 활용한 스페셜 모델, 1 P-90 픽업, 노바인딩이 특징인 주니어 모델이 SG 라인업을 구성했다.

1961년에 나온 SG 모델은 '레스 폴'이라는 이름을 달고 출시되었지만, 출시 당시 깁슨에서 레스 폴이 갖는 영향력은 약해진 상태였다. 맥카티의 입장에서 레스 폴의 이름을 새로운 라인업의 모델들에 지속적으로 사용해야 하는 유일한 이유는 만료되지 않은 엔도서 계약뿐이었다. 1963년 후반 깁슨과 레스 폴의 엔도서 계약이 재계약 없이 만료된 시점부터 폴의 시그너처는 모든 기타에서 빠졌고, 새롭게 개량된 모델들은 비로소 'SG'로 명명되었다. 결국 SG의 실질적인 탄생은 1961년, 공식적 탄생은 1963년이 되는 셈이다.

SG도 레스 폴과 마찬가지로 2014년 모델부터 자동튜닝시스템이 기본으로 장착되어 출시되고 있다. 스펙 안정화에 어느 정도 시간이 소요될 것 같아 여기에서는 2013 스탠더드 모델을 기준으로 한다. 이 모델은 바디에 크롬 튠오매틱 브릿지와 '57 클래식 험버커 픽업세트, 헤드에 빈티지 스타일의 튜닝머신이 장착되어 있다.(2016년 현재, 2015년형 SG는 'HP' 시리즈로 분화되고 기존의 스펙은 'SG 스탠더드 T(SG Standard T)'라는 모델명으로 새롭게 부활했다.)

주된 특징은 강력한 록 사운드와 가벼운 무게에 있다. 하이게인 드라이브 배킹톤의 활용도가 높고, 일반적인 슈퍼스트랫과 차별화되는 묵직한 무게감과 빈티지한 감성 역시 매력적이다. 이러한 SG는 레스 폴의 무게가 부담스러웠던 연주자들에게 게인톤의 매력과 편안한 착용감을 동시에 만족시킬 수 있는 좋은 대안이 될 것이다. 다만 클린톤의 뉘앙스가 무겁고 둔한 감이 있어 모던한 사운드메이킹에 한계가 있다는 점은 유의해야 한다.

In a Word

인우 가벼운 록머신
두완 테드 맥카티가 탈고한 진짜 신화

041

Gibson
USA Flying V

:: Targeting

맹목적 '멋있음'을 추구하는 자.
퍼포먼스를 동반하는 '서서 하는 연습'이 더 잦은 연주자.

가격랭크	C~D
제조국	미국
전장	108cm
무게	3.5kg
머신헤드	Grover Kluson Style Green Keys
너트 너비	43mm
너트 재질	Corian
넥 목재	Mahogany
지판 목재	Granadillo
접합 방식	Set-in
프렛 수	22
스케일 길이	628mm
바디 목재	Mahogany
픽업 구성 및 사양	Neck: 496R Bridge: 500T
브릿지	Gibson Tune-o-matic bridge with Gibson Stopbar tailpiece

펜더의 스트라토캐스터가 내세운 디자인이 대세로 자리 잡기 시작한 1950년 중반, 스트랫을 제외하면 개성 있는 디자인을 가진 기타는 흔치 않았다. 레오 펜더(Leo Fender)가 깁슨을 가리키며 '혁신이라고는 찾아볼 수 없는 따분하고 진부한 브랜드'라 폄하했다는 소문까지 돌았다. 이때부터 테드 맥카티의 절치부심은

본격적으로 시작되었다. '이왕 신선하게 가기로 한 거 아예 확 가야 된다'고 생각했던 테드는 일반적인 새로움을 뛰어넘는 급진적 아이디어를 고안했고, 그 결과 1957년 미국 특허청에서 일렉기타의 바디 디자인에 관한 3개의 특허를 따냈다. 맥카티의 아이디어들이 실제 기타로 현실화된 것은 1958년의 일이다. 이렇게 등장한 플라잉 V(Flying V), 익스플로러(Explorer), 모던(Moderne)은 '테드 맥카티 삼형제'라는 애칭으로 불리며 깁슨의 새로운 전성기가 도래했음을 알렸다.

'삼형제' 중에 가장 먼저 특허를 획득한 기타는 플라잉 V였다. 당시로서는 문화충격에 가까운 외관을 보고 있노라면 단지 파격적인 디자인을 위해 기타 본연의 역할을 경시한 것이 아닐까하는 의구심이 들 정도인데, 결론부터 말하면 그렇지 않다. 테드와 여러 디자인 스태프가 수많은 디자인을 구상하고 수정하는 과정에는 기타 본연의 기능을 충실히 수행할 수 있어야 한다는 대전제가 깔려 있었다. 사실 플라잉 V 디자인에 대한 아이디어의 원형은 완벽한 삼각형 바디였다. 그러나 각종 부품들을 배열하기에 알맞은 크기를 가진 삼각형 바디는 예상보다 너무 무겁고 불편했다. 앉아 있는 상태에서는 몸에 고정시키고 연주할 방법도 없었다. 결국 관계자들은 부품이 올라가지 않는 바디 아랫부분의 목재를 잘라내 무게를 줄이고 디자인인 개성을 더욱 공고히 하는 방향을 선택했다. 이렇게 잘린 부분이 앉아서도 기타를 몸에 고정시킬 수 있는 홈의 역할까지 했으니 두말할 필요가 없었다. 결국 디자인의 개성을 잃지 않으면서도 부품배열과 같은 기술적인 문제와 연주상의 용이성으로 대표되는 기능적인 문제를 모두 만족시키는 결과물이 바로 뒤

집힌 V 모양의 바디를 가진 플라잉 V로 탄생했다. (물론 다른 기타에 비해 앉은 자세 연주가 불편하다는 사실은 지금도 난제로 남아 있다.) 참고로 모던은 플라잉 V의 비대칭 형태를 띠는데, 국내에서는 찾아보기 힘들다.

플라잉 V는 나오자마자 성공을 거두지는 못했다. 외관이 너무 급진적인데다 기타에 대한 관련 정보도 충분치 않으니 소비자의 입장에서는 구매를 망설일 수밖에 없었다. 그러나 1960년대 중반에 접어들면서 많은 기타리스트가 개성을 갖춘 강성의 기타를 찾았고, 앨버트 킹(Albert King), 데이브 데이비스(Dave Davies), 지미 헨드릭스(Jimi Hendrix) 등 여러 유명 기타리스트가 플라잉 V를 연주하면서 플라잉 V에 대한 대중의 수요는 급증했다. 이에 따라 1965년에 리이슈 모델이 출시되었고, 이후 플라잉 V는 꾸준한 인기를 유지하는 깁슨의 효자품목이 되었다. 20세기 후반에도 마이클 솅커(Michael Schenker), 잭 와일드(Zakk Wylde) 등 수많은 아티스트와 함께 하드록씬을 이끈 기타로 자리했다.

현재 출시되고 있는 플라잉 V의 사운드는 20세기 후반 하드록씬의 대표선수답게 강력하고 화끈하다. 2008년 이전의 레스 폴을 연상시키는 빈티지한 뉘앙스도 매력적이다. 그렇다고 플라잉 V를 연주하는 이유가 이러한 사운드에만 있는 것은 아니다. 출시 60주년을 눈앞에 두고도 여전히 혁신적인 디자인을 가진 기타로 꼽히는 플라잉 V의 저력, 더 이상의 설명이 필요 없는 그 엄청난 아우라 때문이 아닐까.

In a Word ─────────

인우 　'극도의 불편함'과 '극도의 멋있음'이 공존하는 정체전선
두완 　극단적인 호불호를 야기하는 개성 '백만 점'의 디자인

042

Gibson
USA Explorer

:: Targeting

맹목적 '멋있음'에 더해 '개성'까지 추구하는 자.
큰 바디의 기타를 무난하게 연주할 수 있는 체격의 소유자.

가격랭크	C~D
제조국	미국
전장	109cm
무게	3.9kg
머신헤드	Mini Grovers
너트 너비	43mm
너트 재질	Corian
넥 목재	Mahogany
지판 목재	Granadillo
접합 방식	Set-in
프렛 수	22
스케일 길이	628mm
바디 목재	Mahogany
픽업 구성 및 사양	Neck: 496R Bridge: 500T
브릿지	Gibson Tune-o-matic bridge with Gibson Stopbar tailpiece

테드 맥카티 삼형제 중 익스플로러는 원래 플라잉 V보다 더 특이한 외관을 갖고 있었다. 바디의 최초 프로토타입은 마치 디자이너들이 양쪽에서 줄다리기라도 한 것 같은 '대각선 대칭 콘셉트'였다. 뿔처럼 솟은 좌하(左下)와 우상(右上), 뭉툭하게 퇴화된 좌상과 우하가 서로 엇갈린 대각선 세트를 이루고 있었다. 헤드의 모양도 정방향 비대칭 V자 형태로 양쪽에 각각 세 개씩의 페그가 달린 형태였다.

처음에 '푸투라(Futara)'로 명명된 이 모델은 최초 콘셉트 그대로 생산되지는 않았다. 푸투라의 디자인을 기본으로 하여 우상의 뿔을 좀 더 키우고 각도를 조정해 대각선 대칭 콘셉트를 확고히 한 것은 물론, 헤드를 '언월도'의 칼날 같은 모양으로 교체하여 페그를 한쪽에 몰아서 장착하는 식으로 개량되었다. 이러한 헤드 디자인은 바디의 디자인과 큰 일관성을 갖는다고 보기 어려웠지만, 이전보다 기능성이나 실용성 측면에서 개선된 것은 분명했다. 이렇게 탄생한 모델이 지금까지 탄탄한 마니아층을 확보하며 꾸준히 사랑받고 있는 익스플로러다.

익스플로러는 바디가 커서 연주감이 편하지는 않았는데, 적어도 앉아서 다리에 얹을 수는 있으니 플라잉 V보다는 양반이라고 할 수 있다. 1958년 출시 직후에는 너무 급진적인 디자인 탓에 큰 인기를 얻지 못했지만, 큰 바디에서 나오는 풍성한 울림과 록에 기반을 둔 사운드 덕에 곧 헤비메탈을 비롯한 하드록 연주자들에게 인기를 얻었다. 익스플로러를 사용한 대표 뮤지션으로는 스콜피언스(Scorpians)의 마티아스 잡스(Matthias Jabs), 레너드 스키너드(Lynyrd Skynyrd)의 앨런 콜린스(Allen Collins), U2의 에지(The Edge) 등이 있다.

현재 기본형 익스플로러는 플라잉 V와 유사한 스펙을 가지고 있다. 마호가니 바디, 마호가니 넥, 그라나딜로 지판의 목재구성을 가지고 있고, 바디에 스톱바 테일피스와 튠오매틱 브릿지가 장착되어 있다. 496R과 500T로 구성된 험버커 세트 역시 2볼륨 1톤의 컨트롤부로 구동된다. 가장 큰 차이점은 헤드에 있다. 플라잉 V와 달리 익스플로러는 헤드의 페그가 한쪽으로 쏠려 있는 것은 물론 미니 그로버 튜너가 사용되었다.

사운드의 경우 익스플로러와 플라잉 V는 바디 모양에 따른 약간의 울림 차이를 보인다. 그러나 기본적인 스펙이 거의 동일하기 때문에 익스플로러 역시 플라잉 V처럼 하드록이나 헤비메탈에 최적화한 사운드 역량을 과시한다. 결국 둘 중 하나를 고른다면 디자인 취향을 고려해 선택하면 된다.

In a Word ─────────────

인우   발육 좋은 동생의 반란
두완   그야말로 독보적인 '미래지향적' 자태

043

Gibson
USA Firebird V 2010

풍성한 사운드를 선호하는 빈티지 계열 연주자.
큰 바디의 기타를 무난하게 연주할 수 있는 체격의 소유자.

가격랭크	C~D
제조국	미국
전장	113cm
무게	3.4kg
머신헤드	Steinberger Gearless(40:1)
너트 너비	43mm
너트 재질	Corian
넥 목재	Mahogany/Walnut (9pc)
지판 목재	Rosewood
지판 곡률 반지름	305mm
접합 방식	Neck-through
프렛 사이즈	Medium-Jumbo
프렛 수	22
바디 목재	Mahogany
픽업 구성 및 사양	Neck: 495R Bridge: 495T
브릿지	Tune-o-matic bridge with Stopbar tailpiece

테드 맥카티 삼형제(플라잉 V, 익스플로러, 모던)가 생각보다 좋은 성적을 내지 못한 것에 대한 보완책을 고심하던 테드는 결국 외부 전문가를 초빙하기로 결심했다. 그런데 그가 적임자로 선택한 사람은 예상 밖의 인물이었다. 레이 디트리히(Ray Dietrich)라는 유명 자동차 디자이너였다. 레이는 자동차 업계의 '고전시대(Classic Era)'를 정의할 만한 중요한 자동차 디자인들을 완성한 인물로 유명했다. 1960년 레이가 업계에서 은퇴하자 평소에 자동차 디자인에 관심이 많았던 테드가 그를 기타 디자이너로 초빙했던 것이다.

그러나 레이의 디자인은 또 다른 반전으로 이어졌다. 레이의 자동차 디자인이 '클래식'한 느낌이 강했던 반면, 기타 디자인은 예상 외로 급진적이었기 때문이다. 전체적으로 한눈에 들어오는 느낌을 중시한 레이는 누가 봐도 개성 넘치는 '익스플로러'를 바탕으로 새로운 디자인을 고안했다. 정면에서 페그가 보이지 않는 밴조 스타일의 머신헤드, 길이가 서로 다른 뿔이 배치된 바디 등 그만의 신선한 아이디어를 하나씩 추가했다. 픽업도 스탠더드보다 작은 크기의 험버커를 선택한 것은 물론 스크루 폴을 최대한 줄여 부드러운 외관을 연출했다. (폴피스가 없는 이 작은 픽업은 머지않아 '미니 험버커'라는 이름으로 알려지게 된다.) 이렇게 완성된 기타가 바로 '파이어버드'였다.

깁슨 최초로 넥스루 접합방식이 적용된 파이어버드는 1963년에 처음 출시되었다. 그러나 출시된 순간부터 한 가지 문제를 안고 있었으니, 그것은 펜더 재즈마스터와 유사한 바디 디자인이었다. 1959년 재즈마스터로 디자인 특허를 받은 레오 펜더는 결국 깁슨에 클레임을 걸었다. '상쇄형 허리(바

디 양옆의 오목하게 들어간 부분이 서로 대칭을 이루지 않고, 오른쪽의 오목한 부분이 좀 더 브릿지 쪽에 가깝게 배치된 형태)'를 포함한 비대칭 디자인이 클레임의 주된 내용이었다. 이에 따라 깁슨은 파이어버드의 디자인을 바꿀 수밖에 없었다. 그 결과 허리 디자인이 분쟁의 소지가 없는 형태로 수정되면서 바디는 조금 더 작고 둥글어졌고, 접합방식도 넥스루에서 글루넥으로 바뀌었다. 이렇게 탄생한 새로운 파이어버드는 '논리버스(non-reverse)' 모델로 불렸다. 롤링스톤스(The Rolling Stones)의 브라이언 존스(Brian Jones)를 비롯한 여러 뮤지션이 사용하며 한때 '로큰롤 기타'로 각광을 받은 바 있다.

현재 출시되는 파이어버드는 수정 전 '리버스' 모델의 기조를 따르고 있다. 접합방식도 넥스루로 돌아가 마호가니·월넛 넥에 마호가니 바디 날개가 붙어있는 구조를 취하고 있다. 헤드엔 스타인버거(Steinberger)의 기어리스(Gearless) 튜너가 달려 정면에서는 페그가 보이지 않는다. 픽업은 495R, 495T 미니험버커 세트가 장착되어 있다.

사운드는 픽업의 영향을 받아 상당히 빈티지하다. 록보다는 블루스에 잘 어울린다. 사운드 자체가 기름지고 풍성한 느낌이 강하기 때문에, 파이어버드는 펜더의 날렵한 싱글코일 사운드와 차별화되는 독특한 매력의 빈티지를 뽐낸다.

In a Word ———
인우　의외의 빈티지 풍년
두완　외관에 대한 호기심을 잊게 만드는 명징한 블루지 사운드

044

Gibson
Memphis ES-175

:: Targeting

높은 품질과 역사성을 겸비한 하이엔드 재즈 기타를 찾
는다면.
깁슨 콜렉터.

가격랭크	D∼S
제조국	미국
전장	104cm
무게	3kg
머신헤드	Vintage Tulip Style
너트 너비	43mm
넥 목재	Mahogany
지판 목재	Rosewood
접합 방식	Set-in
프렛 수	20
스케일 길이	628mm
바디 목재	Laminated Maple
바디 바인딩	Top: Multi-ply Back: Single-ply
탑	Laminated Maple
픽업 구성 및 사양	Neck and Bridge: '57 Classic Humbuckers
브릿지	ABR-1 bridge with Trapeze tailpiece

1922년에 출시되어 전문 연주자들 사이에서 호평을 받았던 깁슨 L-5의 컷어웨이 바디는 1949년 ES-5로 재현되었다. ES-5는 바디에 세 겹, F홀에 한 겹, 지판에 다섯 겹이 들어간 '특급' 바인딩은 물론 로즈우드 지판에 새겨진 사각형 진주 인레이, 3개의 볼륨노브와 1개의 마스터 노브로 구성된 컨트롤부 등 다양한 특징을 갖고 있었다.

그해 깁슨은 ES-5의 보급형 모델인 ES-175(이하 175)도 선보였다. ES-5보다 조금 작은 바디에 P-90 픽업 하나가 장착된 175는 컷어웨이 끝부분이 뾰족하게 처리된 '플로런틴(Florentine) 포인트 컷어웨이'와 두 개의 평행사변형 인레이로 외관의 차별화를 꾀했다. 이후 플로런틴 포인트 컷어웨이는 다른 브랜드에서도 차용할 만큼 큰 영향력을 행사했고, 평행사변형 인레이는 깁슨의 미들라인 어쿠스틱 아치탑 모델을 상징하는 문양이 되었다.

175는 ES-5보다 저렴한 단가를 얻기 위해 상대적으로 수수한 스펙을 택했는데도 전체적인 완성도 측면에서 모두를 놀라게 만들었다. 모델명의 숫자 '175'는 최초 출시 가격인 175달러를 상징하는데, 당시 375달러였던 ES-5와 비교했을 때 175의 가성비는 월등했다. 175의 뛰어난 품질은 일반 소비자뿐 아니라 직업 기타리스트 사이에서도 큰 호응을 얻었다. 결국 1950년대의 베스트셀러로 떠오른 175는 '역사상 가장 유명한 재즈기타'로 인정받았을 뿐 아니라 록 아티스트 사이에서도 적지 않은 사랑을 받으며 지금도 두터운 마니아층을 거느리고 있다. 재즈기타계의 전설 중 한 명인 조 패스(Joe Pass), 팻 메스니(Pat Metheny), 건스 앤 로지스(Guns N' Roses)의 멤버였던 이지 스트래들린(Izzy Stradlin) 등 여러 아티스트가 ES-175를 사용한 것으로 알려져 있

다.

현재 깁슨 멤피스에서 출시되는 175 모델은 메이플 할로우바디, 마호가니 넥, 로즈우드 지판을 바탕으로 '57 클래식 험버커 세트가 장착되어 있다. 가격은 400만 원대 중반이다. 초기 제작의도에 맞게 재즈, 블루스, 빈티지록에 특화한 깁슨 할로우바디만의 눅진한 사운드를 자랑한다. 클린톤은 생각보다 무겁거나 둔하지 않고, 오히려 맑고 깔끔한 편이다. 하울링 걱정 없이 걸 수 있는 드라이브의 양도 상당하기 때문에 적용할 수 있는 장르도 의외로 다양하다. 단, 실제로 깔끔하게 정돈된 175의 사운드가 기타의 크기나 이미지에 비해 가볍게 느껴질 수도 있으니, 자신의 '재즈 감성'을 미리 확인하기 바란다.

In a Word ————————————
인우 외관의 정통 재지(jazzy), 사운드의 퓨전 재지
두완 결국 선택기준은 장르가 아닌 당신만의 사운드

045

Gibson
ES-335 2015

:: Targeting

빈티지 적응력이 높은 범용기타를 찾는다면.
중급이상 남녀노소.

가격랭크	D
제조국	미국
전장	107cm
무게	3.7kg
머신헤드	Grover Milk Bottle Rotomatic(18:1)
너트 너비	43mm
너트 재질	Bone
넥 목재	Mahogany
지판 목재	Rosewood
지판 곡률 반지름	305mm
접합 방식	Set—in
프렛 수	22
스케일 길이	629mm
바디 목재	Maple, Poplar, Maple (3—ply)
바디 바인딩	Top and Back: Cream
탑	Maple, Poplar, Maple (3—ply)
픽업 구성 및 사양	Rhythm: Burstbuckster1 Lead: Burstbucker2
브릿지	Tone Pro AVR—2 bridge with Locking Stopbar tailpiece

1958년에 출시된 ES-335(이하 335)는 그해 출시된 테드 맥카티 삼형제와 달리 외관으로 승부를 볼 요량으로 제작한 기타가 아니었다. 물론 335도 당시로서는 충분히 개성 있는 디자인을 갖고 있었지만, 특이한 디자인으로 일단 눈길부터 끌겠다는 의도와 거리가 멀었다. 그럼에도 335는 전통과 현대가 훌륭한 조화를 이루었다는 호평을 받으며 상업적으로 큰 성공을 거두었다.

김슨이 335의 바디에 적용한 아치탑과 F홀은 지금도 전통적인 기타 디자인을 대변하는 요소로 많은 사랑을 받고 있다. 모던한 디자인과 수월한 하이프렛 연주를 도모한 더블컷어웨이, 연주감의 전반적인 향상을 이끈 얇은 바디 두께도 지나칠 수 없는 요소다. 이러한 335의 하이라이트는 단연 솔리드 센터블록이다. 탑 아랫부분에 배치된 솔리드 블록이 탑에 과도하게 전달되는 줄의 울림을 막아 할로우바디 기타의 가장 큰 약점으로 꼽히는 피드백을 줄이는 데 성공했다. 결국 335는 솔리드와 할로우의 장점을 적절히 버무린 '김슨표 세미할로우'라 할 수 있다.

335가 인기를 얻기 시작하고 매출 안정권에 접어들기까지는 채 1년도 걸리지 않았다. 짧은 기간에 335가 거둔 성공은 이후 출시되는 김슨의 다른 세미할로우 기타에도 긍정적인 영향을 미쳤고, 그 결과 335의 업그레이드 버전이라고 할 수 있는 ES-345, ES-355 모델도 덩달아 준수한 판매성적을 기록했다. 이후 335는 펜더뿐 아니라 다른 브랜드의 세미할로우바디 기타에도 절대적인 표준으로 자리매김했다. 335를 애용한 아티스트로 척 베리(Chuck Berry), 비비 킹(B.B. King), 래리 칼튼(Larry Carlton), 키스 리처드(Keith Richards), 리 릿나워(Lee Ritenour) 등

이 있고, 스트랫의 이미지가 강한 에릭 클랩튼(Eric Clapton)과 존 메이어(John Mayer)도 335를 연주한 바 있다.

335의 2015년도 모델은 메이플·포플러·메이플의 3플라이 바디, 마호가니 넥, 로즈우드 지판의 목재구성을 취하고 있다. 픽업은 '57 험버커 세트에서 버스트버커로 바뀌어 한층 더 후끈하면서도 모던한 사운드를 낸다. 그렇게 둔하지도, 가볍지도 않은 적절한 세미할로우의 울림으로 다양한 뉘앙스의 클린톤을 이끌어낼 수 있을 뿐 아니라, 하드록까지 소화할 수 있는 양질의 드라이브톤도 표현할 수 있다. 한마디로 이 기타는 재즈나 블루스 전용일 거라는 선입견과 달리 범용성이 상당히 뛰어난 명기다.

In a Word ——————

인우　존재하는 모든 일렉 기타의 '평균값'
두완　누구나 느낄 수 밖에 없는 참으로 '삼삼한' 아우라

046

Gibson
USA LPJ

:: Targeting

예산이 다소 부족한 깁슨 팬.
중급자 이상 학생용 메인기타.

가격랭크	B~C
제조국	미국
전장	100cm
무게	3.5kg
머신헤드	Vintage-Style (16:1)
너트 재질	Corian
넥 목재	Maple
지판 목재	Rosewood
접합 방식	Set-in
프렛 사이즈	Medium-Jumbo
프렛 수	22
바디 목재	Mahogany
탑	Carved Maple
픽업 구성 및 사양	Neck: 490R Bridge: 498T
브릿지	Tune-o-matic bridge with Stopbar tailpiece

깁슨 레스 폴에 랭크 B가 웬 말이냐며 놀란 사람
이 있을 거라 예상된다. 하지만 어딜 보나 하자 없
는 'US 정품' 레스 폴이니 안심하시길. 2013년에 등
장한 이 '괴물신인'은 깁슨 팬들에게 어마어마한 환
대를 받으며 단숨에 히트를 기록했다. 가장 큰 이
유는 바로 가격. 100만 원을 넘지 않는 저렴한 가
격대로 미국산 깁슨 레스 폴을 구매할 수 있다는
메리트는 수많은 구매예정자를 유혹하기에 충분했
다. (참고로 LPJ는 'Les Paul Junior'의 약자가 아니다. 레스 폴
주니어 모델은 이미 따로 나와 있는 데다가 둘 사이의 유사성도
적기 때문에, LPJ는 그냥 'LPJ'로 이해해 달라는 것이 본사의 입
장이다.)

　　우선 화려함을 최소화한 담백한 외관이 눈에
들어온다. 글로스 피니시나 바인딩 처리를 모두 생
략하고 나뭇결이 그대로 드러나는 투박한 외관을
통해 단가를 줄이고 개성을 살렸다. 2013년 모델
의 경우 2피스 마호가니 바디, 1950년대 프로필의
메이플 넥, 로즈우드 핑거보드의 목재구성을 취했
고, 바디에 490R/498T 험버커 세트를 장착해 오리
지널 PAF(Patent Apply For. 1955년 세스 러버(Seth Lover)가
개발한 험버커로 1959년 정식 특허취득) 픽업의 감
성을 재현했다. 이와 달리 2014년 모델은 메이플 탑
과 1961 지브라(Zebra) 험버커로 후끈한 드라이브를
표방했다. 2014년형의 경우 튤립 그린키 머신헤드
가 쓰인 기본형과 함께 자동 튜너 미니튠이 장착된
LPM 모델도 출시되었다. 참고로 2015년에는 지포
스 시스템에 바탕을 둔 LPM 모델만 출시되었는데,
2016년에 접어들면서 생산이 중단된 상태다. 확실
한 단종 여부는 아직 불확실하다.

　　톤의 품질은 가격대에 비해 훌륭하다. 레스 폴
특유의 기름지고 두터운 질감이 잘 나타나고, 힘과

출력도 상위모델 못지않다. 하이게인 상태에서 드
라이브 질감이 잘 표현되어 록머신으로도 적극 활
용할 수 있다. 다만 중저역대가 강조되어 있기 때문
에 톤이 다소 어두운 느낌을 주며 저역대의 배킹톤
도 상위모델들에 비해 뭉개지는 경향이 있다. 이것
은 결국 저가형 모델의 고질병인 '해상도'의 문제다.
그럼에도 이 모든 것이 전혀 문제로 느껴지지 않을
정도로 파격적인 저가정책은 최고의 변수다. LPJ
의 가격은 깁슨의 다른 모델들이 도저히 따라올 수
없는 '최강 스펙'으로 자리하면서 '기술적 부족분'에
대한 확실한 면죄부가 되고 있다.

047

Grosh
NOS Retro

:: Targeting

빈티지 지향의 세션 연주자.
펜더 디럭스와 써 클래식에서 아직 '모던 빈티지'에 대한
답을 찾지 못했다면.

가격랭크	D
제조국	미국
전장	99cm
무게	3.4kg
머신헤드	Locking Klusons
너트 너비	41mm
넥 목재	Maple
지판 목재	Indian Rosewood
지판 곡률 반지름	254mm
접합 방식	Bolt-on
프렛 사이즈	Medium
프렛 수	22
스케일 길이	648mm
바디 목재	Alder
픽업 구성 및 사양	Neck and Middle: '60s Fat Single Coil Bridge: Blown '59 Humbucker
브릿지	Custom Gotoh 1088 Vintage Tremolo

기타 제작 전문가 돈 그로시(Don Grosh)가 1993년 설
립한 그로시 기타(Grosh Guitars)는 그동안 레코딩씬
을 중심으로 품질을 인정받으며 높은 인지도를 얻
었다. 특히 하이엔드 기타 브랜드 가운데 빈티지한
느낌을 가장 잘 살렸다는 평가를 받고 있다.

그로시 기타는 특정한 시리즈 이름 없이 제
작공법을 기준으로 볼트온, 볼트온·메이플 탑, 셋
인넥 카테고리로 나뉜다. 볼트온 카테고리에는 바

리톤(Baritone), 일렉트라젯(ElectraJet), 레트로 클래식(Retro Classic), NOS 레트로(NOS Retro)를 포함해 총 10개의 하위모델이 있고, 그중 레트로 관련 모델의 비중이 가장 높다. 레트로 클래식은 그로시의 대표 모델로 기본 스탠더드 스트랫이며, NOS 레트로는 레트로 클래식의 빈티지 톤을 그대로 계승하면서 전통적인 'S' 바디형태를 가진 모델이다.

그로시 기타도 여타 커스텀 브랜드처럼 스펙 선택이 가능한 주문제작방식을 취하고 있지만, 하이엔드 브랜드치고는 옵션의 종류가 단출한 편이다. 각 기타마다 연주자의 선택을 돕기 위한 기본구성(standard features) 항목을 명시한 것은 그로시 커스텀의 특장이라 할 수 있다. 제임스 타일러, 탐 앤더슨, 존 써 등 다른 대표 커스텀 브랜드와 커스텀 난이도를 비교한다면, 그로시가 압도적으로 쉽다.

NOS 레트로는 앨더 바디, 메이플 넥, 인디언 로즈우드 지판, 3싱글픽업의 기본구성으로 전형적인 빈티지 스트랫의 스펙을 지향한다. 여기에 옵션으로 선택할 수 있는 사양으로 바디에 스웜프 애시, 넥에 메이플 통넥, 지판에 마다가스카르 로즈우드, S·S·H 픽업구성 및 코일탭 컨트롤이 있다. 넥 모양, 프렛사이즈, 픽가드, 하드웨어 등 다른 세부사항도 더 세밀한 조정이 가능하다. 기본 옵션만으로 기타를 구성했을 경우 가격은 300만 원대 초반이고, 가장 비싼 옵션만 골라서 조합한 기타는 400만 원대 중후반이다.

그로시의 기타에는 그로시가 자체제작한 픽업 세트가 장착된다. 그 종류는 소프바 픽업인 G90을 비롯해 험버커, S싱글, T싱글까지 총 네 가지다. 각각의 카테고리마다 서너 개씩의 세부모델을 고를 수 있다. NOS 레트로의 경우 넥과 미들 포지션

은 싱글코일, 브릿지 포지션은 싱글, 험버커, 소프바 중에 선택할 수 있다. 빈티지 스트랫 고유의 감성을 원한다면 3싱글, 레코딩 범용성을 고려한다면 S·S·H 구조가 알맞다. 그로시 기타답게 NOS 레트로는 기본적으로 레코딩에 최적화된 하이엔드 기타이기 때문에, 3싱글의 경우에도 드라이브 양이 많이 필요한 하드록, 메탈 장르를 제외한 거의 모든 장르에 적용될 수 있다.

사운드는 깔끔하면서도 울림이 풍부하다. 오리지널 빈티지 악기처럼 손맛이 고스란히 반영되는 자연스러운 연주감을 자랑한다. 질감 자체가 탱탱하고 쫄깃한 기본톤은 빈티지 장르에 최적화되어 있고, 클린톤과 게인톤 양쪽에서 모두 높은 해상도를 자랑한다. 하이게인 상태에서 톤의 가변성도 우수한 편이다. 1볼륨 2톤의 구성이 아닌 1볼륨 1톤 1블렌드의 컨트롤 구성도 강점이다. 옵션으로 브릿지 험버커의 코일탭 기능까지 더하면 조합할 수 있는 톤의 범위는 한층 더 확장된다.

애매하게 모던화된 빈티지 스트랫은 펜더 디럭스와 포지션 싸움을 벌이면 밀려나기 마련이다. 그러나 NOS 레트로는 그 '애매함'의 벽을 넘어 '제대로 된 빈티지 감성'을 확립하는 데 성공한 작품이다. 어불성설이지만 '펜더보다 더욱 펜더 같은 빈티지'라고 해도 과언이 아니다. '빈티지', '모던', '범용성'이라는 세 가지 키워드를 이렇게 훌륭한 밸런스로 묶어놓은 기타는 흔치 않다. 펜더의 대안을 찾고 있던 '빈티지성애자'라면 반드시 눈여겨봐야할 모델이다.

Grosh

In a Word ───────────

인우 혜성처럼 등장한 스튜디오 '씬 스틸러(scene stealer)'
두완 펜더가 무적은 아니다

048

Gretsch
G5422TDCG Electromatic Hollow Body

:: Targeting

디자인과 사운드에 동일한 비중을 두고 기타를 고른다면.
드림기타를 화이트팰컨으로 설정했지만 가격의 벽이 너
무 높게 느껴진다면.

가격랭크	C
제조국	한국
전장	108cm
무게	3.2kg
머신헤드	Vintage Style Open–Back
너트 너비	43mm
넥 목재	Maple
지판 목재	Rosewood
접합 방식	Set–in
프렛 사이즈	Medium Jumbo
프렛 수	22
스케일 길이	622mm
바디 목재	5–ply Maple
픽업 구성 및 사양	Neck and Bridge: Black Top Filter'Tron
브릿지	Rosewood–Based Adjusto–Matic bridge with Bigsby–Licensed B60G Vibrato tailpiece

1883년 미국 뉴욕에서 독일 이주민 프리드리히 그
레치(Friedrich Gretsch)가 설립한 그레치는 긴 역사를
자랑하는 미국의 대표적인 악기브랜드다. 처음에
프리드리히가 만든 악기는 밴조, 드럼, 탬버린 등이
었고, 그가 죽은 뒤 아들 프레드(Fred Gretsch Sr.)가
기타 제조에 본격 투신하면서 그레치는 기타 및 드
럼 전문제조사로 변모했다. 15세에 가업을 이어받
은 프레드는 사업 재능을 발휘해 20년 후 브로드웨
이 10층 건물로 회사를 확장·이전시키는 큰 성공
을 거두었다. 이후 쳇 애킨스(Chet Atkins), 조지 해리
슨(George Harrison), 브라이언 세처(Brian Setzer) 등 여
러 유명 기타리스트가 그레치 기타를 연주하며 회
사의 명성을 만방에 알렸다.

그레치의 기타는 라인업의 대부분을 차지하
는 프로페셔널(Professional) 컬렉션, 일렉트로매틱
(Electromatic) 컬렉션, U.S. 커스텀 컬렉션의 세 가
지 컬렉션으로 나뉜다. 모델별 분류법으로 살펴
보면 팰컨(Falcon), 제트(Jet), 컨트리 젠틀맨(Country
Gentleman), 펭귄(Penguin) 등 10개 이상의 항목으
로 구분된다. G5422TDCG는 일렉트로매틱 컬렉
션에 속한 모델로 그레치 코리아 제품이다. 그레
치 코리아 제품들은 그레치 저팬의 최상위모델들
에 비해 1/5~1/2 수준의 저렴한 가격대와 함께 뛰
어난 품질을 보유하고 있기 때문에 가성비를 중
시하는 연주자들에게 훌륭한 대안이 된다. 단,
G5422TDCG는 100만 원대 중후반으로 그레치 코
리아 제품들 중에서는 가격이 높은 편이다.

G5422TDCG는 그레치의 전설의 기타인 '화
이트팰컨'의 더블컷어웨이 모델을 연상시키는 디자
인을 갖고 있다. 헤드의 모양과 색상 매칭 여부를
제외하면 전체적인 모양새가 거의 흡사해 화이트팰

컨의 팬들이라면 군침을 흘릴 만하다. 특히 순백색
의 바디를 수놓은 금장 하드웨어의 치명적인 매력
은 두말하면 입만 아프다.

메이플 합판을 이용한 풀할로우 바디에 그레치
의 상징인 F홀 옵션이 적용되었고, 홀도 바인딩 처리
가 되어 고급스러운 느낌이 난다. 화이트팰컨(70mm)
에 비해 얇은 바디두께(57mm)는 착용감의 부담을 줄
였다. 빅스비의 라이선스 비브라토인 B60G가 그레
치 특유의 감성과 기술력을 자랑하는 한편, 블랙탑
필터트론(Black Top Filter′Tron) 픽업은 1세대의 필터트론
픽업의 펀치감과 힘 있는 사운드를 충실히 재현한다.

클린톤은 전형적인 웰메이드 할로우바디 기타
사운드로 부드럽고 풍성하다. 드라이브를 적용했
을 때 툭 튀어나오는 고출력의 펀치감 역시 일품이
다. 그레치 저팬의 최상위모델들에 비해 사운드의
개성과 정체성은 다소 약하지만, 오히려 '덜 마니악
한' 사운드가 더 많은 장르에 적용하기에 편한 것은
엄연한 사실이다. 준수한 가격에 그레치 기타의 여
러 가지 매력을 잘 추려 담아낸 종합적인 밸런스에
높은 점수를 주고 싶다.

In a Word ———

인우　보급형 화이트팰컨
두완　'Made in Korea' 제품에 대한 신뢰도 상승

049

Gretsch
G6122-1962 Chet Atkins Country Gentleman

:: Targeting

작고 좋은 할로우바디 기타를 찾고 있다면. (가격은 상관
없다면.)
정말 제대로 컨트리를 공부해보려는 연주자.

가격랭크	D~S
제조국	일본
전장	110cm
무게	3.5kg
머신헤드	Grover Imperial Diecast
너트 너비	43mm
넥 목재	Maple
지판 목재	Ebony
지판 곡률 반지름	305 mm
접합 방식	Set—in
프렛 수	22
스케일 길이	625mm
바디 목재	Laminated Maple
바디 바인딩	Multiple
탑	Arched Laminated Maple
픽업 구성 및 사양	Neck and Bridge: High Sensitive Filter'Tron
브릿지	Ebony—Based "Rocking" Bar bridge with Bigsby B6G Vibrato tailpiece

‘미스터 기타(Mr. Guitar)’ ‘C.G.P.(Certificated Guitar Player, 공인기타연주자)’ 등 엄청난 수식어로 유명한 쳇 앳킨스는 최고의 권위를 자랑하는 기타리스트다. 그는 멀 트래비스(Merle Travis)의 핑거피킹 테크닉을 바탕으로 재즈, 클래식, 팝 등 다양한 장르를 섞어 독자적인 컨트리기타 세계를 창조했다. 그의 주법과 사운드는 미국의 ‘전통가요’ 격인 컨트리 장르가 내슈빌이라는 지역적 한계를 넘어 전 세계로 뻗어나가는 초석을 다졌고, 이후의 컨트리는 물론 최근 큰 인기를 얻고 있는 ‘핑거스타일’(멜로디와 반주를 동시에 연주하는 주법을 광범위하게 이르는 말)에도 지대한 영향력을 미쳤다.

그레치의 역사에 가장 큰 영향을 미친 단 한 명의 기타리스트를 꼽자면 단연 쳇 앳킨스다. 1950~60년대 ‘일렉트릭 할로우바디 기타’라는 그레치의 정체성을 확립하던 시기에 그의 역량은 그레치의 발전을 진두지휘했다. 디자인과 기술개발을 주도하고 경영에도 활발히 참여하며 단순한 엔도서의 차원을 넘어 그레치의 정체성을 확립한 그의 위상은 깁슨의 레스 폴(Les Paul) 그 이상이었다.

그의 기타에는 쳇 앳킨스를 지칭하는 또 하나의 애칭인 ‘컨트리의 신사’, 즉 ‘컨트리 젠틀맨’이라는 모델명이 붙어있다. 그레치에 미친 그의 영향력을 증명이라도 하듯이 지금도 그레치에서 출시되는 쳇 앳킨스 모델의 종류는 실로 다양하다. 2015년을 기준으로 그레치 전체 생산 모델 97종 중 거의 1/5에 육박하는 18종의 모델에 그의 이름이 들어가 있다.

G6122, 즉 컨트리 젠틀맨 시리즈는 픽업과 브릿지의 종류, 바디의 크기나 두께 등 사양이 조금씩 다른 1958, 1962, II, 왼손잡이 전용 모델 등 여러 모델로 구성되어 있다. 이 가운데 G6122-1962는 일본에서 제작된 그레치 저팬 모델이다. 메이플 넥과 에보니 지판을 사용했다. 바디사이즈는 동일 시리즈 모델 가운데 가장 컴팩트한 편이다. 50.8mm의 두께와 432mm의 너비로 편안한 착용감을 제공하며, 너트의 너비와 스케일의 길이도 짧은 편이다. 즉 할로우바디 기타 특유의 ‘특대’ 사이즈에 부담을 느끼는 연주자들에게 매력적인 아이템이라 할 수 있다. 이와 함께 그레치의 상징과도 같은 빅스비 비트라토 유닛(B6G)과 F홀이 적용되어 있으며, 암갈색의 중후한 색상 역시 인상적이다. 더블머플러뮤팅시스템(Double “Muffler” Muting System)을 이용해 3줄씩 선택적으로 뮤트 플레이를 할 수 있다는 점은 컨트리를 표방하는 이 기타의 가장 중요한 스펙이라고 할 수 있다.

하이센서티브 필터트론(High Sensitive Filter’Tron) 픽업이 만들어내는 G6122-1962의 사운드는 힘이 넘치면서도 정갈한 그의 연주스타일과 꼭 닮아 있다. 쳇 앳킨스의 연주는 ‘진정으로 기타를 잘 친다는 것은 어떤 의미인가?’라는 기타계의 가장 원초적이면서도 난해한 질문에 대한 모범답안으로 꼽히곤 한다. 단순한 기교의 자랑이 아니라 기술적으로 낭비가 없는 효율적인 연주를 통해 담아내는 섬세한 감성, 그리고 그 과정을 통해 탄생한 수많은 명곡들까지, ‘기타 그 자체’라고 할 수 있는 쳇 앳킨스의 대표모델 G6122-1962는 그레치의 역사와 정체성, 그리고 자부심의 정수라 할만하다.

In a Word ————————

인우 그레치 그 자체
두완 쳇 앳킨스의 명성에 걸맞은 궁극의 완성도

050

Gretsch
G6136TLDS White Falcon

:: Targeting

다홍치마에 지불하는 돈이라면 전혀 아깝지 않은 분들.
기타를 메고 무대에 섰을 때 기타에 모든 관심을 뺏기지
않을 자신이 있는 연주자.

가격랭크	D〜S
제조국	일본
전장	110cm
무게	3.8kg
머신헤드	Grover Imperial Diecast
너트 너비	43mm
너트 재질	Synthetic Bone
넥 목재	Maple
지판 목재	Ebony
지판 곡률 반지름	305 mm
접합 방식	Set–in
프렛 수	22
스케일 길이	648mm
바디 목재	Laminated Maple
바디 바인딩	Multiple
탑	Arched Laminated Maple
픽업 구성 및 사양	Neck and Bridge: DynaSonic Single–Coil
브릿지	Synchro–Sonic bridge with Bigsby B6GBVF Vibrato tailpiece

'세상에서 가장 아름다운 기타'라는 영광스러운 애칭을 가진 그레치의 초호화 대표모델 G6136TLDS 화이트팰컨(이하 화이트팰컨)은 오랫동안 수많은 연주자의 드림기타로 군림한 '전설의 기타' 중 하나다. 사실 화이트팰컨은 처음에 정규생산모델이 아니라 1954년 미국 시카고에서 열린 남(NAMM)쇼에서 회사 홍보를 위해 특별히 제작한 콘셉트기타였다. 당시 남쇼에서 화이트팰컨은 '미래의 기타'라는 제목으로 그레치 전시장의 가장 잘 보이는 곳에 배치되어 큰 홍보효과를 거두었고, 이후 폭발적인 관심에 부응하며 이듬해 정규생산라인에 편성되었다.

프로페셔널 컬렉션에 속한 이 기타는 그레치 저팬의 제품으로 그 위상에 걸맞게 500만 원이 훌쩍 넘는 높은 가격대를 형성하고 있다. 당연히 스펙은 모두 최상급으로 선별되어 있다. 바디사이즈는 70mm의 두께와 432mm의 너비로 '기타계의 캐딜락(the Cadillac of guitars)'이라는 별명에 맞는 압도적인 크기를 자랑한다.

매의 날개를 형상화한 윙 헤드에는 화려함의 극치를 보여주는 금장로고와 트러스로드커버가 적용되어 있고, 지판에도 험프블록 디자인의 백자개와 팰컨의 깃털그림, 멀티바인딩이 적용되어 마치 예술작품을 연상시키는 외관이 완성되었다. 바디에 적용된 모든 부품도 예외 없이 금장 처리되어 빈티지 화이트라커 색상의 바디와 환상의 궁합을 자랑한다. 이외에도 F홀 내부의 바인딩, 큐빅이 박힌 노브, 픽가드의 매 로고 등 화려함의 디테일은 일일이 언급하고 넘어가기 벅찰 정도다.

앰프에 연결하기 전부터 압도적인 크기의 몸통에서 뿜어져 나오는 기본사운드의 엄청난 음량은 화이트팰컨의 큰 특징 중 하나다. 어쿠스틱 기타

를 방불케 하는 울림과 음량은 실제 픽업사운드에도 큰 영향을 미쳐 거대한 공명과 공간감을 조성하는 데 일조한다. 픽업에는 그레치의 또 하나의 상징인 다이너소닉(DynaSonic) 싱글코일 세트가 사용되었다. 풍부한 댐핑감과 깨끗하고 투명한 사운드가 특징인 이 픽업은 거대한 화이트팰컨의 피지컬과 만나 정체성이 분명한 클린톤을 만들어낸다. 드라이브 사운드의 경우 공명이 크게 작용해 다소 거대한 느낌을 준다. 게인의 질감도 퍼즈톤처럼 펼쳐지는 고운 입자에 큰 울림이 더해진 특이한 느낌을 준다. 다소 마니악하다고 할 수도 있는 화이트팰컨의 톤은 아름다우면서도 중후하고, 부드러우면서도 공격적인, 한마디로 '묘한 공감각'을 자아낸다.

사운드에 대해 고민하고 있다면 재고해볼 필요가 있다. 범용성에 대해 고민하고 있다면 삼고해볼 필요가 있다. 그러나 디자인에 대해 고민하고 있다면 더 이상 생각은 필요 없다. 화이트팰컨은 그런 기타다.

In a Word ─────────

인우　크… 크고 아름다워
두완　자칫하면 관상용 기타가 될 수도

051

Heritage
H150

:: Targeting

깁슨 최근작들이 영 마음에 들지 않는 깁슨 팬.
빈티지 레스 폴 팬.

가격랭크	D
제조국	미국
전장	98cm
무게	4.3kg
머신헤드	Grover Chrome Tuners
너트 너비	43mm
넥 목재	Mahogany
지판 목재	Rosewood
접합 방식	Set—in
프렛 수	22
스케일 길이	629mm
바디 목재	Mahogany
바디 바인딩	Top: Cream
탑	Solid Carved Curly Maple
픽업 구성 및 사양	Neck and Bridge: Chrome plated Seymour Duncan
브릿지	Schaller Tune—o—matic bridge with TonePros Locking tailpiece

1980년대 초반 심화된 악기시장의 불경기로 깁슨의 경영에 적신호가 켜졌다. 그 여파로 1983년 깁슨의 CEO로 재직 중이던 마티 로크(Marty Locke)는 미국의 칼라마주 공장을 청산하고 모든 설비를 내슈빌로 옮길 것을 공표했고, 1984년 칼라마주 공장은 깁슨 플랜트로서 마지막 제품을 만들고 문을 닫았다. 그러나 많은 직원이 생경한 내슈빌로 이사하기를 거부하자, 깁슨의 플랜트 매니저였던 짐 듀얼루(Jim Deurloo)를 비롯해 J.P. 모츠(J.P. Moats), 빌 페이지(Bill Paige) 등 주요 인사들이 힘을 모아 새로운 회사를 설립했다. 그 결과 1985년부터 칼라마주 공장에서 기타 생산이 재개되었고, 깁슨의 전통을 잇는 '헤리티지 기타(Heritage Guitars)'가 탄생했다.

헤리티지는 '상속', '유산'을 뜻하는 브랜드 이름처럼 깁슨의 전통과 장인정신을 중시하며 원리원칙에 충실한 악기를 만든다. '빈티지 악기를 신제품으로 만들자'는 회사의 모토에 맞게 CNC머신의 사용을 지양하고, 꼼꼼한 수작업을 통해 나무의 특성을 고스란히 살리는 제작방식을 지향한다. 현재 헤리티지는 솔리드, 세미할로우, 할로우 라인을 통틀어 30여 종의 모델을 생산하고 있다.

H150은 솔리드바디 기타 라인을 대표하는 헤리티지의 플래그십 레스 폴 모델이다. 마호가니 바디, 마호가니 넥, 로즈우드 지판의 전형적인 레스 폴 목재구성에 물결치는 패턴이 인상적인 카브드 메이플 탑이 적용되어 디자인의 빈티지한 느낌이 살아 있다. 사다리꼴의 자개 인레이와 극단적으로 얇은 라커 피니시 역시 이러한 느낌을 부추긴다. 물론 전체적으로 보면 깁슨에서 생산하는 빈티지 레스 폴의 외관을 빼닮았지만, 세부수치에서 여러모로 차이를 드러낸다. 가장 확연한 차이는 좁은 사다리꼴 형태를 띤 헤드스톡에서 나타난다. 이 헤드스톡 형태는 제품 디자인에 정체성을 부여하는 것은 물론, 너트에서 벌어지는 스트링의 각도를 줄여 너트의 압력을 낮춤에 따라 튜닝의 안정성을 높이는 데도 일조한다.

세이무어 던컨의 크롬플레이트 픽업세트에서 뿜어져 나오는 H150의 사운드 특성은 1950~60년대의 깁슨 레스 폴(험버커) 오리지널 모델 그 자체라고 해도 과언이 아니다. 같은 조건에서 블라인드 테스트를 하면 분간이 어려울 정도다. 깊고 진한 울림과 풍성한 중저역, 여기에 강하고 거친 질감까지, 빈티지 레스 폴이 갖추어야 할 모든 조건을 갖추고 있다고 할 만하다. '범용 레스 폴'을 찾는 이들에게는 활용도가 다소 떨어질 수 있지만, 최근 출시되는 깁슨의 현대지향적인 레스 폴 제작 기조가 달갑지 않았던 '빈티지성애자'들에게는 H150이 '깁슨 노스탤지어'를 달래줄 확실한, 그리고 유일한 대안이 될 것이다.

In a Word

인우 깁슨보다 더 깁슨 같은 빈티지 레스 폴의 왕도
두완 레스 폴이 더 이상 깁슨의 전유물은 아니라는 명백한 증거

Ibanez

아이바네즈(Ibanez)의 역사는 어느 개인의 역사를 넘어 20세기 세계사와 긴밀한 관계를 맺고 있다. 아이바네즈는 스페인에서 시작되었다. 1870년 스페인 발렌시아에서 살바도르 아이바네즈(Salvador Ibanez)라는 인물이 클래식 기타를 만든 것이 시초였다. 이 기타는 곧 스페인 주변의 유럽 국가는 물론 일본까지 수출되었고, 살바도르의 이름은 곧 악기업계에서 유명세를 타게 되었다.

이러한 아이바네즈의 성장을 가로막은 것은 전쟁이었다. 1936년부터 약 3년 동안 이어진 스페인내전으로 아이바네즈의 작업실이 파괴되었고 살바도르의 가업을 이어받은 그의 두 아들과 여러 직원이 사망하는 비극이 발생했다. 상황이 이렇게 되자 살바도르의 어쿠스틱 기타를 수입하던 호시노악기(1929년 일본에서 합자회사로 설립된 악기업체)는 생존한 살바도르의 친인척들에게 동의를 구해 그의 이름에 대한 사용권을 얻었다. 이때부터 '살바도르 아이바네즈'라는 이름은 호시노악기가 만든 기타에 정식 사용되었다.

그러나 아이바네즈 기타는 또 한 번 전쟁에 발목을 잡혔다. 1945년, 제2차 세계대전의 소용돌이 속에서 이번에는 호시노악기의 공장이 파괴되고 말았다. 이로써 1935년부터 시작된 호시노악기의 기타제조업은 10년의 성장기 직후 다시 5년의 회복기를 거쳐야 했다. 우여곡절 끝에 경영을 재정비한 호시노악기는 1957년을 기점으로 기타브랜드 이름을 '살바도르 아이바네즈'에서 '아이바네즈'로 단순화했고, 1962년부터 본격적으로 일렉 기타 시장에 뛰어들었다.

아이바네즈가 독자적인 모델을 통해 고유의 정체성을 확립하기 시작한 시기는 1970년대 후반이었다. 1975년 아티스트 시리즈의 일종인 '아이스맨(Iceman)'과 1977년 조지 벤슨(George Benson)의 시그너처 모델을 출시하면서 아이바네즈는 세계적인 브랜드로 거듭났다. 이러한 호황은 1987년에 등장한 스티브 바이(Steve Vai)의 JEM 시리즈로 정점을 찍은 뒤 지금까지 이어지고 있다.

아이바네즈의 일렉 기타는 솔리드바디와 할로우바디로 나누어 이야기하는 것이 효과적이다. 우선 솔리드바디 기타는 시리즈에 따라 RG, RG 케이오스(Kaoss), RGD, S, SA, FR, ARZ, AR, 로드코어(Roadcore), GIO 등으로 나뉜다. 이와 별개로 조새트리아니(Joe Satriani), 스티브 바이, 폴 길버트(Paul Gilbert) 등 여러 아티스트의 시그너처 모델까지 있어 선택의 폭이 넓은 편이다. 각 모델은 사양의 수준에 따라 제이 커스텀(J. Custom), 프레스티지(Prestige), 프리미엄(Premium), 스탠더드(Standard) 등으로 분류된다.

할로우바디 기타는 시리즈에 따라 아트스타(Artstar)와 아트스타 프레스티지(Artstar Prestige), 아트코어(Artcore)와 아트코어 익스프레셔니스트(Artcore Expressionist)로 나뉜다. 이와 별개로 조지 벤슨, 팻 메스니(Pat Metheny), 존 스코필드(John Scofield), 에릭 크라스노(Eric Krasno)의 시그너처 모델도 있어 솔리드바디 부럽지 않은 라인업과 내실을 자랑한다.

Ibanez
RG370DXZ

:: Targeting

21세기 메탈 키드.
다시 말해 '중고딩'.

가격랭크	A
제조국	인도네시아
전장	100cm
무게	3.6kg
너트 너비	43mm
넥 목재	Maple
지판 목재	Rosewood
지판 곡률 반지름	400mm
접합 방식	Bolt-on
프렛 사이즈	Jumbo
프렛 수	24
스케일 길이	648mm
바디 목재	Basswood
픽업 구성 및 사양	Neck: INF3 Middle: INFS3 Bridge: INF4
브릿지	Edge-Zero II Tremolo

라인업을 분류하기도, 개중의 대표모델을 뽑아내기도 가장 어려운 브랜드를 하나만 꼽으라면 주저 없이 아이바네즈를 선택하는 이가 많을 것이다. 그만큼 아이바네즈는 시리즈도 많고, 하위모델의 종류도 많다. 이러한 아이바네즈의 무시무시한 라인업 가운데 RG시리즈는 홈페이지 분류상 최상단을 차지하는 주인공 격인 시리즈다. 인기브랜드의 메인

시리즈를 대표할만한 모델을 뽑는 것은 중요한 상징성을 갖는다. 문제는 RG 카테고리 안에서 제이 커스텀, 프레스티지, 프리미엄, 아이언 레이블(Iron Label), RG 스탠더드에 이르는 여러 가지 하위시리즈가 존재한다는 점이다.

이러한 난관을 극복할 수 있는 가장 효과적인 방법은 아이바네즈의 RG 시리즈를 최상위시리즈

와 최하위시리즈로 양분해 각각 한 대씩 선택하는 것이다. 본편의 RG에 이어서 언급될 JCRG는 사실 RG의 최상위시리즈인 제이커스텀에 속한 모델이지만, 방대한 시리즈를 효과적으로 추려내기 위한 하나의 방법론이라는 것을 널리 양해해 주길 바란다. 그 와중에 RG의 주인공이 된 RG 스탠더드 시리즈의 RG370DXZ(이하 370DXZ) 모델에 대해 자세히 알아보도록 하겠다.

다시 말하건대, 아이바네즈의 모델세분화는 타의 추종을 불허한다. 일렉 기타 라인업을 통틀어 10여 개의 상위시리즈 중 하나에 불과한 RG, 그 RG 시리즈의 5개 하위시리즈 중 하나에 불과한 RG 스탠더드, 그 스탠더드 라인 안에서도 겨우 한 자리를 차지한 것이 370DXZ이다. 그러나 370DXZ는 RG 스탠더드 시리즈 중 유일하게 왼손잡이 전용 모델이 정규라인에 함께 편성되어 있을 정도로 인기 있는 모델이다. (참고로 350DXZ 역시 왼손잡이 모델이 있긴 하지만 370DXZ에 비해 이벤트성이 강하다.) 기존의 RG370DX 모델을 대체하며 2011년에 출시된 이 모델의 모델명에서 'Z'는 제로포인트 시스템(Zero Point System) 트레몰로 브릿지를 의미한다. 이 브릿지는 아이바네즈가 자체개발한 더블락킹 타입의 브릿지 시스템이다. 트레몰로 유닛을 평평하게 유지하는 스톱바가 튜닝의 안정성과 줄 교체의 편의성을 높인다. 브릿지의 높낮이를 공구 없이 맨손으로 조절할 수 있는 스프링 시스템은 가히 독보적이다.

370DXZ에는 베이스우드 바디와 메이플 넥, 로즈우드 지판이 사용되었다. 이러한 목재구성은 아이바네즈를 통해 슈퍼스트랫의 새로운 표준으로 자리 잡았다. 싼 맛에 대충 쓴다는 선입견 탓에 천대받았던 베이스우드를 소위 '이펙터빨' 잘 받는 슈

퍼스트랫 최적의 바디스펙으로 만든 것 역시 아이바네즈의 공이다. '위저드 넥'으로 통칭되는 아이바네즈 특유의 넥(370DXZ의 경우 Wizard Ⅲ)은 하이프렛 속주와 편안한 로우프렛 연주에 두루 최적화된 얇은 D형이다. 두꺼운 빈티지 스트랫 넥이 싫다면 쌍수를 들고 환영할 만한 스펙 중 하나다. RG시리즈를 속주에 최적화된 명기로 만든 또 다른 일등공신인 점보 24프렛 스펙은 두말하면 잔소리다.

이 기타에 사용된 픽업은 아이바네즈가 자체제작한 픽업인 INF(Infinity) H·S·H 세트이다. 넥과 미들에 각각 INF3(H)와 INFS3(S), 브릿지에 INF4(H)가 사용되었다. 그렇다면 톤은 어떨까? 펜더 류의 빈티지 스타일 앰프를 활용하기 위해 아이바네즈를 구입한다면 도시락 싸들고 다니면서 뜯어말리겠지만, 메탈과 하드록을 위시해 어쨌든 '록'을 좋아한다면, 이 기타의 '가성비 넘치는' 시원한 드라이브톤을 좋아하지 않을 수 없다. 유일한 약점이라면 브릿지 클린톤이 비교적 풍풍하고 커서 전체적인 밸런스를 살짝 흐트러뜨리는 정도랄까.

전통적인 스트랫에 각종 고성능 스펙을 더한 '슈퍼스트랫(Superstrat)'의 개념은 샤벨과 잭슨을 통해 나타났지만, 결국 '21세기 신개념 슈퍼스트랫'의 새로운 패러다임은 아이바네즈가 제시했다고 해도 과언이 아니다. 이러한 아이바네즈의 '슈퍼스트래티즘(Superstratism)'을 가장 싼 값에 맛볼 수 있는 모델이 바로 RG370DXZ이다. 비교적 낮은 비용을 통해 열리는 신세계를 필자만 알고 있을 수는 없다.

Ibanez

In a Word

인우 '입문용 슈퍼스트랫의 새로운 표준!'이었는데 이젠 새롭지도 않네

두완 젊은 그대, 화려한 연주를 꿈꾸는가

053

Ibanez
JCRG20146

X세대 메탈 키드.
다시 말해 직딩, 단 콜렉터가 아니라면 테크닉은 필수.

가격랭크	D
제조국	일본
전장	100cm
무게	3.8kg
머신헤드	Diecast
너트 너비	43mm
넥 목재	Wenge/Bubinga (5pc)
지판 목재	Wenge
지판 곡률 반지름	430mm
접합 방식	Bolt-on
프렛 사이즈	Jumbo
프렛 수	24
스케일 길이	648 mm
바디 목재	African Mahogany
탑	AAA Flamed Maple (4mm)
픽업 구성 및 사양	Neck and Bridge: Bare Knuckle "Aftermath"
브릿지	Lo-Pro Edge Tremolo

JCRG는 RG와 구별되는 별개의 라인이 아니라 RG 시리즈 중 일본에서 생산된 최상위라인인 'Japan Custom RG'의 약자다. 가장 대표적이지만 범위가 너무 넓어서 도무지 대표선수를 꼽기 힘든 RG시리즈의 개괄을 위해 모신 VIP라 할 수 있다.

　우선 RG시리즈의 모델명 구성과 가격대를 간단하게 살펴보고 넘어갈 필요가 있다. 간단히 말해, RG 뒤에 붙는 숫자의 자릿수가 늘어나고 숫자의 크기가 커질수록 고급모델이라고 생각하면 된다. RG의 최하위시리즈인 스탠더드의 경우 350~550의 숫자배열과 4~50만 원선의 가격대, 프리미엄 시리즈는 721~970의 숫자배열과 100만 원 안팎의 가격대, 프레스티지 시리즈는 1550~3770의 숫자배열과 100~250만 원의 가격대를 형성하고 있다. 최상위시리즈인 제이커스텀의 경우 네 자리 중에서도 높은 숫자인 8000대부터 20126, 20136, 20146 등 다섯 자리 모델명까지 포함하며, 3~400만 원을 호가하는 높은 가격대를 형성하고 있다. 물론 이러한 규칙을 벗어나는 예외도 있다. 단순히 현의 수를 나타내는 RG8과 RG9, 자릿수가 크지만 스탠더드 라인에 속한 7421, 자릿수가 작지만 프레스티지 라인에 속한 655 등을 들 수 있다.

이렇게 다양한 RG 하위모델 중 VIP로 모신 JCRG20146(이하 20146)은 제이커스텀에서 가장 따끈한 최상위 신상모델이다. 한때 전설의 바디전용 목재로 꼽히던 온두라스 마호가니가 벌목이 금지되면서 이와 동시에 단종되었던 아이바네즈의 명기 RG9670을 연상시키는 이 모델은 RG9670 이상으로 특이한 스펙을 가지고 있다. 온두라스 마호가니의 뒤를 잇는 최고급 마호가니인 아프리칸 마호가니에 고급 플레임 메이플 탑을 올린 바디와 5피스 웬지·부빙가 넥, 웬지 지판이 사용되었다. 참고로 '웬지'는 가성비가 뛰어난 음향목으로 새롭게 주목받고 있는데, 무엇보다 유리나 수정잔에 비유될 만큼 투명하고 깨끗한 울림이 특징이다.

고가 아이바네즈 기타의 상징과 같은 '트리 오브 라이프(Tree Of Life)' 지판 인레이가 적용된 20146은 하이엔드 전용 브릿지인 로프로엣지(Lo-Pro Edge) 트레몰로 브릿지를 이용해 과격한 아밍에도 흐트러짐 없는 튜닝안정성을 자랑한다. 험버커와 싱글 전환이 가능한 코일탭 스위치와 3단 픽업 셀렉터로 6개의 기본톤을 운용할 수 있기 때문에 범용성도 뛰어난 편이다. 픽업은 영국이 자랑하는 부티크 픽업 전문브랜드인 베어너클(Bare Knuckle)의 애프터매스(Aftermath) 패시브 험버커 세트가 장착되어 있다. 픽업세트의 가격만 50만 원을 호가하는 최고급 스펙이다. 이것은 디마지오나 세이무어 던컨의 픽업세트를 주로 활용해 왔던 이전의 제이커스텀 모델들과 확실히 차별화되는 부분이다.

그렇다고 기존의 제이커스텀과 비교해 톤까지 엄청 다른 것은 아니다. 나름의 개성은 있지만 새로운 세계를 확고하게 구축한 것은 아니다. 다만 어느 것 하나 버릴 톤이 없이 상향평준화되어 있다는 것이 20146의 최대 장점이다. 심지어 '아이바네즈 공장에 드디어 펜더 앰프를 들여놨구나!' 싶을 정도로 빈티지 성향의 앰프와 궁합도 잘 맞는다. 최상위 모델답게 클린톤의 밸런스도 발군이다. 록이라는 카테고리 안에서는 정말 '못할 것이 없겠다' 싶을 정도로 든든하다. 아이바네즈의 기타라면 가장 중요한 브릿지 험버커의 배킹톤 역시 '헤비메탈 대표선수'인 잭슨의 USA 셀렉트 솔로이스트(USA Select Soloist) 뺨때릴 정도다. 물론 혼자만 때릴 정도로 압도적인 수준은 아닌지라 종국에는 지옥 같은 '뺨 쟁탈전'이 예상되지만 그게 어딘가. '미래지향'이라는 스스로의 정체성을 포기하지 않으면서도 헤비메탈의 왕과 어깨를 나란히 할 수 있는 기타는 그리 많지 않다.

In a Word

인우	헤비메탈만 하기엔 아까워
두완	자네 RG 스탠더드는 마스터 했는가?

054

Ibanez
GRGI50DXB

:: Targeting

속주 멋있는 건 잘 알겠는데, 아밍이 뭐예요?
블루스 외길 인생… 하지만 취미로라도 테크닉 기타를
병행해볼까, 하시는 분들.

가격랭크	A
제조국	인도네시아
전장	100cm
무게	3.5kg
넥 목재	Maple
지판 목재	Rosewood
지판 곡률 반지름	400mm
접합 방식	Bolt—on
프렛 사이즈	Medium
프렛 수	24
스케일 길이	648mm
바디 목재	Basswood
픽업 구성 및 사양	Neck: PSND1 Middle: PSNDS Bridge: PSND2
브릿지	FAT—10

'입문자용 슈퍼스트랫'. GRG150DXB가 가진 가치는 이 한마디로 정리할 수 있다. 만약 당신이 속주나 화려한 플레이에 꽂혀서 기타를 쳐야겠다는 결심은 들었는데 대체 뭘 사서 어디서부터 시작해야 할지 감을 못 잡고 있다면, 큰 고민 없이 선택해도 후회 없을 만큼 준수한 엔트리 체급을 가지고 있는 기타이기 때문이다.

이 모델이 속한 GIO시리즈는 RG 저가모델의 꾸준한 인기에 힘입어 '없는 거품 찾아 한 번 더 걷어내며' 초심자들에게 더 가까이 다가가고자 한 아이바네즈의 '시장확장정책'이 반영된 시리즈다. 처음 GIO시리즈가 나왔을 때, 고가 시리즈에 버금가는 디자인은 물론 나무랄 데 없는 사운드가 많은 연주자의 눈길을 끌었다. 비싼 돈 들여가며 상위모델을 구매하는 이점을 브랜드 스스로 깎아먹는 자충수라는 걱정이 들 정도였다.

이러한 탄생배경을 가진 GRG150DXB는 비교적 저렴한 나무로 만들어졌지만 스펙 자체는 상위모델과 비슷하다. 아이바네즈의 상징과도 같은 베이스우드 바디에, 메이플 넥, 로즈우드 지판, 즉 슈퍼스트랫의 기본목재구성을 유지했다. 그 대신 회사가 자체제작한 픽업이 전체적인 단가를 낮추는 역할을 했다. PSND(Power Sound) H·S·H 세트로 구성된 픽업은 이름처럼 높은 출력을 갖고 있다. 험버커와 싱글의 볼륨밸런스는 다소 아쉽지만, 2·4단 하프톤의 가변성은 좋은 편이다. 아이바네즈의 대표 사운드라고 할 수 있는, 하이게인 앰프에 물린 브릿지 픽업의 드라이브톤 역시 저렴한 가격을 예측하기 어려울 만큼 훌륭하다.

스펙에서 아쉬운 점을 찾자면 싱글락킹 타입의 팻10(Fat10) 브릿지를 꼽을 수 있다. 가벼운 아밍 플레이 정도라면 무난하게 소화할 수 있지만, 강렬하거나 기술적인 연주를 버텨내기에는 다소 부족하고, 튜닝의 안정성도 떨어진다. 그러나 30만 원도 안 되는 가격대에서 안정적인 튜닝을 유지하는 강력한 브릿지까지 바란다는 것은 과욕이다. 그렇게 아밍이 아쉽다면 눈높이를 한 단계 높여 더블락킹 제로포인트 시스템이 적용된 RG시리즈부터 살펴보기 바란다. 그런데 격렬한 아밍 플레이에 튜닝 나갈 걱정을 한다는 건, 이미 GIO시리즈를 살 레벨이 아니라는 이야기가 아닐까.

In a Word

인우 'Ger렴한' RG
두완 아밍에 대한 호기심이 욕심으로 변하기 전까지

055

Ibanez
JEM70V

:: Targeting

연주력은 물론 아이디어까지 자신 있는 중상급 연주자.
아밍 플레이의 끝을 한번 찍어보고 싶다면.

가격랭크	C
제조국	인도네시아
전장	100cm
무게	3.4kg
너트 너비	43mm
넥 목재	Maple/Walnut (5pc)
지판 목재	Rosewood
지판 곡률 반지름	400mm
접합 방식	Bolt-on
프렛 사이즈	Jumbo
프렛 수	24
스케일 길이	648mm
바디 목재	American Basswood
픽업 구성 및 사양	Neck, Middle and Bridge: DiMarzio Evolution
브릿지	Edge

'누가 더 빠른가'. 속주가 기타실력의 판단기준이 되
고 더욱 빨리 치기 위한 연주자들 간의 경쟁이 과
열양상을 보이던 시기에 이미 혀를 내두를 정도의
속주테크닉을 완성한 데 이어 생전 처음 들어보는
톤과 특이한 주법을 버무려 하이테크니컬 기타의
새로운 장을 열어젖힌 기타리스트가 있었으니, 그
가 바로 스티브 바이였다. '기타를 잘 친다는 것'의
새로운 패러다임을 제시하며 1980~90년대를 풍미
하고 국내에도 수많은 추종자를 양산했던 스티브

바이의 인기처럼, 한동안 그의 시그너처 기타 JEM에 대한 인기 또한 대단했다. 인터넷 악기시장이 활성화되지 않았던 1990년대에 JEM은 수많은 사람이 군침 흘리면서도 제대로 구경할 기회조차 없던 레어템 중의 레어템이었다.

1986년 아이바네즈는 스티브 바이에게 그가 원하는 이상적인 기타를 직접 고안해 달라는, 당시로서는 '특급 제안'을 했다. 탐 앤더슨(Tom Anderson)에서 제작한 커스텀 기타에 만족하지 못하던 스티브는 아이바네즈의 제안에 흔쾌히 응했고, 1987년 아이바네즈에서 그의 첫 시그너처 기타가 출시되며 JEM 시리즈의 전설이 시작되었다.

그런데 JEM70V(이하 70V)를 보고 '내가 알던 JEM이랑은 좀 다른데?'라고 생각한 사람이 있다면, 그 사람은 분명 눈썰미가 좋은 축에 속할 것이다. 실제로 스티브의 상징과 같던 일명 '화이트 젬(white JEM)'은 모델명이 JEM7V(이하 7V), 그러니까 70V와 아예 다른 모델이다. 눈부신 화이트 색상, 그래서 더 화려해 보이는 금장 하드웨어, '라이프 오브 트리(Life Of Tree)'로 명명된 지판의 넝쿨 인레이, JEM의 상징인 몽키 그립(Monkey Grip), 브릿지의 라이언즈 클로우(Lion's Claw) 등 7V에 적용된 실로 화려한 사양들은 한때 스티브 바이 팬들의 혼을 쏙 빼놓곤 했다.

그럼에도 본 지면에서 7V가 아닌 70V를 다루는 이유는 여러 가지가 있다. 우선 7V가 너무 '그때 그 시절' 명기이기도 하고, 2012년에 출시되어 상대적으로 새로운 모델에 속하는 70V가 스티브 바이의 모델을 대표할 만큼 우수한 품질을 가졌기 때문이다. 이와 함께 70V가 인도네시아에서 생산된 만큼 가격대가 낮고, 그만큼 좋은 가성비를 갖췄다는

사실도 빼놓을 수 없다. 70V의 가격대는 100만 원대 초중반으로 인도네시아 아이바네즈 중에서는 거의 최고가에 가깝지만, 스펙의 구성과 'JEM'이라는 특수성을 보았을 때 충분히 합리적인 수준이다.

7V가 바디목재로 앨더를 채택한 것과 달리, 70V는 아이바네즈 슈퍼스트랫의 새로운 표준인 베이스우드 바디를 사용했다. 넥은 아이바네즈 고급기타의 상징인 메이플·월넛 조합의 5피스로 제작되었고, 지판에는 로즈우드가 사용되었다. 바디에는 엣지프로 브릿지와 디마지오의 에볼루션 H·S·H 픽업세트가 장착되어 있다. 사운드는 JEM 화이트에 비견할 만하다. 범용성 있는 다양하고 밸런스 좋은 클린톤과 입자 곱고 힘 있는 드라이브 사운드는 JCRG와 다른 JEM만의 매력이다. 7V와 비교했을 때, 동일한 기조의 톤인데도 '해상도'에서 약간 밀린다는 점이 아쉽지만, 절반의 가격이라고 해서 반 토막 날만큼 밀리는 건 아니다.

JEM은 트리키한 플레이에 있어서 가장 큰 가능성을 열어두고 있는 동시에 가장 훌륭한 적응력을 가진 기타다. 외관과 스펙구성만 봐도 마구 샘솟는 연주 아이디어를 통해 자신만의 기타세계를 펼쳐보고 싶은 연주자에게는 더할 나위 없이 좋은 파트너가 될 것이다. 한편 스티브 바이 시리즈는 원조 격인 7V와 새롭게 살펴본 70V 외에도 원조보다 더 비싼 77, 70V에는 약간 밀리는 자매품 555, 7현으로 출시된 7V7과 UV70P, 간신이 JEM 흉내를 내고 있는 Jr. 모델 등 여러 종류의 세부모델로 출시되고 있다.

In a Word

인우 아무리 그래도 스티브 바이처럼은 절대 못 친다
두완 ↳ 혹시 모른다

056

Ibanez
JS1200

:: Targeting

제3세계 음악에 관심이 많은 연주자.
범용성이 전혀 없어 보이는 범용기타를 찾고 있었다면.

가격랭크	D
제조국	일본
전장	100cm
무게	3.3kg
너트 너비	42mm
넥 목재	Maple
지판 목재	Rosewood
지판 곡률 반지름	250mm
접합 방식	Bolt-on
프렛 수	22
스케일 길이	648 mm
바디 목재	Basswood
픽업 구성 및 사양	Neck: DiMarzio PAF Joe Bridge: DiMarzio FRED
브릿지	Edge bridge with Ultralite Tremolo Arm

'외계에서 온 기타리스트'라 불리며 세계적으로 높은 인지도를 얻고 있는 조 새트리아니는 현존하는 최고의 기타리스트들에게도 '스승'으로 통하는 연주자다. 스티브 바이, 앤디 티몬스(Andy Timmons) 등 유명 기타리스트를 지도한 경험이 있는 조는 1980년대 중반부터 꾸준히 솔로앨범을 발표하며 자신만의 철옹성 같은 음악세계를 구축해왔다. 특히 1987년 발표한 두 번째 스튜디오 앨범 「Surfing With The Alien」으로 연주앨범으로는 유례가 없는 빌보드차트 29위의 대기록을 세우기도 했다. 솔로 활동 외에도 유수의 명기타리스트와 함께한 G3 콘서트, 슈퍼그룹 치킨풋(Chickenfoot) 등 다양한 프로젝트에서 진가를 발휘한 조는 전 세계 기타 팬들에게 뜨거운 지지를 얻으며 지금도 거장으로 자리하고 있다.

조 새트리아니의 시그너처인 JS 시리즈는 현재 4~500만 원을 호가하는 고급모델인 2450과 2410, 1~200만 원대에 가격이 형성되어 있는 1200과 24P, 보급형으로 가격을 낮추어 출시한 140까지 총 5개의 세부모델로 출시되고 있다. 2450과 2410 모델의 경우 국내에서 구하기가 어렵고 가격대도 너무 높기 때문에 현실적인 진입장벽이 높은 반면, 1200은 상대적으로 저렴한 것은 물론 훌륭한 사운드 품질을 갖고 있어 본 지면에 소개하기에 안성맞춤이다.

일본에서 생산된 JS1200은 베이스우드 바디, 메이플 넥, 로즈우드 지판의 전형적인 아이바네즈 목재구성을 취하고 있다. 일반적인 RG 슈퍼스트랫이 각진 바디를 가진 것과 다르게 곡선만으로 표현된 유려한 바디라인이 눈길을 끈다. 또한 RG 시리즈에 비해 조금 더 두껍고 좁은 넥과 상대적으로

곡률이 큰 둥근 지판을 가지고 있기 때문에, 연주감은 슈퍼스트랫보다 빈티지 스트랫에 가깝다. 그렇다고 사운드까지 빈티지한 건 아니다. 디마지오의 PAF-JOE 넥 픽업과 FRED 브릿지 픽업 세트가 하이게인에 적합한 구성을 뽐낸다. 게다가 푸시풀 방식으로 험·싱 전환이 가능하기 때문에, 장르적 범용성에 있어서 RG를 웃도는 사운드 범위를 자랑한다.

클린톤의 경우 여러 장르에 즉각 적용이 필요한 세션용으로 사용해도 손색이 없을 만큼 질감과 밸런스가 발군이다. 다만 드라이브톤의 경우 메탈용으로 적합한 RG에 비해 다소 빈티지하기 때문에 자신이 연주하고자 하는 장르에 따라 브릿지 게인톤의 질감이 괜찮을지 확인해야 한다. 블루스나 재즈는 물론 록과 클래식까지, 풍부한 음악적 지식으로 폭넓으면서도 군더더기 없는 연주를 보여주는 '노력형 천재'가 새트리아니라면, JS1200은 디자인뿐 아니라 그 사운드까지 자기 주인을 쏙 빼닮은 기타라 할 수 있다.

In a Word ———————————

인우 '슈퍼'스트랫이 아닌 슈퍼'스트랫'
두완 우리 '선생님'께서 쓰시는 기타

057

Ibanez
PGM3

:: Targeting

깔끔한 입문용 슈퍼스트랫을 원한다면.
'잘빠진 F홀의 시각적 만족도 〉 리버스헤드의 불편함'인
경우.

가격랭크	A~B
제조국	인도네시아
전장	100cm
무게	3.4kg
너트 너비	43mm
넥 목재	Maple (3pc)
지판 목재	Rosewood
지판 곡률 반지름	400mm
접합 방식	Bolt-on
프렛 사이즈	Jumbo
프렛 수	24
스케일 길이	648mm
바디 목재	American Basswood
픽업 구성 및 사양	Neck: INF1 Middle: INFS1 Bridge: INF2
브릿지	Edge III

아이바네즈는 엔도서가 많은 것으로도 유명하다. 아이바네즈와 운명을 함께하는 수많은 기타리스트들 가운데 테크니컬 계열의 괴물 '빅3'를 꼽자면 아무래도 앞서 살펴본 스티브 바이, 조 새트리아니와 더불어 폴 길버트를 빼놓을 수 없다. 폴 길버트는 미스터빅(Mr.Big) 출신의 기타리스트로 에디 밴 헤일런(Eddie Van Halen)과 잉베이 맘스틴(Yngwie Malmsteen)을 존경하는 데 그치지 않고 그들이 열어젖힌 새로운 패러다임을 집대성한 불세출의 연주자다. 미스터빅과 폴을 향한 높은 인지도만큼, 그의 시그너처 시리즈인 PGM 역시 큰 인기를 누린 바 있다.

그동안 PGM 시리즈는 폴의 긴 음악경력만큼 다양한 라인업을 구축해왔다. 1989년 PGM100과 함께 시작된 PGM 시리즈의 전설은 이후 200, 300, 301, 400, 500, 800과 스트랫 외의 특수형태를 가진 600, 700, 900으로 이어졌다. 이 가운데 가장 높은 판매고를 기록한 기타는 단연 PGM300이다. 이 기타는 1991년부터 14년 동안 출시되며 시리즈에서 최장수 모델로 기록된 것은 물론, 폴 길버트 본인도 가장 큰 애착을 갖고 자주 사용한 기타로 알려져 있다. 이러한 PGM300은 PGM100과 함께 최초 출시 당시 스펙을 재현한 20주년 리이슈 모델로 출시되기도 했다.

상기한 시리즈의 구(舊) 라인업은 현재 정규생산라인에서는 빠져있고, 아이바네즈 홈페이지의 PGM 20주년 기념 크로니클 페이지에서 확인할 수 있다. 최고히트작인 PGM300의 기조를 따른 보급형모델 PGM3만이 유일하게 살아남아 PGM 시리즈의 명맥을 잇고 있다. 현재 폴 길버트의 시그너처 모델은 (한정판을 제외하고) PGM3와 FRM150으로 구성되어 있다.

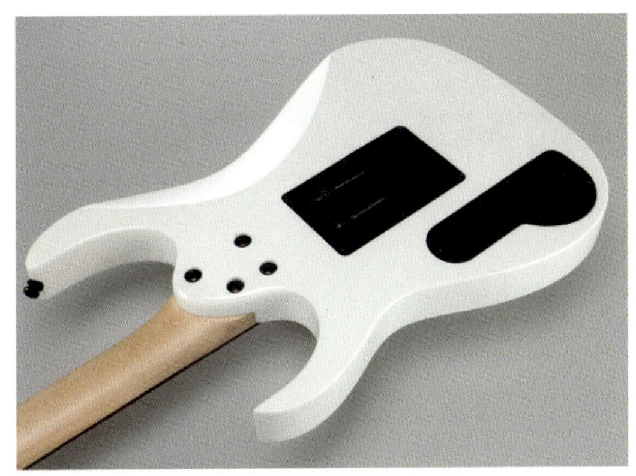

PGM3는 지판을 제외하고 PGM300과 흡사한 외관을 가지고 있다. 가장 눈길을 끄는 것은 역시 PGM 시리즈 특유의 F홀 마크다. 날렵한 모양의 리버스헤드 역시 호기심을 자극한다. 목재는 베이스우드 바디, 메이플 넥, 로즈우드 지판으로 구성되어 있다. 바디에 INF H·S·H 픽업세트(넥 픽업부터 순서대로 세라믹, 알니코, 세라믹)가 장착되어 있고, 점보24프렛과 엣지Ⅲ 브릿지가 속주에 최적화된 연주감을 제공한다.

하이게인 성향의 강렬한 드라이브 사운드는 INF 픽업셋이 적용된 RG의 중저가 시리즈와 비슷하면서도 더 깔끔하고 날씬한 느낌을 준다. 드라이브 양이 많을 경우 저음이 뭉개지거나 둔해지는 현상이 싫었던 연주자에게 고음역대가 살아 있는 날씬한 톤은 매력적으로 다가올 것이다. 단, 이 깔끔함 때문에 다른 입문용 기타보다 연주시 실수가 더 잘 드러날 수도 있다는 것은 이 기타가 가진 단점 아닌 단점이다.

In a Word ───

인우 300은 향기를 남기고
두완 이름처럼 삼삼한 'PGM 주니어'

058

Ibanez
AT100CL

스트랫과 슈퍼스트랫 사이에서 끊임없이 방황하고 계신 분들.
'빈티지 스트랫 + 하이게인 하드록'의 조합을 꿈꾸던 연주자.

가격랭크	D
제조국	일본
전장	100cm
무게	3.5kg
머신헤드	Gotoh H.A.P—M
너트 너비	40.5mm
너트 재질	Bone
넥 목재	Maple
지판 목재	Maple
지판 곡률 반지름	305mm
접합 방식	Bolt—on
프렛 사이즈	Jumbo
프렛 수	22
스케일 길이	648 mm
바디 목재	Alder
픽업 구성 및 사양	Neck and Middle: DiMarzio The Cruiser Bridge: DiMarzio AT—1
브릿지	Wilkinson—Gotoh VSVG Tremolo

아이바네즈가 자랑하는 '테크니컬 기타리스트 괴물' 3인방인 조 새트리아니, 스티브 바이, 폴 길버트는 그냥 괴물도 아닌 록 음악사의 전면에 나선 역대급 괴물들이다. 이들과 함께 아이바네즈의 기타리스트 앤디 티몬스 역시 괴물 기타리스트임에 틀림없다. 그러나 앤디의 인지도가 상대적으로 떨어지는 이유는 이미 세션 기타리스트로 활약하면서 다른 이들의 곡을 정갈하고 빈틈없이 연주해내던 그의 이력과 성향 때문이 아니었을까 싶다. 앤디가 주인공을 자처하고 선보인 작품과 연주 역시 '감성 테크니컬'이라는 표현이 이렇게 잘 어울리는 연주자가 또 있을까 싶을 만큼 아름다우면서도 애절하고, 때로는 화려하기까지 하다.

앤디 티몬스의 연주는 그가 세션에서 두각을 나타낸 만큼 잘 정돈된 것은 물론 장르적 제한이 적다는 장점을 가지고 있다. 물론 전면에 드러나는 초절기교파는 아니지만, 앤디는 시의적절하게 활용되는 다양한 테크닉부터 뛰어난 멜로디 감각과 다양한 감성까지, '좋은 기타리스트'의 자격조건을 거의 모두 갖추었다고 해도 지나치지 않다. 한마디로 그는 '정갈한 괴물'이다.

이러한 앤디의 연주성향을 고스란히 빼닮은 기타가 그의 시그너처 모델인 AT100CL(이하 100CL)이다. 100CL은 아이바네즈의 '슈퍼스트랫'의 기조에서 가장 동떨어져 있는 기타라고 해도 지나치지 않다. '펜더의 빈티지 스트라토캐스터를 아이바네즈 식으로 재해석하면 이러한 모델이 되겠구나!' 하는 느낌이 들 정도로 스트랫 성향이 강하다. 특히 베이스우드가 주종을 이루는 아이바네즈의 전형적 목재스펙을 생각했을 때, 이 기타의 앨더 바디와 메이플 지판이 시사하는 바는 상당하다.

픽업은 다른 시리즈에서 흔히 볼 수 있는 H·H이나 H·S·H이 아닌 H·H·H으로 구성되어 있다. 싱글형 험버커인 디마지오의 크루저(Cruiser) 픽업세트가 넥과 미들 쪽에, 앤디 티몬스 시그너처 픽업인 AT1이 브릿지 쪽에 달려 있다. 이러한 픽업 구성 역시 100CL에서 중요한 특징이다.

클린톤은 디럭스 스트랫 계열을 연상시키는 현대화된 빈티지 사운드에 아이바네즈 특유의 날렵한 가변성이 더해진 느낌이다. 게인톤의 경우 다른 아이바네즈 시리즈에 비해 드라이브 양이 다소 적은 편이지만, 일반적인 스트랫과 비교하면 압도적으로 풍부하다. 이것을 수치화해서 RG를 100점, 빈티지 스트랫을 50점이라고 가정했을 때, 100CL은 8~90점 정도다. '깔끔함', '명료함'이라는 범주 안에서도 100CL은 아이바네즈의 슈퍼스트랫 계열 기타들 중 PGM300을 웃도는 유일한 모델이다.

이 기타는 마치 '우리도 맘만 먹으면 스트랫 잘 만들거든?' 하는 아이바네즈의 항변을 집약한 것 같다. 혹시나 아이바네즈가 실제로 이러한 의도를 갖고 있었다면, 100CL 하나로 증명이 충분했다고 말하고 싶다. 참고로 넥의 마감이 불완전 것은 앤디의 '손맛'을 살리기 위한 아이바네즈의 특급 배려가 낳은 결과다. 아이바네즈는 과거에 앤디가 오랫동안 즐겨 썼던 기타의 넥을 디지털로 복원한 뒤 인위적인 마감 처리를 통해 원본의 빈티지한 느낌을 재현했다고 한다. 이 제품이 300만 원을 호가하는 데는 역시 그만한 이유가 있었다.

In a Word

인우 아이바네즈식 세션 기타
두완 아이바네즈의 무한 잠재력에 관한 결정적 힌트

059

Ibanez
JSM100

:: Targeting

재즈톤은 왜 항상 먹먹해야만 하는가, 고민했다면.
ES-335 동급의 화끈한 대안을 찾던 재즈기타리스트.

가격랭크	D
제조국	일본
전장	109cm
무게	3.5kg
너트 너비	43.5mm
너트 재질	Half-bone/Half-brass
넥 목재	Mahogany
지판 목재	Ebony
접합 방식	Set-in
프렛 사이즈	Jumbo
프렛 수	22
스케일 길이	628mm
바디 목재	Flamed Maple
탑	Flamed Maple
픽업 구성 및 사양	Neck and Bridge: Super 58
브릿지	Gotoh 510BN bridge with Gotoh GE101A tailpiece

아이바네즈에 슈퍼스트랫의 이미지가 워낙 강하다보니, 아이바네즈가 재즈기타를 엄청 잘 만든다는 사실을 깜빡하기 쉽다. 못 믿겠다고? 재즈기타계의 살아있는 전설 존 스코필드의 시그너처 모델 JSM100을 아이바네즈가 보유하고 있다는 것만으로도 더 이상의 자잘한 설명은 필요 없지 않을까. 간단히 부연하자면, 존 스코필드는 재즈를 중심으로 록, 소울, 펑크(funk) 등 다양한 장르를 아우르며 자신만의 아카데믹한 연주세계를 구축한, 흔히 팻 메스니와 함께 모던재즈의 양대 산맥으로 꼽히는 거장 중의 거장이다. 아이바네즈가 그를 엔도서 라인업에 포함시킨 것은 재즈기타 제작의 정통성 확보에 있어서 그야말로 '신의 한 수'였다.

세미할로우 기타인 JSM100은 측후판과 탑에 플레임 메이플, 넥에 마호가니, 지판에 로즈우드가 쓰였다. 브릿지와 테일피스는 각각 고토의 510BN과 GE101이 사용되었고, 픽업은 아이바네즈에서 자체 제작한 슈퍼 58(Super 58) 패시브 험버커 세트가 장착되었다. 연주자의 편의성을 고려한 혼합곡률 지판, 스펙 곳곳에 묻어나는 아이바네즈다운 '칼마감'도 인상적이다.

사운드는 재즈기타에 대한 막연한 선입견 중 하나인 '먹먹함'과 거리가 있다. 톤노브의 가변성이 좋기 때문에 그러한 선입견에 부응하는 사운드를 얼마든지 만들어낼 수도 있지만, 전체적으로 고주파수 대역이 살아있는 선명한 사운드가 지배적이다. 세미할로우 기타의 대명사이자 표준인 깁슨 ES-335와 비교하자면 미들은 다소 적고, 하이는 약간 많은 편이다.

의외로 게인톤도 드라이브 감이 좋고 깨끗하다. 재즈기타 치고 필요 이상으로 깔끔하고 테크니컬한 느낌을 받을 수 있지만, 아웃스케일을 즐겨 쓰는 학구파 기타리스트인 존 스코필드의 연주 스타일을 떠올려 보면 그렇게 과한 것도 아니다. 모던재즈의 범주 내에서 얼마든지 납득할 수 있는 JSM100의 넓은 사운드 레인지는 재즈기타에 대한 대다수의 선입견을 날려버리기에 충분하다. 참고로 JSM 시리즈에는 JSM100 외에도 보급형인 JSM10이 포함되어 있다.

In a Word ─────────

인우 따뜻함과 시원함의 기막힌 공존
두완 절정의 재즈 마스터를 꿈꾸며

060

Ibanez
AF75TDG

:: Targeting

입문용 풀할로우 재즈기타.
재즈에 빠지기 직전까지 록에 심취해 있었다면.

가격랭크	B
제조국	중국
전장	105cm
무게	3.1kg
너트 너비	43mm
넥 목재	Mahogany
지판 목재	Rosewood
지판 곡률 반지름	305mm
접합 방식	Set-in
프렛 사이즈	Medium
프렛 수	20
스케일 길이	628mm
바디 목재	Maple
탑	Maple
픽업 구성 및 사양	Neck and Bridge: Classic Elite
브릿지	ART-2 Roller bridge with VBF70 Vibrato tailpiece

아이바네즈가 재즈기타 잘 만드는 줄은 알겠는데 JSM은 너무 비싸다, 싶으면 망설임 없이 아트코어 (Artcore) 시리즈로 눈을 돌려야 한다. 아이바네즈의 할로우바디 라인은 크게 시그너처 모델과 일반시리즈로 나뉜다. 시그너처 모델로 조지 벤슨의 GB, 에릭 크래스노의 EKM, 팻 메스니의 PM, 존 스코필드의 JSM이 있고, 일반시리즈로 아트스타 프레스티지, 아트스타, 아트코어 익스프레셔니스트, 아트코어가 있다. 이 가운데 아트코어는 아이바네즈의 뛰어난 할로우바디 기타 제작능력을 가장 저렴한 가격에 만날 수 있는 보급형 시리즈로 많은 사랑을 받고 있다.

아트코어 시리즈 중 가장 화려한 외관을 자랑하는 AF75TDG는 센터블록이 없는 풀할로우바디 기타다. 측후판과 탑에 메이플, 넥과 지판에 각각 마호가니와 로즈우드가 사용되었다. 바디에 장착된 ART-2 롤러 브릿지와 빅스비 형태의 VBF70 비브라토 시스템은 컨트리나 로커빌리 음악에 대한 적응력을 높였다. 픽업은 ACH1, ACH2 패시브 험버커 픽업이 각각 넥과 브릿지 쪽에 달려 있다. 금장 하드웨어로 외관의 고급화를 꾀한 디자인은 그레치의 풀할로우바디 기타를 연상시킨다.

사운드는 전통적인 풀할로우 기타의 감성을 잘 재현하고 있다. 공간계를 섞으면 따뜻하면서도 아름다운 톤이 잘 살아나 클린톤 연주에서 높은 활용도를 보인다. 게인톤의 경우 바디의 크기에 비해 톤이 덜 둔하긴 하지만, 미들이 강조되는 사운드 탓에 일반적인 빈티지보다 다소 촌스러운 뉘앙스를 풍기기도 한다. 그럼에도 60~70만 원대에 책정되어 있는 가격을 생각하면, 전체적인 사운드는 탄탄한 내실을 갖췄다고 볼 수 있다.

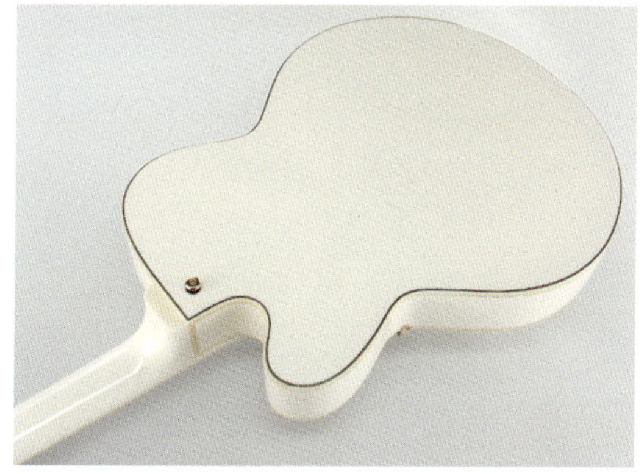

재즈기타의 매력에 흠뻑 빠졌으나 어떤 사운드를 기준으로 어떻게 기타를 골라야할지 막막하다면, 어차피 잘 모르는 사운드는 과감하게 잊고 아트코어 시리즈 중에 가격과 디자인만 보고 끌리는 대로 골라보자. 스탠더드와 모던을 아우르는, 모나지 않은 재즈톤을 자랑하는 아트코어 시리즈라면 당신의 선택은 실패할 일 없을 것이다. (물론 이러한 전략의 결과도 AF75TDG가 될 가능성이 크다.)

In a Word

인우 보장된 사운드, 고마운 디자인
두완 내 생애 첫 번째 재즈기타

061

Jackson
USA SL2H Soloist

:: Targeting

가죽 롱부츠와 체인을 이미 구비하고 계신 장발 기타리
스트, 단 속주가능자.
헤비메탈의 화려한 부활을 꿈꾸는 모든 이들.

가격랭크	D
제조국	미국
전장	98cm
무게	3.6lg
머신헤드	Diecast
너트 너비	43mm
넥 목재	Quartersawn Maple
지판 목재	Ebony
지판 곡률 반지름	305~406mm (compound)
접합 방식	Neck–through
프렛 사이즈	Jumbo
프렛 수	24
스케일 길이	648 mm
바디 목재	Alder
픽업 구성 및 사양	Neck: Seymour Duncan '59 SH1N Direct–Mount Humbucking Bridge: Direct Mount Seymour Duncan Zebra JB TB4 Humbucking
브릿지	Floyd Rose Original Double Locking 2–Point Tremolo bridge with Floyd Rose Original Tremolo Arm

샤벨의 브랜드 소개를 통해 언급한 것처럼, 부도 위기에 처해 있던 샤벨 리페어는 1978년 11월 10일을 기해 그로버 잭슨(Grover Jackson)의 소유가 되었다. 이후 자신의 경영능력을 십분 발휘하기 시작한 그로버는 1980년 기타리스트 랜디 로즈(Randy Rhoads)과 함께 만든 랜디의 커스텀 기타에 자신의 성 '잭슨(Jackson)'을 새기면서 잭슨 기타(Jackson Guitars)의 탄생을 만천하에 알렸다.

잭슨 기타는 헤비메탈과 운명을 함께했다. 1980년대에는 헤비메탈의 높은 인기와 더불어 미국산 커스텀 브랜드로 입지를 다졌고, 1990년대에는 헤비메탈의 인지도 하락과 함께 위기에 몰리자 아시아산 저가 제품을 생산하기 시작했다. 결국 2002년 펜더가 잭슨을 인수하는 상황에 이르렀지만, 펜더의 유연한 경영방침에 따라 잭슨은 브랜드 특유의 정체성을 유지하면서 지금도 명맥을 이어오고 있다.

현재 잭슨에서 생산하는 기타는 바디 모양에 따라 솔로이스트(Soloist), 딩키(Dinky), 로즈(Rhoads) 등 10가지로 분류되는 동시에 시리즈에 따라 프로(Pro), X, 커스텀 셀렉트(Custom Select), USA 등 7가지로 분류된다. 이 가운데 1984년에 탄생한 솔로이스트는 잭슨의 전성기를 견인했던 대표적인 라인업으로 '슈퍼스트랫'이라는 새로운 패러다임을 제시한 바 있다.

마흔 가지가 넘는 솔로이스트 모델 가운데 USA 시리즈에 속한 USA SL2H 솔로이스트는 두말할 필요 없는 초강력 메탈머신이다. 넥스루 방식으로 이어진 앨더 바디와 쿼터쏜 메이플 넥, 에보니 핑거보드의 목재구성을 취하고 있고, 세이무어 던컨의 험버커 세트로 강성을 지향했다. 이와 함께 잭슨이 자랑하는 '305mm-406mm' 혼합곡률 지판은 속주의 편의성을 높였고, 오리지널 플로이드로즈의 더블락킹 투포인트 트레몰로 브릿지는 고난도 아밍 연주시 튜닝의 안정성과 서스테인의 향상을 도모했다.

날카로우면서도 광폭한 드라이브톤은 타의 추종을 불허한다. 시원스런 배킹 사운드는 빠른 피킹 시에도 그 입자가 잘 드러난다. 어둡고 묵직하기보다 전면으로 부각되는 공격적인 성향이 강하다. 유려한 클린톤 역시 헤비메탈의 날카로운 아르페지오 사운드를 내는 데 부족함이 없다.

SL2H 솔로이스트를 포괄한 USA 시리즈는 잭슨 기타를 대표하는 최상위시리즈다. 최고급 재료와 기술력으로 제작되는 만큼 높은 가격대는 부담스러울 수밖에 없다. 다행히 솔로이스트 모델은 USA뿐 아니라 프로나 엑스 등 다른 시리즈에서도 비교적 저렴한 가격으로 나오고 있다. 인도산 제품이 100만 원 전후의 가격대에 나오고, 일본산 제품이 100~200만 원대에 나오고 있으니 400만 원을 호가하는 USA의 가격이 부담스럽다면 이쪽으로 눈을 돌려보는 것도 좋다.

In a Word —————

인우 메탈기타의 끝판왕
두완 1980년대 헤비메탈의 평균치

062

Jackson
USA DK1 Dinky

:: Targeting

게임 캐릭터의 무기로 칼과 톱을 고를 수 있다면 단연 톱
인 취향.
헤비메탈의 화려한 부활을 꿈꾸는 모든 이들.

가격랭크	D
제조국	미국
전장	97cm
무게	3.6kg
머신헤드	Diecast
너트 너비	43mm
넥 목재	Quartersawn Maple
지판 목재	Ebony
지판 곡률 반지름	305~406mm (compound)
접합 방식	Bolt—on
프렛 사이즈	Jumbo
프렛 수	24
스케일 길이	648 mm
바디 목재	Alder
픽업 구성 및 사양	Neck: EMG 85 Humbucking Bridge: EMG 81 Humbucking
브릿지	Floyd Rose Original Double Locking 2—Point Tremolo bridge with Floyd Rose Original Tremolo Arm

1984년 잭슨이 공개한 솔로이스트가 인기를 얻음에 따라, 이와 비슷한 느낌을 가진 볼트온넥 모델에 대한 수요가 폭증했다. 이러한 대중의 욕구를 충족시키고자 한 잭슨은 1986년 솔로이스트의 형제모델이라 할 수 있는 딩키를 만들었고, 결국 '솔로이스트 대 딩키'라는 확실한 라이벌 구도가 생겼다. 실제로 잭슨의 홈페이지 좌측에서 바디모양별 분류를 보면, 딩키는 솔로이스트에 이어 두 번째 우선순위를 차지하고 있다. 딩키와 솔로이스트는 서로 유사한 체급의 모델이기 때문에, 연주자는 세부적인 옵션 차이를 확인하고 자신의 취향에 맞추어 기타를 선택해야 한다. 본 지면에서는 앞서 소개한 USA SL2H 솔로이스트(이하 SL2H)의 대항마인 USA DK1 딩키(이하 DK1)를 소개한다.

SL2H와 DK1은 다른 솔로이스트, 딩키 모델과 마찬가지로 서로 비슷한 외관을 갖고 있다. DK1이 더 작은 바디에 더 날카로운 뿔을 갖고 있지만, 둘을 나란히 같이 놓고 봐야 그 차이를 겨우 알 수 있을 정도다. 앨더 바디와 쿼터쏜 메이플, 에보니 지판으로 이루어진 목재구성뿐 아니라 플로이드로즈 브릿지, 지판곡률 등 여러 세부사항에서도 둘은 동일한 면모를 드러낸다.

차이점은 넥 접합방식과 픽업에서 나타난다. 접합방식의 경우 SL2H는 넥스루 방식을, DK1은 볼트온 방식을 택했다. 사실 넥스루와 볼트온 방식은 사운드 전달의 측면에 있어서 성격이 다르지만, 티가 많이 날 정도로 차이가 나진 않는다. 결국 이 두 기타의 직접적인 비교 포인트는 세이무어 던컨의 패시브 픽업세트(SL2H)냐, 아니면 EMG 81, 85 액티브 험버커 세트(DK1)냐, 하는 질문으로 압축될 수 있다.

대놓고 메탈머신인 것은 DK1이나 SL2H나 큰 차이가 없지만, 픽업의 사운드 성향은 확실한 차이를 보인다. SL2H의 사운드가 광폭하고 날카로운 트레블 위주라면, DK1의 사운드는 EMG 액티브 픽업 특유의 묵직함이 강조되는 미들하이 정도의 성향이라고 볼 수 있다. 둘 다 공격적이고 광폭한데, '날카로운 칼날(SL2H) vs. 힘 좋은 톱날(DK1)' 정도의 뉘앙스 차이로 이해하면 된다.

SL2H와 마찬가지로 DK1도 USA 시리즈의 모델로서 높은 가격을 과시한다. 물론 딩키 계열 가운데 다른 시리즈에서 저렴하게 출시되는 모델들도 있다. 인도에서 제작된 모델의 경우 인도산 솔로이스트의 절반 수준인 3~40만 원의 가격대부터 라인업이 구성되어 있으니, 딩키의 '향취'라도 느껴보고 싶은 연주자는 참고하기 바란다.

In a Word ────────

인우　메탈기타의 끝판왕 2
두완　이름 믿고 '깜찍한(dinky)' 기타로 생각했다간 '폭망'

063

Jackson
JS32T Rhoads

:: Targeting

헤비메탈 입문용 기타. (단, 편하게 앉아서 연습할 수 없음.)
'내 나이에 무슨 메탈이야' 하면서도 아직 피가 끓는 록키
드 출신 직밴 기타리스트.

가격랭크	A~B
제조국	중국
전장	116cm
무게	3.2kg
머신헤드	Jackson Sealed Diecast
너트 너비	43mm
너트 재질	Plastic
넥 목재	Maple
지판 목재	Rosewood
지판 곡률 반지름	305~406mm (compound)
접합 방식	Bolt-on
프렛 사이즈	Jumbo
프렛 수	24
스케일 길이	648 mm
바디 목재	Basswood
픽업 구성 및 사양	Neck and Bridge: Jackson High Output Humbucking
브릿지	Jackson Compensated and Adjustable Strings-Through-Body

천재 기타리스트 랜디 로즈의 죽음이 늦춰졌더라면 록 음악의 역사가 바뀌었을 것이라는 이야기가 있다. 그만큼 랜디가 기타리스트로서 갖는 위상은 이미 전설이 되었다. 콰이엇 라이엇(Quiet Riot)을 거쳐 오지 오스본(Ozzy Osbourne) 밴드에서 기타를 잡은 명인이자 수많은 록키드를 양성한 아티스트 랜디 로즈는 1982년 불과 스물다섯의 나이에 경비행기 사고로 생을 마감했다. 랜디의 연주에는 헤비메탈과 클래식을 넘나드는 음악적 깊이와 선율의 미, 그리고 혀를 내두를 정도의 초절기교가 공존했다.

잭슨 기타의 시작도 랜디가 있었기에 가능했다. 1980년 오지 오스본의 솔로 데뷔앨범 「Blizzard of Ozz」로 빛을 보기 시작한 랜디 로즈는 그해 겨울 샤벨의 그로버 잭슨을 만나 그에게 커스텀 기타 제작을 요청했다. 두 사람의 긴 협의 끝에 탄생한 기타가 바로 콩코드(The Concorde)였다. 그러나 콩코드는 기존의 샤벨 제품과 여러 모로 다른 성격을 갖고 있었다. 콩코드가 샤벨의 정체성에 혼란을 줄 것을 우려한 그로버는 결국 콩코드에 자신의 성인 '잭슨(Jackson)'을 새겨 넣었다. 이렇게 잭슨 기타의 역사가 시작되었다.

이때부터 그로버는 잭슨을 넥스루 구조로, 샤벨을 볼트온 구조로 양분하는 전략을 취했다. 그리고 랜디 로즈의 인지도와 함께 잭슨의 인지도 역시 동반상승했다. 특히 콩코드에서 진화한 랜디 로즈의 기타는 상어 지느러미를 닮은 날카로운 비대칭형 바디를 통해 '로즈(Rhoads)'라는 하나의 분류체계로 자리하기에 이르렀다.

잭슨의 로즈 라인 가운데 JS 시리즈에 속한 JS32T 로즈는 가장 저렴한 모델이다. 목재는 바디에 베이스우드, 넥에 그래파이트 강화 메이플, 지판에 로즈우드가 쓰였고, 픽업은 잭슨에서 자체제작한 하이아웃풋(High Output) 험버커 세트가 쓰였다. 하드테일 브릿지와 단출한 디테일로 제작단가의 거품이 빠질 만큼 빠졌다.

50만 원 전후의 저렴한 가격대에도 불구하고, 이 기타의 퀄리티는 놀랍기만 하다. 시원하게 뻗는 드라이브 사운드는 가격을 의심케 할 만큼 발군의 질감을 자랑하고, 혼합곡률이 적용된 지판의 연주감 역시 잭슨의 다른 고가 악기와 비교했을 때 크게 밀리지 않는다. 랜디 로즈의 숨결을 이 가격에 느낄 수 있다는 사실이 미안할 정도다.

로즈 모델은 JS 시리즈 외에도 커스텀 셀렉트, 프로, USA 등 여러 시리즈를 통해 확인할 수 있다. 그 수가 10종이 넘는 만큼 스펙이나 가격도 천차만별이다. 그렇다고 본 지면에 가장 저렴한 모델을 소개하는 이유가 오로지 가성비에 있는 것은 아니다. 잭슨 기타의 탄생과 헤비메탈 중흥기의 영광을 아우른 '역사적 의의'를 전달하기에 이 저가하위모델로도 부족함이 없기 때문이다.

In a Word

인우 랜디 로즈 노스텔지어 파격세일 중
두완 가격에 굴하지 않는 잭슨의 절대적 아이콘

064

James Tyler
Studio Elite Burning Water 2K

돈이 많다면.
모든 것을 할 수 있는 단 한 대의 기타를 찾고 있다면.

가격랭크	S
제조국	미국
전장	99cm
무게	3.5kg
머신헤드	Hipshot Locking Tuners
너트 너비	41mm
넥 목재	Quartersawn Maple
지판 목재	Indian Rosewood
지판 곡률 반지름	241~305mm (compound)
접합 방식	Bolt-on
프렛 사이즈	Jumbo
프렛 수	22
스케일 길이	648mm
바디 목재	Alder
픽업 구성 및 사양	Neck: Studebaker Humbucker Middle: JTS 5500 Single Coil Bridge: Supercharged Studebaker Humbucker
브릿지	G2RV

세션계에도 유행이 있기 때문에 세션 기타리스트 사이에서 그때그때 가장 많이 사용되는 기타는 달라진다. 그 와중에도 가장 오랫동안 꾸준히 사랑받았던 브랜드를 하나만 꼽자면 단연 제임스 타일러(James Tyler)다. 국내 최정상급의 레코딩 세션들이라면 타일러 기타 하나씩은 보유하고 있다고 해도 과언이 아니다. 주요 사용층이 이처럼 톤에 민감하고 연주에 정통한 사람들이다보니, 탐 앤더슨(Tom Anderson), 써(Suhr), 그로시(Grosh) 등 다른 세션 기타 브랜드와 마찬가지로 타일러 기타 역시 기성품보다 커스텀 오더 제작방식을 기본으로 하고 있다. 다만 미국 현지가 아닌 경우 주문제작 기간이 짧게는 두세 달에서 길게는 반년 이상 걸리기 때문에, 수입처에서 인기 있는 스펙으로 미리 주문해 들여온 커스텀 모델이 주요구매대상이 되곤 한다.

현재 제임스 타일러 기타 모델은 대략 10종이 있다. 그중 스튜디오 엘리트(Studio Elite) 관련 모델은 기본모델을 필두로 상대적으로 옵션을 줄이거나 디자인을 특화한 HD, 레트로(Retro), 버닝워터(Burning Water), 버닝워터 2K(Burning Water 2K)까지 총 5종으로 세분화되어 있다. 스튜디오 엘리트는 1987년 처음 출시된 모델로 미국 로스앤젤레스의 레코딩 씬에서 인기를 끌며 스튜디오 전용기타로서 오늘날까지 명성을 이어오고 있는, 브랜드의 최상위·최고가 모델이다. 2000년에 출시된 '버닝워터 2K'의 경우 피니시의 명칭이 모델명으로 채택된 제품이라 사운드의 기조는 기본 모델과 동일하다.

버닝워터 2K의 목재는 앨더 바디, 쿼터쏜 메이플 넥, 인디언 로즈우드 지판의 구성이 일반적인데, 애시나 마호가니 바디, 메이플 지판으로 변경가능하다. 목재의 품질은 기타의 재료로 쓰일 수 있는 목재 중 더 좋은 것이 없을 정도로 극상품들로만 구성되어 있다. 픽업은 S·S·H가 일반적이지만 사용목적에 따라 H·S·H의 구성을 선택할 수도 있다. 풀 옵션의 경우 리드·리듬 서킷은 물론 미드부스트 프리앰프와 바이패스 버튼까지 장착해 다양한 톤을 만들 수 있다. 그렇다고 버닝워터 2K가 사운드의 범용성에만 치중한 기타는 아니다. 다소 거칠면서도 미들·로우가 살아있는 타일러 특유의 뉘앙스를 무시할 수 없다. 적당한의 컴프감과 훌륭한 밸런스 덕분에 사운드가 상당한 개성을 갖고 있음에도 편곡에 잘 스며들어 레코딩에서 발군의 퀄리티를 자랑한다. 범용성과 개성이라는 두 마리 토끼를 훌륭히 잡은 셈이다.

하지만 스튜디오 레코딩 세션이나 대형공연장의 라이브 세션 연주자를 제외하면 제임스 타일러 기타를 사용하는 기타리스트를 찾아보기란 그리 쉽지 않다. 높은 가격으로 인한 진입장벽은 미뤄두더라도 워낙 '다 된다'식의 기타 특성이 특색 있는 사운드를 중시하는 장르 연주자들, 혹은 개성 있는 밴드 사운드를 추구하는 밴드 기타리스트들에게는 오히려 단점으로 작용하는 경우가 많기 때문이다. 혹자는 정갈하면서도 빈틈이 없는 타일러의 감성을 '재수 없다'고 표현할 정도니, 그만큼 이 기타의 완벽주의 성향은 혀를 내두를 만하다. 결국 세션 기타 특유의 장점이 나에게도 '장점'으로 작용할 것인지에 대한 고민이 반드시 선행돼야 한다. 그러한 고민 없이 남들 좋다니까 덜컥 사버리기에는 가격이 너무 비싸다.

In a Word

인우　7성급 호텔 뷔페
두완　게임 끝

065

James Tyler
Classic

신구를 아우르는 완벽한 밸런스의 클린톤을 찾고 있다면.
조작이 비교적 간편한 레코딩 기타를 원한다면.

가격랭크	S
제조국	미국
전장	99cm
무게	3.4kg
머신헤드	Kluson Vintage Style Tuners
너트 너비	41mm
너트 재질	Graphite
넥 목재	Quartersawn Maple
지판 목재	Quartersawn Maple
지판 곡률 반지름	254~305mm (compound)
접합 방식	Bolt-on
프렛 사이즈	Medium Jumbo
프렛 수	22
스케일 길이	647mm
바디 목재	Alder
픽업 구성 및 사양	Neck and Middle: JTS 5500 Single Coil Bridge: Retro Humbucker
브릿지	G2RV

스튜디오 엘리트에 비해 빈티지 스트랫 성향이 강한 클래식(Classic)은 제임스 타일러의 기본 모델이라 할 수 있다. 가격은 엘리트에 비해 상대적으로 저렴한 편이지만, 500만 원을 호가하기 때문에 이 '저렴하다'는 말에 큰 의미는 없다.

클래식의 스펙은 엘리트보다 단출한 편이지만 스펙에 따른 옵션의 선택지는 더 다양하다. 바디는 솔리드 앨더를 기본으로 스웜프 애시, 마호가니를 선택할 수 있고, 할로우바디나 메이플 탑 옵션도 가능하다. 쿼터쏜 메이플이 기본인 넥은 마호가니나 버드아이 메이플로 바꿀 수 있으며, 지판 역시 메이플과 인디언 로즈우드 중 하나를 선택할 수 있다. 헤드는 클래식 모델 특유의 스몰헤드가 적용되어 있다. (참고로 헤드의 메인 로고인 'TYLER' 아래 작게 쓰인 'JAMES TYLER' 로고가 네 줄이면 라지헤드, 세 줄이면 스몰헤드다.) 픽업은 빈티지 스트랫의 느낌을 살리기 위한 S·S·S 구성이 일반적인데, 브릿지 픽업을 험버커로 교체할 수 있다. 또한 싱글코일 픽업은 디마지오의 에어리어61(Area 61) 싱글코일 픽업세트로 변경 가능하다. 픽업은 틸트되지 않고 바디와 직각으로 마운트되어 있다.

컨트롤은 5웨이 픽업셀렉터와 1볼륨 2톤의 전형적인 스트랫 세팅을 기본으로 하고 있지만, 옵션으로 미드부스트 프리앰프나 프리셋·바이패스 버튼을 장착할 수 있다. 클래식은 엘리트와 달리 미니토글을 배제한 빈티지 스트랫의 기본형이 선호되는 편이다. 기본 사양인 트레몰로 암과 클러슨(Kluson) 튜너 역시 하드테일 브릿지와 힙샷(Hipshot) 락킹튜너로 대체할 수 있다.

클린톤의 사운드는 뭉글뭉글한 엘리트의 톤에 빈티지 특유의 생생한 뉘앙스를 살짝 얹은 느낌이

다. 펜더나 존 써의 클린톤이 다소 날이 서있는 카랑카랑한 느낌이라면, 타일러 클래식의 클린톤은 영롱한 느낌과 함께 중저역대가 풍성하다. 무엇보다 고음역대가 깔끔하게 정리되어 있기 때문에 빠른 속도의 리듬커팅 플레이를 해도 부담스러운 느낌이 덜하다. 게인톤의 경우 여러 장르에 잘 어울리는 고른 이퀄라이징의 톤메이킹이 가능하고, 엘리트에 비해 다소 빈티지한 질감이 살아 있어 깔끔한 모던 블루스나 재지(jazzy)한 질감을 내는 데도 무리가 없다.

범용성의 포커스를 줄인 대신 빈티지의 질감을 모던하게 해석하는 데 중점을 둔 모델이 바로 이 클래식이다. '하이엔드 부티크 스트랫'이라는 명성에 걸맞은 최고의 톤과 연주감을 제공한다는 것은 의심할 여지가 없지만, 역시 브랜드 자체의 특성은 신중하게 고려해야 한다. 단순하게 '깔끔하게 정리된 빈티지'를 원하는 것이라면 펜더 스트라토캐스터 디럭스로도 충분할 수 있다.

In a Word

인우 정리된 빈티지의 극한
두완 모던 빈티지 명품관

066

Kramer
Baretta Special

귀차니스트.
메탈기타 입문자.

가격랭크	A
제조국	인도네시아
전장	102cm
무게	3.8kg
머신헤드	Premium Diecast Tuners(14:1)
넥 목재	Maple
지판 목재	Rosewood
지판 곡률 반지름	305mm
접합 방식	Bolt-on
프렛 사이즈	Medium Jumbo
프렛 수	22
스케일 길이	648mm
바디 목재	Mahogany
픽업 구성 및 사양	Alnico V Zebra Coil Humbucker
브릿지	Vintage Tremolo bridge with Vintage-style Vibrato tailpiece

1976년 미국 뉴저지 주에서 설립된 크레이머 기타 (Kramer Guitars)는 '튜닝포크헤드(tuning fork head)' 헤드스톡과 에바놀 지판이 달린 알루미늄 넥을 활용해 기타를 만들기 시작했다. 그리고 얼마 뒤 샐러 (Schaller)의 고급 튜닝머신과 브릿지, 그리고 특별 제작된 디마지오 픽업을 커스텀으로 내세워 다른 브랜드와 차별화를 꾀했다. 이처럼 외부제조사의 부품을 활용해 커스텀 서비스를 하는 것은 당시로선 드문 일이었다. 1980년대에 들어서면서 본격적으로 나무 넥을 활용하기 시작한 크레이머는 회사의 개

성을 살린 '비크(beak)' 헤드스톡과 로킹거(Rockinger) 트레몰로 시스템으로 새로운 모험을 시작했다. 일명 '하키스틱'이라는 애칭으로 불리는 비크 헤드스톡은 결국 크레이머 기타 디자인의 상징으로 자리 잡았다. 튜닝을 유지하면서도 극단적인 트레몰로 벤딩을 가능케 한 로킹거 트레몰로 시스템은 수많

은 테크니컬 연주자들에게 환영받았다.

1981년 회사 창립자인 데니스 베라르디(Dennis Berardi)와 기타리스트 에디 밴 헤일런(Eddie Van Halen)의 만남은 크레이머에 새로운 전기를 마련했다. 크레이머의 기술적 독창성과 에디의 음악적 갈증이 완벽하게 맞물린 결과, 에디를 엔도서로 임명한 크레이머는 에디의 높은 인지도와 함께 일약 세계적인 브랜드로 거듭났다. 이후 플로이드로즈 트레몰로, 세이무어 던컨 픽업, 새로운 헤드스톡 디자인 등을 적용하며 또 한 번의 업그레이드를 꾀한 크레이머는 머틀리 크루(Motley Crue)의 믹 마스(Mick Mars)와 화이트스네이크(Whitesnake)의 비비안 캠벨(Vivian Campbell), 본 조비(Bon Jovi)의 리치 샘보라(Richie sambora) 등 새로운 엔도서와 함께 전성시대를 맞이했다. 한동안 크레이머는 잭슨, 샤벨과 함께 1980년대 록 기타계의 춘추전국시대를 이끈 트로이카의 한 축을 담당했다. 비록 메탈음악의 인지도 하락과 경영난이 겹치며 1990년대 초반부터 공식적인 생산을 중단하기도 했지만, 이후 깁슨에 편입되면서 지금도 명맥을 유지하고 있다.

크레이머는 현재 8가지 시리즈에서 10여 종의 모델을 생산하고 있다. 그중 바레타 스페셜(Baretta Special)은 브랜드의 대표시리즈인 바레타(Baretta) 시리즈에 속한 모델이다. 한때 에디 밴 헤일런의 선택으로 유명세를 타기도 한 오리지널 바레타의 이미지를 계승하고 있다. 100만 원을 호가하는 고사양의 바레타 빈티지(Baretta Vintage)를 제치고 이 기타가 바레타 라인을 대표할 수 있는 이유는 전체적인 단순함 속에 단단히 자리 잡고 있는 조작적 편의성과 가성비 덕이다. 한마디로 바레타 스페셜은 '심플함의 미학'을 제대로 보여주는 기타다.

단순한 외관은 일견 경이롭기까지 하다. 바디에는 알니코V 지브라 험버커 하나와 그 픽업을 구동하는 볼륨노브, 빈티지 트레몰로 브릿지가 전부다. 톤노브 따위는 패기 있게 생략되어 있다. 그나마 블랙은 어차피 어두우니까 조금 나은 편인데, 화이트 색상 모델의 경우 바인딩 하나 없는 바디 위에 이 세 가지의 스펙만 놓인 터라 약간 황량해 보이기도 한다.

브릿지 픽업을 기울인 특유의 픽업 마운트 방식, 하키스틱 헤드 디자인 등 크레이머의 상징적인 스펙들은 그대로 나타나 있다. 305mm 지판곡률과 648mm의 스케일 길이는 무난한 구성을 강조한다. 더 이상 설명할 스펙도 없다. 이게 전부다.

하지만 저렴하다고, 별거 없어 보인다고 사운드도 그러할 것이라 생각하면 큰 오산이다. 바레타 스페셜은 미친 가성비를 자랑한다. 군더더기 없이 깔끔한 클린톤은 다양한 플레이에 무리 없이 적용할 수 있고, 게인톤은 고가의 메탈머신 부럽지 않은 탄탄한 내실과 드라이브 양을 자랑한다. 다른 악기의 사운드를 뚫고 나오는 펀치력 있는 입자감과 고른 이퀄라이징 밸런스는 그저 놀라울 뿐이다. 저가 기타의 취약점인 해상도도 크게 떨어지지 않는다.

노브들을 이리저리 만져서 톤 만드는 과정이 귀찮거나 익숙하지 않은 연주자에게 바레타 스페셜은 거의 축복에 가깝다. 고민의 폭 줄여줘, 사운드 죽여줘, 가격 착해… 심심하게 생긴 거 말고는 빠지는 게 없는 기타다. 여기에 무언가를 더 바란다면 그건 너무 과한 욕심이 아닐까.

In a Word ────────────

인우 가성비 끝판왕
두완 바디의 여백이 품은 대담한 사운드

067

Kramer
Pacer Classic

:: Targeting

심플한 디자인을 선호한다면.
이것저것 시도해보고 싶은 게 많은 메탈기타 입문자.

가격랭크	A~B
제조국	인도네시아
전장	100cm
무게	3.6kg
머신헤드	Premium Diecast Tuners
넥 목재	Maple
지판 목재	Maple
접합 방식	Bolt—on
프렛 수	22
스케일 길이	648mm
바디 목재	Mahogany
픽업 구성 및 사양	Neck and Bridge: Alinco V Humbucker
브릿지	Floyd Rose Tremolo bridge

1980년대 중반 크레이머의 중흥을 이끈 주요모델 인 페이서(Pacer)는 현재 빈티지(Vintage)와 클래식(Classic)의 두 가지 버전으로 출시되고 있다. 페이서 빈티지가 100만 원 초중반의 가격대를 가지고 있는 페이서의 고급 버전인 반면, 페이서 클래식은 50만 원을 전후한 가격대로 출시되어 접근성이 높은 편이다. 두 모델 모두 1983년 오리지널 모델을 충실히 재현하며 당시의 '영광 재현'에 포커스를 맞췄다.

이 가운데 페이서 클래식은 속주편의성을 제고하기 위한 넓으면서도 얇은 넥, 플로이드로즈 트레몰로, 락킹너트 등 '크레이머 식 슈퍼스트랫'을 구성하기 위한 스펙들을 자랑한다. 2볼륨 1톤의 노브 구성을 가지고 있는데, 특이한 것은 픽업셀렉터가 미니토글스위치라는 점이다. 스위칭의 편의성은 다소 떨어지지만 작고 귀여운 느낌이 있다.

사운드는 발군이다. 단 하나의 픽업만으로도 엄청난 위력을 자랑하는 바레타를 기준으로 삼았을 때, 페이서 클래식은 그 기준에 풀 옵션을 추가해 다양한 톤메이킹 레인지를 확보한 기타라고 할 수 있다. 픽업체인지가 가능한 만큼 클린톤의 활용도도 높고, 드라이브 또한 배킹톤과 솔로톤을 나누어 연주할 수 있기 때문에 심심할 틈이 없다. 특히 쭉쭉 뻗는 드라이브의 질감은 가격대를 무색케 할 정도로 훌륭한 퀄리티를 자랑한다.

다양한 기능과 훌륭한 사운드에 비해 외관은 상대적으로 수수한 편이다. 메탈기타 특유의 화려한 외관을 선호하는 연주자라면 디자인에서 약간 아쉬움이 남을 수 있다. 그러나 페이서의 수수한 외관을 심플한 매력으로 받아들일 수 있는 취향의 소유자라면, 더 이상의 고민은 필요 없다. 단언컨대 이 가격에 페이서보다 뛰어난 메탈입문용 기타는 없다.

In a Word

인우 심심한 외모, 하지만 화끈한 성격의 반전 매력
두완 크레이머가 메탈키드들에게 주는 진짜 선물

068

LTD
EC-1000 VB

:: Targeting

암 따위는 필요 없다고 생각하는 정통 레스 폴 지상주의자.
하지만 24프렛은 필요하다고 생각하는 하이프렛 지상주의자.

가격랭크	B∼C
제조국	한국
전장	99cm
무게	3.8kg
머신헤드	ESP Locking
너트 너비	42mm
넥 목재	Mahogany
지판 목재	Rosewood
지판 곡률 반지름	350mm
접합 방식	Set-in
프렛 사이즈	Extra Jumbo
프렛 수	24
스케일 길이	628mm
바디 목재	Mahogany
픽업 구성 및 사양	Neck: Seymour Duncan '59 (SH-1) Bridge: Seymour Duncan JB (SH-4),
브릿지	Tonepros Locking TOM bridge and tailpiece

1996년 ESP는 저렴한 가격으로 더 많은 연주자를 아우르기 위해 자회사인 LTD를 설립했다. 다양한 소비자들의 취향에 맞추고자 했던 브랜드의 설립취지에 맞게, 현재 LTD는 다양한 시리즈를 선보이고 있다. AX를 필두로 EC, F, H, M, 피닉스(Phoenix), ST, 씬라인(Thinline), 바이퍼(Viper), 엑스톤(Xtone) 등 시리즈 종류만 10종이 훌쩍 넘는다. 이처럼 방대한 라인업을 자랑하는 LTD 기타는 ESP의 일반 라인업 기타보다 저렴한 하드웨어를 사용해 단가를 낮추었지만, LTD에서도 최고 라인업에 해당하는 모델들은 ESP의 일반 라인업 못지않은 성능을 자랑한다. 현재 LTD 기타는 한국과 인도네시아에서 OEM방식으로 제조되고 있다.

외관상 ESP 챕터에서 다루었던 E-Ⅱ 시리즈의 이클립스(Eclipse) DB VB 모델을 쏙 빼닮은 EC-1000 VB는 실제로 ESP의 이클립스를 모체로 제작된 EC 시리즈에 속한다. EC 시리즈는 그 인기를 증명이라도 하듯 무려 60종이 넘는 하위모델로 구성되어 있다. EC-10이나 EC-50처럼 2~30만 원대의 초저가를 자랑하는 모델부터 EC-1000처럼 100만 원이 넘는 모델까지 가격대가 넓다. 명실상부한 LTD의 대표 시리즈라 할 수 있다.

EC-1000 VB(이하 1000)은 E-Ⅱ 이클립스 DB VB(이하 이클립스)와 색상(빈티지 블랙)과 컷어웨이 외관은 물론 스펙에서도 유사한 면을 갖고 있다. 바디와 넥에 마호가니, 지판에 에보니가 사용되었으며, 픽업 또한 EMG 81, 60 액티브 험버커 세트로 동일하다. 픽업의 경우 모델의 대표이미지처럼 세이무어 던컨의 '59와 JB 픽업세트로 변경할 수도 있다. EC의 하위모델 중에 플로이드로즈가 장착된 모델도 있는데, 이 모델은 이클립스와 마찬가지로 하드

테일 방식이 적용되어 아밍 플레이는 불가능하다.

물론 1000은 이클립스와 여러 모로 차이가 있다. 우선 목재의 구성은 같지만 동일한 목재라도 ESP 이클립스의 목재와 '급'이 다르다. 그리고 고토의 고가제품 대신 LTD의 자체 락킹 튜너와 톤프로스 락킹브릿지를 장착했다. 전체적으로 단가 절감을 위한 다운그레이드의 흔적을 엿볼 수 있다. 또 하나의 차이는 다름 아닌 프렛 수. 22프렛인 이클립스와 달리 1000은 24프렛이 적용되어 하이프렛 연주가 더 수월하다. 따라서 하이포지션 연주에 적응하기 위한 '속주연습용 기타'로는 오히려 이클립스보다 낫다고 할 수 있다.

극단적인 하이게인 사운드에서 드러나는 톤 유지력이나 해상도 차이를 제외하면 톤의 기본 기조는 이클립스와 거의 흡사하다. 광폭하지 않고 전체적으로 정리가 잘된 균형 잡힌 메탈사운드를 원한다면 안성맞춤이다. 각 픽업마다 클린톤의 밸런스가 좋고 톤의 질감도 무난한 편이라 활용도 또한 높다. 메탈지향 브랜드의 대표모델이긴 하지만 각종 하드록과 기타팝 장르에 두루 사용 가능한 '나름의 범용성'은 이 기타가 가진 의외의 매력 아닐까.

069

LTD
H-1001FR STBC

:: Targeting

예산을 줄여도 화려한 디자인을 포기할 수 없다면.
속주 공부를 제대로 해보기로 갓 마음먹은 중급 이상의
연주자.

가격랭크	B~C
제조국	한국
전장	100cm
무게	3.5kg
머신헤드	ESP Locking
너트 너비	42mm
너트 재질	Metal
넥 목재	Maple
지판 목재	Rosewood
지판 곡률 반지름	350mm
접합 방식	Set-through
프렛 사이즈	Extra Jumbo
프렛 수	24
스케일 길이	648mm
바디 목재	Mahogany
탑	Quilted Maple
픽업 구성 및 사양	Neck: EMG 85 Bridge: EMG 81
브릿지	Floyd Rose 1000

H라는 모델명에서 예측할 수 있듯 이 모델은 ESP의 호라이즌(Horizon) 모델을 모체로 제작되었다. LTD의 H 시리즈에는 색상과 스펙의 디테일 등에서 차이가 나는 하위모델 10여 종이 포진해 있는데, 그중 H-1001FR STBC(이하 1001)는 블랙체리 색상의 퀼티드 메이플 탑과 플로이드로즈 브릿지가 적용된 모델이다. 이 기타는 ESP 호라이즌의 최상급 모델에 비하면 가격이 1/5 수준이지만, 호라이즌에 버금가는 화려한 외관과 강력한 사운드를 자랑한다. ESP의 사운드 기조를 저렴한 가격에 접근하기에는 최적의 기타라 할 수 있다.

바디에는 마호가니, 그리고 넥과 지판에는 각각 메이플과 로즈우드가 사용되었다. 바인딩 처리가 되어 있는 퀼티드 메이플 탑과 지판에 적용된 자개 인레이는 외관의 화려함을 극대화했다. 24 점보 프렛과 얇은 U형 넥은 하이프렛에서 빠른 연주를 도모한다. 이와 함께 EMG 81, 85 액티브 픽업세트에서 뿜어져 나오는 묵직한 드라이브톤은 '메탈지향성 100%'를 여실히 드러낸다.

1001은 한국에서 생산된 모델이다. 일본 생산 제품인 ESP의 호라이즌과 비슷한 스펙구성을 갖추고 있지만, 동일 재료의 다운그레이드를 통해 전체적인 단가가 줄었다. 이에 따라 어느 정도의 해상도나 질감의 열화는 불가피하다. 특히 게인양을 높였을 때 1001은 ESP 모델에 비해 사운드가 약간 뭉그러지거나 지저분해지는 경향이 있다. 그러나 가격 차에 비해 사운드의 차이는 상대적으로 적은 편이다. 'ESP의 사운드를 저렴한 가격에' 접할 수 있도록 하겠다는 LTD의 취지가 틀리지 않았음을 증명할 만큼 1001의 사운드는 준수하다.

묵직하기만 할 것 같은 EMG 81, 85 픽업세트와 1001의 궁합은 의외로 훌륭하다. 드라이브톤은 양질의 고운 입자감을 자랑하고, 클린톤 역시 적절한 양감으로 잘 가공되어 있다. 이와 함께 1001은 강력한 아밍 플레이가 가능한 모델이기 때문에 고도의 기술이 필요한 연주나 하이게인 상태에서 속주플레이를 지향하는 연주자의 구미를 당길 만하다. 물론 저렴한 가격에 ESP 뺨치는 멋진 외관, 특히 ESP보다 더 멋지게 느껴질 수 있는 강력한 헤드 모양은 최고의 보너스가 될 것이다.

070

Moollon
Stratocaster Classic

펜더 아메리칸 스탠더드 소리에 질린 중급 이상 연주자.
전공준비생, 새내기 전공자.

가격랭크	C	넥 목재	Hard Maple	바디 목재	Alder
제조국	한국	지판 목재	Macassar Ebony	픽업 구성 및 사양	Neck, Middle and Bridge: Moollon VS-59
전장	99cm	지판 곡률 반지름	184mm	브릿지	Moollon Vintage Style 6 Hole Tremolo
무게	3.6kg	접합 방식	Bolt-on		
머신헤드	Moollon Vintage Style	프렛 사이즈	Medium		
너트 재질	Bone	프렛 수	21		

물론의 스트라토캐스터 클래식은 펜더의 아메리칸 스탠더드 스트랫과 '1:1 직접비교'가 가능한 유일한 국산 기타다. 가격대는 물론 외관이나 스펙도 거의 동일하며 사운드의 특성과 퀄리티도 밀리지 않는다. '한국 최강 커스텀'이라는 자신감 넘치는 캐치프레이즈가 허세만은 아니라는 걸 결과로 증명해낸 셈이다.

이 모델의 가장 특이한 스펙은 지판에 사용된 마카사 에보니(makassar ebony)다. 브라질리언 로즈우드와 비슷한 마카사 에보니가 쓰인 것은 1960년대 초반 로즈우드 지판 스트랫의 특성을 재현하면서 에보니의 장점까지 아우른 시도라 할 수 있다. 일반 스트랫과 비교했을 때 사운드는 에보니의 영향을 받아 단단하고 두툼하다. 지판은 곡률반지름이 184mm로 상당히 둥근 빈티지 스타일이다. 하이엔드 급의 브랜드를 연상시키는 독특한 헤드 모양도 인상적이다. 마치 타일러와 써의 특징을 합친 것처럼 생긴 헤드 뒤편에는 시리얼넘버가 필기체로 적혀 있다.

나머지 스펙은 일반적인 고급 스트랫의 전형적인 스펙을 따르고 있다. 바디에는 앨더, 넥은 헤드까지 이어지는 쿼터쏜 하드 메이플이 사용되었다. 나무의 질감을 고스란히 느낄 수 있는 넥의 질감은 고급스럽다. 이와 함께 물론이 자체제작한 빈티지 헤드머신이 달려 있고, 브릿지 역시 물론이 자체제작한 트레몰로 브릿지가 장착돼 안정적인 아밍 플레이가 가능하다. 픽업에는 빈티지한 성향을 가지고 있는 물론의 VS−59 싱글픽업세트가 사용되었다.

펜더 아메리칸 스탠더드 스트랫와 비교했을 때, 사운드는 입자감이 굵고 다소 두터운 편이다. 미들대역이 강조되어 기존의 일반 싱글코일 세트보

다 클린톤의 힘이 좋다. 노이즈리스 픽업에 비하면 힘이 좋고, 빈티지 싱글코일 픽업에 비하면 깔끔한 '중용의 미덕'을 느낄 수 있다는 점이 이 기타의 최대 장점이다. 신경질적이고 카랑카랑한 하이 사운드를 스트랫의 전형적인 특징으로 인식하고 있다면 이 스트랫은 다소 개성이 떨어지는 기타로 여겨질 수 있지만, 펜더 디럭스류의 사운드를 선호하면서도 사운드의 힘이 떨어지는 부분을 아쉬워했던 연주자에게는 오히려 훌륭한 선택이 될 수 있다.

물론의 스트랫이 훌륭하긴 하지만 빈티지라는 측면에서 보면 펜더의 스트라토캐스터보다 더 낫다고 할 수는 없다. 대중에게 익숙한 빈티지의 기준이 바로 펜더이기 때문이다. 다만 그 '펜더'라는 기준의 적절한 현대화를 원한다면, 오히려 펜더 스트랫 디럭스보다 물론 스트랫이 더 괜찮은 모델이 될 수 있다. 스트랫 사용자라면 한번쯤 고민했을 빈티지와 디럭스의 사이 그 어디쯤, 바로 그 가려운 부분을 긁어주는 물론의 빼어난 위치선정에 박수를 보낸다.

In a Word ───

인우 스트라토캐스터계의 포인트가드
두완 국산 커스텀, 국산 스트랫의 성공적인 이미지 쇄신

071

Moollon
Telecaster Classic

:: Targeting

텔레의 야생성에 질려 길들이기 쉬운 텔레를 찾고 있었
다면.
전공준비생, 새내기 전공자.

가격랭크	C
제조국	한국
전장	99cm
무게	3.3kg
머신헤드	Moolon Vintage Style
너트 재질	Bone
넥 목재	Hard Maple
지판 목재	Maple
지판 곡률 반지름	184mm
접합 방식	Bolt—on
프렛 사이즈	Medium
프렛 수	21
바디 목재	Alder
픽업 구성 및 사양	Neck: Moollon VT—52 Brdge: Moollon VT—55
브릿지	Moollon Mid '50s Style bridge with Sloped Steel saddles

스트라토캐스터와 마찬가지로 이 모델은 펜더의 아메리칸 스탠더드 텔레캐스터에 대적할 수 있는 유일한 국산 텔레캐스터다. 앞서 다루었던 스트라토캐스터 클래식이 1960년대 로즈우드 스트랫을 구현했다면, 텔레캐스터 클래식은 1950년대 펜더의 초창기 텔레캐스터를 재현한 모델이다.

결론부터 말하자면 물론의 스트랫과 텔레 모두 잘 만들어지고 좋은 기타임에 분명하지만 확실히 텔레가 한수 위다. 펜더 아메리칸 스탠더드와 비교했을 때, 스트랫은 아직 밀리는 느낌이 있는 반면 텔레의 경우 취향 차이를 감안하더라도 펜더보다 나은 부분이 더 많다. 단순히 더 나은 정도가 아니라 텔레 사운드의 또 다른 기준을 제시했다는 생각이 들만큼 빼어나게 잘 만들어진 수작이다. 국산기타의 기술 발전에 감탄하게 되는 대목이 아닐 수 없다.

1950년대의 오리지널 텔레들이 애시 바디를 주로 사용한 데 비해, 물론의 텔레 클래식은 앨더 바디를 사용했다. 버터스카치 블론드의 바디컬러와 라커 피니시를 통해 빈티지한 질감도 잘 끌어냈다. 쿼터쏜 메이플 원피스 넥이 사용되었으며, 헤드스톡은 텔레 고유의 모양과 물론 특유의 디자인이 섞여 있다. 물론이 자체제작한 빈티지 헤드머신과 브릿지가 장착되어 있고, 픽업 역시 물론이 자체제작한 VT-52, VT-55 픽업세트가 사용되었다.

펜더 아메리칸 스탠더드와 비교한 사운드는 물론의 스트랫의 경우와 비슷하다. 클린톤의 굵은 입자감과 풍성한 중음역이 펜더 텔레보다 더 뛰어난 힘과 밸런스를 자랑한다. 날 것의 느낌이 강한 기존의 텔레를 적당히 잘 익힌 느낌이다. 게인톤의 경우 팝발라드 음악의 솔로 연주에도 활용할 수 있

을 만큼 풍성하면서도 깔끔한 느낌이 강하다. '쟁글쟁글', '푸들푸들' 등의 의태어로 자주 묘사되곤 하는 텔레의 이미지와 다소 차이가 있다. 기존의 빈티지 사운드에 현대적인 특징을 살짝 얹은 느낌이 아니라 마음먹고 처음부터 새로 쌓아올린 느낌이다.

역사성을 가진 건물을 잘못 고쳤다가는 욕먹기 십상이다. 기존의 특성들이 이미 '기준'으로 굳어 있고, 그 기준을 '장점'으로 받아들이는 사람들이 많기 때문이다. 물론은 이러한 상황에서 리모델링도 아닌 재건축에 성공하는 대담함을 선보였다. 물론의 텔레캐스터 클래식이야말로 최고의 국산 텔레라는 칭찬이 전혀 아깝지 않은 기타다.

In a Word ──────

인우 블루스 + 케이팝
두완 텔레 사운드의 고정관념을 깨다

072

Music Man
Axis

:: Targeting

세미빈티지 성향의 스튜디오 레코딩 전용기타.
디자인과 연주감에 민감하다면.

가격랭크	D
제조국	미국
전장	94cm
무게	3.3kg
머신헤드	Schaller M6LA with Pearl Buttons
너트 너비	41mm
넥 목재	Select Maple
지판 목재	Select Maple or Rosewood
지판 곡률 반지름	254mm
접합 방식	Bolt-on
프렛 사이즈	Medium
프렛 수	22
스케일 길이	648mm
바디 목재	Basswood
바디 바인딩	Cream
탑	Bookmatched Figured Maple
픽업 구성 및 사양	Neck and Bridge: DiMarzio Custom Humbucking
브릿지	Music Man Locking tremolo with fine tuners; lowers pitch only

펜더에서 근무하던 포레스트 화이트(Forrest White)와 톰 워커(Tom Walker)가 벤처회사인 트라이 소닉스(Trin-sonix)를 차린 것은 1971년의 일이다. 전 직장 상사 레오 펜더(Leo Fender)의 협조로 트라이 소닉스를 꾸려나간 두 사람은 앰프 제조를 필두로 기타 사업에 박차를 가했다. 1975년 레오 펜더가 트라이 소닉스의 대표로 자리한 데 이어, 이듬해 레오가 운영하던 컨설팅회사 'CLF 리서치(CLF Research)'가 '뮤직맨(MusicMan)'이라는 이름으로 악기 제조업에 뛰어들면서 전체 사업은 새로운 국면에 접어들었다.

CLF와 뮤직맨은 서로 다른 길을 걸었다. CLF는 레오 펜더의 지휘 하에 기타와 베이스 제조에 집중했고, 뮤직맨은 톰 워커의 지휘 하에 앰프 제조와 기타 판매에 집중했다. 1979년을 기점으로 레오가 G&L로 독립하면서 뮤직맨과 레오의 인연은 막을 내렸지만, 이후 톰 워커의 뮤직맨은 그로버 잭슨(Grover Jackson)과 손을 잡고 악기 제조에 열을 올렸다. 1984년 어니 볼(Ernie Ball)이 톰 워커에게 뮤직맨의 상표권을 구입한 뒤 뮤직맨 제품의 디자인과 품질은 지속적인 발전을 거듭했고, 현재 뮤직맨은 세계적인 브랜드로 군림하고 있다.

뮤직맨을 대표하는 기타로 단연 액시스(Axis)를 꼽을 수 있다. 액시스는 개성 넘치는 디자인과 색감, 스펙구성을 통해 대표성과 개성을 동시에 확보했다. 18가지 컬러옵션 가운데 가장 잘 알려진 색상은 역시 'translucent gold', 즉 반투명 금색이다. 북매치 피규어드 메이플 탑과 화려한 색상, 거기에 버드아이 메이플의 아기자기한 무늬가 조화를 이루어 전체적인 분위기가 자못 신비롭기까지 하다. 디자인에 대한 세계관에서 확고함이 뚝뚝 묻어난다.

25.5인치라는 스케일 길이가 의심스러울 만큼 기타 전체의 길이는 짧다. 그만큼 착용감이 우수한 이 기타는 스케일을 연주하는 데 상대적으로 더 편안하게 느껴지는 심리적 효과를 낳는다. 이것이 실질적으로 손이 작은 데 따르는 불편함을 해소하는 것은 아니지만, 체구가 작은 사람이나 여성 연주자에게 확실한 이점으로 작용한다. 물론 유소년기의 록키드에게도 크기는 적합하지만 가격대는 전혀 적합하지 않다.

액시스는 바디에 베이스우드, 넥에 최상급 메이플이 적용된 한편, 지판은 메이플과 로즈우드 중 선택이 가능하다. 다만 버드아이 메이플 지판이 액시스의 상징적인 스펙 중 하나기 때문에 메이플에 대한 선호도가 압도적으로 높다. 이러한 목재구성이 바탕이 된 액시스는 샬러(Schaller)의 펄버튼 튜닝 머신과 뮤직맨의 락킹 트레몰로 브릿지가 장착되어 있다. 픽업은 디마지오의 커스텀 지브라 험버커 세트가 넥과 브릿지 쪽에 리버스 형태로 적용되었고, 컨트롤 시스템은 3웨이 토글 픽업셀렉터와 한 개의 볼륨노브로 단출하게 구성되어 있다.

톤노브가 없기 때문에 뮤직맨의 다른 모델에 비해 사운드의 가변성이 크지는 않다. 그러나 전체적으로 영롱하면서도 블루지한 매력을 갖고 있는 훈훈한 기본톤 덕에 범용성은 높은 편이다. 참고로 액시스는 외관부터 모델명까지 비슷한 '액시스 슈퍼스포트(Axis SuperSport)' 모델과 자주 혼동되곤 하는데, 실제로 둘은 스펙과 톤 구성 면에서 확실한 차이를 보인다. 슈퍼스포트는 톤 컨트롤이 따로 있으며 빈티지한 느낌보다 전체적인 가변성에 중점을 둔 모델이다.

액시스의 클린톤은 블루스는 물론 컨트리의 치킨 피킹 연주에도 잘 어울리는 빈티지한 질감과 쟁글쟁글한 하이가 매력적이다. 이에 못지않게 드라이브톤은 크런치부터 강력한 하이게인의 테크니컬한 연주까지 두루 소화가 가능하다. 결국 액시스는 메뉴의 종류가 적은 식당도 대표 메뉴의 적절한 포지셔닝을 통해 남녀노소 모두에게 사랑받는 명소가 될 수 있다는 것을 보여주는 좋은 예가 아닐까 싶다.

In a Word

인우 빈티지와 범용성의 훌륭한 접점
두완 사운드의 범위는 명품의 절대기준이 아니다

073

Music Man
Silhouette Special

:: **Targeting**

300만 원 이하의 레코딩 전용기타를 찾고 있다면.
'펜더 디럭스 of 디럭스'를 꿈꿨다면.

가격랭크	D
제조국	미국
전장	93cm
무게	2.8kg
머신헤드	Schaller M6—IND Locking
너트 너비	41mm
넥 목재	Select Maple
지판 목재	Select Maple or Rosewood
지판 곡률 반지름	254mm
접합 방식	Bolt—on
프렛 사이즈	Medium
프렛 수	22
스케일 길이	648mm
바디 목재	Alder
픽업 구성 및 사양	옵션 1 Neck and Middle: DiMarzio custom single coil Bridge: DiMarzio virtual PAF 옵션 2 Neck, Middle and Bridge: DiMarzio custom wound single coil
브릿지	Music Man Strings—thru—the—body bridge of Chrome Plated, Hardened Steel with Bent Steel saddles

장르에 따라 알맞은 톤을 즉각 적용할 수 있는 것은 물론 빈티지보다는 모던 쪽에 가까운 깔끔한 사운드를 기반으로 레코딩에 최적화되어 있는 기타들을 일컬어 흔히 '세션 기타'라고 한다. 이와 함께 '세션 뮤지션'은 이미 작곡된 곡에 악기연주만을 전문적으로 입히는 레코딩 연주자를 지칭하는데, 그중 '세션 기타리스트'는 다양한 장르의 곡에 대비해야 하는 업무적 특성상 상기한 세션 기타를 자연스럽게 선호하게 된다. 세션 기타는 대개 400~600만 원대의 초고가 하이엔드를 지향하며, 대표브랜드로 제임스 타일러, 탐 앤더슨, 존 써 등이 꼽힌다.

뮤직맨의 실루엣 스페셜(Silhouette Special. 이하 실루엣)은 이러한 세션 기타의 필요덕목을 상대적으로 저렴한 가격에 만끽할 수 있도록 설계된 대표적인 모델이다. 한마디로 '고품격 사운드의 범용성 + 가성비'가 되겠다.

실루엣의 목재는 바디와 넥에 각각 앨더와 메이플이 사용되었고, 지판은 메이플과 로즈우드 중 선택이 가능하다. 액시스가 메이플 지판의 선호도가 압도적으로 높은 데 비해, 실루엣은 취향에 따라 로즈우드의 선택 비중도 상당하다. 전체적으로 스탠더드한 펜더류 스트랫의 감성을 가지고 있으면서도 뮤직맨 특유의 편안한 연주감과 착용감을 잃지 않았다. 다른 뮤직맨 모델에 비해 무게가 가볍다는 것도 큰 장점이다.

픽업은 범용성에 가장 잘 어울리는 S·S·H 구조로 디마지오의 버츄얼 PAF 험버커와 디마지오의 커스텀 싱글코일 픽업 두 개로 구성되어 있다. 클린톤은 모던함 속에 살짝 묻어 있는 빈티지함이 펜더 디럭스 스트랫을 연상시키고, 게인톤은 싱글에서 험버커까지 다양한 장르를 포괄할 수 있는 넓은 사운드 범주를 자랑한다. 특히 험버커의 드라이브가 깔끔하면서도 힘 있는 최적의 레코딩 사운드를 내는데, 하이게인 연주 시에도 톤이 뭉개지지 않은 상태에서 높은 해상도를 유지한다. 2·4단의 하프톤의 경우 클린과 게인 모두 뉘앙스가 다르면서도 밸런스가 좋아 활용도가 높다.

사실 기본톤의 매력만 따지면 실루엣보다 액시스가 더 낫다고 볼 수 있다. 그러나 실루엣은 사용자의 노력에 따라 더 큰 잠재력을 갖고 있다. 당신이 '귀차니즘'에 눌리지 않을 자신만 있다면, 오히려 다루는 맛은 더 좋은 기타가 될 것이다.

In a Word

인우 '뮤직맨식' 세션 기타
두완 뮤직맨 기술의 결정체

Music Man
John Petrucci 6

:: Targeting

자신의 연구자적 열정이 귀차니즘을 압도한다고 자부한
다면.
멀티이펙터나 랙 장비 사용자.

가격랭크	D
제조국	미국
전장	94cm
무게	3.3kg
머신헤드	Schaller M6—IND Locking with Pearl Buttons
너트 너비	43mm
넥 목재	Select Maple
지판 목재	Rosewood
지판 곡률 반지름	381mm
접합 방식	Bolt—on
프렛 수	24
스케일 길이	648mm
바디 목재	Basswood
픽업 구성 및 사양	Neck: DiMarzio LiquiFire Bridge: DiMarzio Crunch Lab
브릿지	Custom John Petrucci Music Man Floating Tremolo of Chrome Plated, Hardened Steel with Solid Steel saddles

뮤직맨 홈페이지에 나타난 엔도서 수는 100명을 훌쩍 뛰어넘는다. 스티브 루카서(Steve Lukather), 스티브 모스(Steve Morse), 키스 리처드(Keith Richards) 등 대형 기타리스트부터 국제적 인지도가 낮은 아티스트까지 포용범위는 넓다. 이 리스트 가운데 첫 번째 자리를 꿰차고 있는 인물은 '뮤직맨의 남자' 존 페트루치(John Petrucci)다.

미국의 프로그레시브 메탈 밴드 드림씨어터(Dream Theater)의 기타리스트로 잘 알려진 존 페트루치는 이미 거장의 반열에 오른 세계 최고의 테크니션 중 한 명이다. 특히 풀피킹을 포함한 다양한 주법을 정립하고 7현 기타를 상용화한 측면에서 그의 입지는 남다르다. 1990년대 후반 아이바네즈 엔도서로 활동하기도 한 존 페트루치는 2000년대에 들어서면서 본격적으로 뮤직맨과 함께했다.

현재 뮤직맨의 일렉 기타 30여 종 가운데 존 페트루치의 시그너처 모델은 대략 3분의 1 을 차지한다. JPXI, JP13, JP15, JPBFR6, JPBFR7 등 6현과 7현을 아우르는 다양한 모델이 포진되어 있다. 이 가운데 가장 기본이 되는 모델은 존 페트루치 6(John Petrucci 6, 이하 JP6)다. JP6는 존 페트루치가 선호하는 피에조 픽업과 플로팅 브릿지 옵션 유무에 따라 'JP6 피에조 트렘(Piezo TREM)', 'JP6 트렘'과 같은 상세모델명으로 부르기도 하며, 고급형모델인 JPBFR6보다 200만 원 정도 저렴한 300만 원대의 가격을 가지고 있다.

목재는 바디에 베이스우드, 넥에 메이플, 지판에 로즈우드가 쓰였고, 연주시 팔꿈치가 닿는 바디의 윗부분은 포암 컨투어(forearm contour) 처리가 되어 있다. 곡률반지름이 381mm로 다른 뮤직맨 기타에 비해 납작한 지판은 속주의 편의를 도모한다.

디마지오의 리퀴파이어(LiquiFire), 크런치랩(Crunch Lab) 험버커 세트가 장착된 픽업은 육중한 메탈사운드를 지향한다.

클린톤은 피에조 픽업을 섞어 다양한 톤으로 만들 수 있다. 다만 '익숙한 빈티지함', '단조로운 모던함'과 다소 거리가 있는 묘한 느낌을 자아낸다. 연구파 기타리스트의 노하우가 집약된, 이른바 '먹물냄새' 나는 실험적인 톤이다. 드라이브톤의 경우 하이게인 전용 슈퍼스트랫에 미들과 로우를 추가로 부스트한 느낌이라 입자감이 다소 굵고 꺼끌꺼끌하게 느껴진다. 이러한 상황에서 이펙팅은 '넣는 대로' 나온다. 한마디로 JP6는 과도한 드라이브부터 과도한 공간계까지 무리 없이 소화하는 괴물기타다. 다양한 사운드 이펙팅을 추구하는 연주자에게는 더할 나위 없는 최고의 파트너가 될 것이다. 적어도 '메탈'이라는 카테고리 안에서는 안 되는 게 없다.

In a Word

인우 페트루치가 갈아탄 이유를 알겠네
두완 상아탑 기타

075

Parker
Fly Deluxe

:: Targeting

투철한 도전정신과 넉넉한 예산의 소유자.
혁신과 개성이라는 키워드를 좋아하는 넉넉한 예산의 소
유자.

가격랭크	S
제조국	미국
전장	97cm
무게	2.3kg
머신헤드	Sperzel Trim−Lok tuners
너트 너비	42mm
너트 재질	Graph Tech
넥 목재	Basswood
지판 목재	Carbon/Glass Fiber
접합 방식	Neck−through
프렛 수	24
스케일 길이	648mm
바디 목재	Carved Poplar
픽업 구성 및 사양	Neck and Bridge: Seymour Duncan Custom Wound
브릿지	Parker Custom−cast Aluminum Vibrato bridge with Stainless Steel saddles

1990년대 초반 미국에서 켄 파커(Ken Parker)가 설립한 파커 기타(Parker Guitars)는 신소재와 미래지향적 디자인, 가벼운 무게와 개성 넘치는 사운드를 통해 혁신적인 기타브랜드로 인정받고 있다. 파커에서 생산하는 모델 가운데 플라이 디럭스(Fly Deluxe)는 브랜드의 최상위·최고가 기종이다. 1992년 출시 후 수많은 아티스트가 애용해 브랜드를 대표하는 모델로 자리한 이 모델은 한때 뮤즈(Muse)의 매튜 벨라미(Matthew Bellamy)가 사용한 기타로도 유명하다. 동일계열의 하위시리즈로 플라이 모조(Fly Mojo), 플라이 셀렉트(Fly Select), 나이트플라이(Nitefly)가 있다.

플라이 디럭스에서 가장 인상적인 부분은 디자인이다. 과감하게 꺾인 바디 위쪽의 뿔과 번개를 연상시키는 파격적인 헤드 모양은 파커의 상징과 같다. 멀티플 핑거 조인트로 이어진 넥과 바디 역시 매끈한 후면 디자인을 완성한다. 디자인만큼 무게도 인상적이다. 극단적으로 얇은 바디 덕에 전체 무게가 약 2.3kg 밖에 되지 않는다. 전 세계 모든 기타를 통틀어 가장 가벼운 축에 속한다. 가벼운 기타 무게와 편안한 착용감을 중시하는 연주자들에게 이만한 장점이 또 있을까 싶다.

전체적인 재질도 예사롭지 않다. 우선 바디에 원피스 포플러, 넥에 베이스우드, 지판에 목재가 아닌 카본 글래스 에폭시(carbon glass epoxy)가 사용되었다. 카본 글래스 에폭시는 골프채의 샤프트나 헤드를 제작할 때 사용되는 고강도 복합재로 파커만의 개성 있는 톤을 만들어내는 데 지대한 영향을 미치는 요인이다. 프렛의 재질도 지나칠 수 없다. 대부분의 기타에 사용되는 프렛 재질이 니켈합금인데 비해, 플라이 디럭스에는 스테인리스 재질의 프렛이 사용되었다. 스테인리스 프렛은 강도가 높고 녹이 잘 슬지 않는다는 장점이 있다. 다만 일반 프렛과는 톤 뉘앙스와 연주감이 미묘하게 다르기 때문에 호불호는 갈리는 편이다.

픽업에서도 개성이 나타난다. 세이무어 던컨의 커스텀 와운드 험버커 픽업세트와 함께 그래프 테크(Graph Tech)의 고스트 피에조 픽업이 장착되어 다양한 톤 조합이 가능하다. 마그네틱 픽업과 피에조는 따로 구동할 수도, 동시에 사용할 수도 있다. 여기에 아웃풋도 스플릿 스테레오와 모노 중 택일할 수 있기 때문에 사운드 레인지는 더욱 넓어진다. 피에조를 적당히 섞어 공간계 이펙터에 얹어낸 플라이 디럭스의 클린톤은 개성을 넘어 신비롭기까지 하다. 게인톤의 경우 드라이브에 상당한 강점을 보인다. 하이게인 솔로톤이나 배킹톤 모두 적절한 무게감을 가지고 시원하게 쭉쭉 뻗는다.

실제로 플라이 디럭스는 바디가 얇고 가벼운데다 합성수지 재질이 많이 사용되어 톤이 가볍고 인공적이라는 논란에 휩싸이곤 한다. 그러나 잘 들어보면 클린톤과 게인톤 모두 적절한 무게감과 자연스러움을 갖고 있을 뿐 아니라 험버커의 과도한 묵직함을 상쇄하는 좋은 밸런스를 갖고 있다. 상기한 논란은 전형적인 기타톤과 다소 거리가 있는 유니크함에 지레 겁을 먹은 일부의 반감에서 시작된 게 아니었을까. 색안경을 끼고 바라보지만 않는다면 파커의 플라이 디럭스는 그 어디에서도 찾을 수 없는 당신만의 특별한 기타가 될 수 있다. 물론 이것도 700만 원을 호가하는 무지막지한 가격을 감당할 수 있을 때의 이야기다.

In a Word

인우 개성도 이쯤 되면 예술의 경지
두완 외관과 스펙이 만든 편견부터 제대로 없애기

076

PRS
Custom 24

머신헤드	PRS Phase III Locking Tuners
넥 목재	Mahogany
지판 목재	Rosewood
접합 방식	Set—in
프렛 수	24
스케일 길이	635mm
바디 목재	Mahogany
탑	Carved Figured Maple (Flame or Quilt)
픽업 구성 및 사양	Neck and Bridge: Uncovered 59/09
브릿지	PRS Tremolo

:: Targeting

해외직구를 감수할 의지가 있는 PRS의 광팬.
'나만의' 고급기타를 원한다면(스펙 겹칠 일이 거의 없기 때문에).

가격랭크	S
제조국	미국
전장	95cm
무게	3.5kg

PRS의 역사에서 커스텀 24(Custom 24) 모델의 존재는 상징적이다. 1985년 PRS가 처음으로 남(NAMM) 쇼에 참여했을 때 회사 창립자인 폴 리드 스미스(Paul Reed Smith)가 직접 소개한 브랜드의 첫 기타가 바로 커스텀 24였기 때문이다. 세계 굴지의 악기회사로 성장하게 될 한 브랜드의 역사적인 포문을 열어젖힌 이 모델은 오랜 시간 동안 회사의 대표모델로 자리하며 지금도 높은 인지도를 얻고 있다.

PRS의 기타 라인업은 크게 솔리드바디·할로우바디·시그너처 시리즈가 포함된 미국산 기본 시리즈, 미국산이지만 이보다 가격을 절반 정도로 낮춘 S2 시리즈, 한국에서 생산되는 중저가 보급형 모둠인 SE(Student Edition) 시리즈로 나뉜다. 커스텀 24 모델은 세 시리즈에서 모두 출시되고 있는데, 가격은 상위에서 하위모델로 갈수록 절반으로 떨어진다. 가장 저렴한 SE 시리즈라고 해도 150만 원 전후로 결코 싸지 않은 가격대를 갖고 있지만 브랜드 대표기타에 대한 접근성을 제고하고자 한 노력이 보인다.

바디와 넥에는 마호가니, 지판에는 로즈우드가 사용되었고, 탑에는 카브드 피규어드 퀼티드 메이플 탑이 올라가 있다. 굴곡 있으면서도 화려한 탑은 PRS의 디자인 정체성이나 다름없다. 프렛 수에 비해 스케일의 길이가 길지 않기 때문에 손이 작은 사람도 수월하게 연주할 수 있다. 넥의 두께는 표준 모양과 얇은 모양 중 하나를 선택할 수 있다. 픽업은 언커버드 59/09 험버커 세트가 사용되었다. 변경 가능한 스펙도 많고, 컬러와 무늬도 무려 스무 가지가 넘는 옵션 중에 선택할 수 있기 때문에, 스펙이 서로 완벽하게 일치하는 커스텀 24 모델은 찾아보기 어렵다.

가장 특이한 부분은 픽업 셀렉팅 방식이다. 일반적인 험버커 세트의 기타가 3웨이를 적용하거나 코일탭 험·싱 전환 옵션을 넣는 반면, 커스텀 24는 5웨이 셀렉터를 통해 2단과 4단에서 코일탭 없이 싱글 사운드를 사용할 수 있도록 되어 있다. 2단은 브릿지 험버커와 넥 싱글, 4단은 넥 싱글과 브릿지 싱글이 병렬 연결된다. 픽업 구조에 비해 다양한 톤을 만들 수 있는 셈이다.

클린톤의 경우 힘 있고 쫄깃쫄깃한 사운드가 인상적이고, 게인톤의 경우 어두운 질감을 가진 목재구성에 비해 고음역대가 잘 살아 있기 때문에 드라이브감이 시원하면서도 강단 있다. 게인톤의 입자감은 고운 편이며, 드라이브 양이 많을 때에도 하이엔드 기타다운 높은 해상도를 유지한다.

높은 해상도만큼 반응속도 역시 발군이다. 피킹 시 미묘한 힘 조절이나 세밀한 볼륨노브 조작에 따라 톤의 변화가 세밀하게 일어난다. 디스토션이 활성화된 상태에서 볼륨을 줄이고 가볍에 터치하는 것만으로 완전한 클린톤을 뽑아낼 수 있는 극강의 반응성은 녹음이나 공연 시 최고의 장점이 될 것이다.

In a Word ————————————————————

인우 국내에서 인기 없는 이유를 모르겠네
두완 손재주 좋은 이름 '폴 (리드) 스미스'

077

PRS
Al Di Meola Prism

:: Targeting

디자인 취향과 음악적 성향 모두 실험정신이 넘치는 연주자.
음악적 '도'에 관심 있으신 분.

가격랭크	S
제조국	미국
전장	95cm
무게	3.5kg
머신헤드	PRS Phase III Locking Tuners
넥 목재	Mahogany
지판 목재	Mexican Ebony
접합 방식	Set—in
프렛 수	22
스케일 길이	635mm
바디 목재	Mahogany
탑	Carved Figured Maple 10—Top
픽업 구성 및 사양	Neck and Bridge: Covered 57/08
브릿지	PRS Tremolo

PRS의 인지도를 높인 가장 영향력 있는 기타리스트를 한 명만 꼽으라면 대부분 카를로스 산타나(Carlos Santana)를 꼽겠지만, 여기서 한 명을 더 꼽으라면 미국 출신의 기타리스트 알 디 메올라(Al Di Meola)를 빼놓을 수 없다. 1974년 리턴 투 포에버(Return To Forever)의 멤버로 두각을 나타내기 시작한 알 디 메올라는 1976년부터 발표한 여러 장의 솔로 앨범을 통해 명실공히 최고의 재즈퓨전 기타리스트로 발돋움했다. 특히 재즈를 중심으로 팝, 록, 월드뮤직을 아우르는 넓은 사운드 스펙트럼과 빠르면서도 정확한 피킹 실력은 후대의 여러 기타리스트에게 큰 영향을 미친 것으로 평가받는다.

지금까지 20년 넘게 PRS 기타를 애용한 알 디 메올라는 자신의 시그너처 기타인 알 디 메올라 프리즘(Al Di Meola Prism. 이하 프리즘)으로도 잘 알려져 있다. 프리즘은 PRS 기타 가운데 가장 화려한 디자인을 가진 기타로 유명하다. 초록, 파랑, 보라, 빨강, 주황, 노랑으로 이어지는 총천연색 그러데이션은 타의 추종을 불허한다. 이러한 디자인은 홀치기 염색의 느낌으로 따뜻함과 차가움을 아우르는 시각적 감성을 표현하고자 했던 알 디 메올라 자신의 개인적 요구에서 비롯된 것이다. 참고로 2014년부터 색상옵션에 블루 페이드, 그린 페이드, 오렌지 페이드가 추가되었다.

프리즘의 목재는 바디와 넥에 마호가니, 지판에 멕시칸 에보니, 탑에 카브드 피규어드 메이플이 사용되었다. PRS가 자체제작한 트레몰로와 락킹튜너가 각각 바디와 헤드에 장착되어 있고, 트러스로드 커버에 'AL-D'라는 그의 시그너처가 새겨져 있다. 또한 언커버드 57/09 험버커 세트와 함께 푸시풀 방식으로 험·싱 전환이 가능한 3웨이 픽업 셀렉팅 구조를 갖고 있다. 화려한 외관에 비해 스펙의 구성은 다소 점잖은 편이다.

점잖은 것은 스펙만이 아니다. 커스텀 24의 사운드가 목재성향과 반대로 밝고 강렬한 데 비해, 프리즘의 사운드는 목재성향과 어느 정도 일맥상통한다. 우선 클린톤의 경우 몽환적이고 신비로운 분위기를 가진 몽글몽글한 질감이 인상적이다. 정통재즈나 퓨전 계열에 잘 어울릴 만한 기본톤이다. 모듈레이션이나 공간계열 이펙터를 활용하면 이국적인 느낌이 물씬 묻어나는 음악에 안성맞춤이다. 게인톤 역시 메탈 성향은 거의 없다. 드라이브가 안 먹는 것은 아니지만, 고음역대에 비해 중음역대가 강조되어 빈티지한 느낌이 강하다.

전체적으로 활용하기 쉬운 기타는 아니다. 구하기 쉬운 기타도 아니다. 값이 싼 것도 아니다. 하지만 왠지 이 세상 것이 아닌 것 같은 '초현실적' 매력은 부정할 수는 없다. 1990년대 이후 알 디 메올라의 음악세계는 라틴음악을 비롯한 월드뮤직과 함께 사색적인 느낌으로 변화했다. 최근 그가 연주를 할 때 드러내는 표정은 마치 해탈을 앞둔 종교인의 표정을 연상시키는데, 프리즘이 그러한 주인의 모습을 제대로 닮은 것 같다.

PRS

In a Word

인우 국내에서 왜 인기 없는지 알만하다
두완 여러 모로 막 다루면 안 된다

078

PRS
SE Santana

:: Targeting

뉘앙스가 강하고 톡 쏘는 솔로톤을 선호하는 연주자.
밴드의 색을 화사하게 바꿔줄 얼굴마담용 기타.

가격랭크	B~C
제조국	한국
전장	94cm
무게	3.6kg
머신헤드	PRS Designed Tuners
넥 목재	Mahogany
지판 목재	Rosewood
접합 방식	Set—in
프렛 수	22
스케일 길이	622mm
바디 목재	Mahogany
탑	Maple with Flame Maple Veneer
픽업 구성 및 사양	Neck and Bridge: SE Santana
브릿지	PRS Designed Tremolo

멕시코계 미국인 기타리스트 카를로스 산타나는 1960년대 후반부터 자신의 밴드 산타나(Santana)를 이끌며 라틴록을 주류로 정착시킨 인물이다. 1970년 두 번째 스튜디오 앨범 「Abraxas」를 통해 라틴록의 대표주자로 떠오른 산타나는 1998년 로큰롤 명예의 전당에 헌액되었고, 1999년 17번째 스튜디오 앨범 「Supernatural」의 성공과 함께 전 세대를 아우르는 특급밴드로 발돋움했다. 록, 블루스, 재즈, 팝, 라틴 등 다양한 스타일을 아우르는 음악적 포용력과 작품을 가득 채운 뜨거운 사운드는 리더 카를로스 산타나의 머리와 손에서 비롯되었다고 해도 과언이 아니다.

PRS와 카를로스는 떼려야 뗄 수 없는 관계다. 1980년대 초반부터 폴 리드 스미스가 만든 기타를 사용한 카를로스는 1985년 PRS 회사가 설립된 후 PRS와 공고한 인연을 이어나갔다. PRS 기타를 활용한 카를로스의 활동은 PRS의 성장에 큰 동인이 되었다. 그 과정에서 PRS는 '산타나(Santana)'라는 성 뒤에 'I', 'II', 'MD' 등을 붙인 이름으로 다양한 시그너처 모델을 제작했다. 현재 카를로스는 PRS를 대표하는 엔도서나 다름없다.

그동안 나온 카를로스의 시그너처 기타는 그의 톤에 최적화된 양질의 제품들이었다. 그러나 가격이 워낙 비싼 탓에 아무나 살 수 없다는 단점을 갖고 있었다. 이에 대한 해결책으로 PRS와 카를로스는 2001년 'SE 산타나(SE Santana)'를 출시했다. 여기서 SE는 'Student Edtion'의 이니셜이다. SE 산타나를 포함한 SE 시리즈는 기존에 나온 기타보다 훨씬 더 저렴한 가격으로 젊은 고객을 끌어들이는 데 주안점을 둔 라인업이다. 제작품질이 우수하기로 소문난 한국에서 만들어진데다가 상대적으로 싸면서도 쉽게 제품을 구할 수 있다는 장점 덕에 한국에서 인기가 상당하다.

현재 미국에서 생산되는 산타나 시그너처 모델이 500만 원을 호가하는 반면, 한국에서 생산되는 SE 산타나는 100만 원대의 가격을 갖고 있다. 가격수준이 오리지널 대비 1/5 정도에 불과하다는 사실을 믿기 힘들 만큼 SE 산타나의 완성도는 뛰어나다.

목재는 바디와 넥에 마호가니, 지판에 로즈우드, 탑에 플레임 메이플 합판이 사용되었다. 탑의 무늬나 바인딩, 마감처리 등 디테일에 심혈을 기울인 디자인은 오리지널 못지않다. PRS에서 제작한 트레몰로 브릿지와 튜너, SE 산타나 전용 험버커 픽업세트는 이 기타만의 확실한 정체성을 드러낸다. 사운드의 경우 클린과 게인 모두 까랑까랑하면서도 시원한 톤이 인상적이다. 더 이상의 설명은 필요 없다. 메사부기나 마샬의 앰프 드라이브에 물려 산타나의 작품 중 한 소절만 연주해보라. 이 기타의 진가를 알아차리는 데는 그리 긴 시간이 필요하지 않다.

In a Word ———

인우 가성비로 중무장한 이웃집 산타나
두완 시리즈에 대한 의구심을 지워버리는 '산타나'라는 세 글자

079

Rickenbacker
360

조지 해리슨 열성팬.
솔로연주 거의 할 일 없는 리듬기타나 기타보컬용.

가격랭크	D
제조국	미국
전장	101cm
무게	3.6kg
머신헤드	Schaller
너트 너비	41mm
넥 목재	Maple
지판 목재	Rosewood
지판 곡률 반지름	254mm
접합 방식	Set—in
프렛 수	24
스케일 길이	629mm
바디 목재	Maple
픽업 구성 및 사양	Neck and Bridge: Hi—gain
브릿지	6 Saddle bridge with "R" tailpiece

리켄배커(Rickenbacker)의 역사는 1920년대 미국 로스앤젤레스에서 시작된다. 당시 그곳에서 스틸기타리스트로 활동한 조지 비첨(George Beauchamp)은 더 큰 소리를 가진 기타를 갖기 위해 다양한 실험을 했다. 그가 각고의 노력 끝에 만든 일렉 기타 픽업의 원형은 내셔널(National) 현악기사의 기술자 해리 왓슨(Harry Watson)의 손을 거쳐 새로운 기타 프로토타입에 장착되었다. '프라이팬(Frying Pan)' 기타의 원형은 조지와 아돌프 리켄배커(Adolph Rickenbacker)의 만남을 통해 하나의 역사를 만들기 시작했다.

1931년 '로팻인(Ro-Pat-In)'이라는 이름으로 악기제조사를 설립한 조지와 아돌프는 역사상 최초의 솔리드바디 일렉 기타로 일컬어지는 프라잉팬을 제조하는 데 전력을 다했다. 1933년 회사의 이름을 '일렉트로(Electro)'로 바꾼 후 1935년을 기해 현대적인 일렉 기타 형태를 갖춘 베이크라이트(Bakelite) 모델을 출시했다. 이 과정에서 회사이름과 함께 제품에 프린트되기 시작한 아돌프의 성 '리켄배커(Rickenbacker)'는 곧 회사이름으로 자리 잡았다.

1953년 리켄배커는 음악산업계의 큰손으로 군림하던 프랜시스 홀(Francis Hall)의 소유가 되면서 큰 전환점을 맞이했다. 로큰롤이 득세하는 흐름을 목도한 프랜시스는 리켄배커의 주력 카테고리를 스틸 기타에서 일렉 스패니시 기타로 변경했다. 그 결과로 나온 콤보(Combo) 600과 800 모델은 리켄배커의 새로운 비전을 제시했다.

회사의 전성기는 1960년대 초반에 찾아왔다. 인기밴드 비틀즈(The Beatles)가 리켄배커 기타를 애용한 것이 결정적인 계기가 되었다. 존 레논(John Lennon)의 325 기타, 조지 해리슨(George Harrison)의 360/12 기타, 폴 매카트니(Paul McCartney)의 파이어글로(Fireglo) 베이스가 리켄배커의 존재를 만방에 알렸다.

이후 지금까지 세계적인 기타 브랜드로 입지를 다진 리켄배커는 현재 300, 600, 빈티지(Vintage), C, W의 5개 시리즈에서 약 30종의 일렉 기타를 선보이고 있다. 이 가운데 300 시리즈에 속한 360 모델은 앞서 말한 것처럼 비틀즈 덕에 큰 유명세를 탔다. 1964년 작품 〈A Hard Day's Night〉의 도입부에서 조지 해리슨이 연주한 단 한 차례의 스트로크는 360의 매력을 요약한 하나의 상징과 같다. 미국 밴드 버즈(Byrds)의 로저 맥귄(Roger McGuinn)도 360으로 환상적인 포크록을 구사한 바 있다. 비록 이들이 연주한 기타는 6현이 아닌 12현 모델인 360/12였지만, 360 사운드가 록 음악사, 특히 1960년대 브리티시 사운드에서 중요한 역할을 했다는 사실은 그 누구도 부정할 수 없다.

360/12의 원형이라고 할 수 있는 360은 할로우바디인 300 시리즈의 상위모델에 속한다. 바디 전체가 복합컨투어로 처리된 것은 물론 후면부에 바인딩이 추가되어 디자인의 품격을 높였고, '릭오사운드(Ric-O-Sound)'라는 스테레오 아웃풋 옵션을 통해 톤 세팅의 확장성을 높였다. 리켄배커는 CNC 바디가공 외에 대부분의 공정을 수작업으로 진행하기 때문에, 360 역시 전체적인 완성도와 마감처리는 훌륭하다.

곡률반지름이 254mm인 지판은 빈티지스러운 둥그스름한 형태를 취하고 있다. 리켄배커 특유의 헤드 형태와 헤드를 가로지르는 긴 트러스커버는 베테랑 연주자들에게 향수를 불러일으킬 만하다. 바디에 싱글 스타일의 '하이게인(Hi-gain)' 픽업세트가 장착되어 있는데, 픽업이름만 듣고 정말 '하이게인용' 픽업이라고 생각한다면 큰 오산이다.

전체적인 톤은 상당히 빈티지하다. 미들을 강조한 개성 있는 클린톤은 할로우바디와 만나 풍성하고 독특한 울림을 자아낸다. 360은 보컬과 함께하는 반주용 기타로 안성맞춤이다. 그래서인지 24프렛 옵션은 꽤 의외다. 물론 톤의 세팅에 따라 솔로용으로도 충분히 활용할 수 있지만, 강렬한 록 사운드를 원한다면 그만큼 더 신경 쓸 필요가 있다. 국내에서는 쉽게 구할 수 없는 희귀성, 유서 깊은 브리티시 사운드의 노스탤지어, 이 두 마리 토끼를 모두 잡고 싶다면 360을 강력 추천한다.

In a Word ────

인우　줄 수는 절반, 매력은 호각
두완　두말할 필요 없는 '대중적인' 기타 사운드

080

Rickenbacker
325C64

:: Targeting

비틀즈 앨범을 공부가 아닌 감상으로 들은 세대.
역사적 정통성에 비하면 기술적 범용성은 의미 없다고
생각하는 연주자.

가격랭크	D
제조국	미국
전장	88cm
무게	3.2kg
머신헤드	Deluxe Vintage Repro
너트 너비	41mm
넥 목재	Maple
지판 목재	Rosewood
지판 곡률 반지름	184mm
접합 방식	Set—in
프렛 수	21
스케일 길이	533mm
바디 목재	Maple
픽업 구성 및 사양	Neck, Middle and Bridge: Vintage Single Coil Toaster Top
브릿지	Roller bridge with Accent Vibrato tailpiece

리켄배커 325 모델은 존 레논의 기타로 잘 알려져 있다. 1958년 처음 모습을 드러낸 325가 존의 손에 들어간 것은 1960년의 일이다. 이후 존은 자신의 기호에 맞게 개량한 325를 즐겨 사용했고, 존과 325의 끈끈한 유대는 비틀즈 초기 활동과 맞물려 이어졌다.

1964년 비틀즈가 미국 '에드 설리번 쇼(Ed Sullivan Show)'에 출연한 '대사건'은 325의 운명에 결정적인 영향을 미쳤다. 이때 존 레논이 325를 연주하는 모습이 전파를 타면서 325는 물론 리켄배커의 인지도까지 단숨에 치솟았다. 결국 325는 '존 레논 모델'이라는 별칭을 얻었고, 이미 다른 멤버들까지 매료시킨 리켄배커는 '비틀즈 기타'라는 최고의 이미지메이킹을 통해 일약 세계적인 브랜드로 성장했다. 그룹 크리던스 클리어워터 리바이벌(Creedence Clearwater Revival)의 존 포거티(John Fogerty)도 한때 325를 애용했던 것으로 유명하다.

325C64는 1964년에 생산된 325를 복원한 모델이다. 바디에 장착된 액센트 비브라토(Accent Vibrato) 브릿지, 빈티지 싱글코일 토스터탑(Toaster Top) 픽업은 물론 일반 기타에 비해 80~90% 수준으로 짧은 스케일 길이와 전장은 325의 정체성을 계승한 결과다. 참고로 원래 325의 피니시는 메이플글로(내추럴), 제트글로(블랙), 파이어글로(레드 선버스트)가 나왔는데, 복원 모델은 제트글로만 나온다.

사실 이 기타는 게인도 잘 안 먹고, 픽업과 컨트롤 노브 수에 비해 범용성도 낮은 편이다. 이것이 과거에 사랑받던 일렉 기타의 본모습이기도 하다. 그럼에도 단순히 빈티지와 모던의 기준으로 나눌 수 없는 사운드는 비틀즈의 후광과 더불어 상당한 매력을 뽐낸다. 풍성한 울림을 가진 리켄배커 특유의 클린톤은 그야말로 압권이다. 단, 이러한 '왕년의 대표 사운드'에 공감할 자신이 없다면, 절대 '비추'한다. 그만큼 요즘 흔히 들을 수 있는 일렉 기타 소리와 325의 소리는 본질부터 다르다.

Schecter
Hellraiser C-1

:: Targeting

EMG의 파괴력과 코일탭의 섬세함을 동시에 누리고 싶다면.
속주공부를 제대로 해보기로 갓 마음먹은 중급 이상의 연주자.

가격랭크	C
제조국	한국
전장	100cm
무게	3.7kg
머신헤드	Schecter Locking Tuners
너트 너비	42mm
너트 재질	Graph Tech XL Black Tusq
넥 목재	Mahogany (3pc)
지판 목재	Rosewood
지판 곡률 반지름	355mm
접합 방식	Set-in with Ultra Access
프렛 사이즈	Extra Jumbo
프렛 수	24
스케일 길이	648mm
바디 목재	Mahogany
바디 바인딩	Abalone w/ BLK/WHT/BLK Multi-ply
탑	Quilted Maple
픽업 구성 및 사양	Neck: EMG 89R Bridge: EMG 81TW
브릿지	TonePros T3BT TOM with String Thru Body

1976년 미국 캘리포니아 주에서 데이비드 섹터(David Schecter)가 세운 '섹터 기타 리서치(Schecter Guitar Research)'는 기타수리 전문점으로 업계에 첫 발을 내디뎠다. 이후 펜더, 깁슨 등 대형브랜드와 커스텀샵에 부품을 제공하면서 유명세를 탄 회사는 1979년 일렉 기타를 시판한 것을 계기로 커스텀 기타 전문 회사로 변신했다.

1987년 ESP에 인수된 섹터는 1996년 마이클 시러볼로(Michael Ciravolo)가 대표 자리에 오르면서 본격적인 대량생산체제를 구축했다. 특히 1997년 대한민국 인천에 공장을 세우고 양산형 기타인 다이아몬드 시리즈(Diamond series)를 출시한 것은 섹터의 역사에 큰 전환점이 되었다.

섹터는 하드록 연주자들에게 큰 인기를 얻고 있는 브랜드지만, 피트 타운센드(Pete Townshend), 마크 노플러(Mark Knopfler), 프린스(Prince) 등 각양각색의 아티스트들의 손을 거쳤던 브랜드기도 하다. 현재 섹터의 일렉 기타는 블랙잭(Blackjack), 데미안(Damien), 헬레이저(Hellraiser), 레트로(Retro) 등 10종이 넘는 다양한 시리즈로 운용되고 있다.

섹터의 일렉 기타 시리즈 중 헬레이저 관련 시리즈는 기본이 되는 '그냥' 헬레이저, 헬레이저 익스트림(Hellraiser Extreme), 헬레이저 하이브리드(Hellraiser Hybrid)의 세 종류가 있다. 시리즈별로 10여 개의 하위모델이 포진되어 있고, 7현, 8현, 왼손잡이 옵션 등 다양한 수요에 대응하고 있다. 이 가운데 헬레이저 C-1(이하 C1)은 플로이드로즈 옵션이 추가된 헬레이저 C-1 FR과 더불어 헬레이저 시리즈의 기본이 되는 모델이다. 섹터의 대표모델이자 베스트셀러로 국내에서도 인기가 높은 메탈머신이기도 하다.

C1은 화려한 외관만큼이나 슈퍼스트랫에 최적화된 스펙을 보유하고 있다. 마호가니 바디와 3피스 마호가니 넥, 로즈우드 지판에 퀼티드 메이플 아치탑을 올린 목재구성을 취했고, 아발론 멀티플라이 바인딩과 십자기 인레이로 외관의 화려함을 극대화했다. 또한 셋인넥과 스트링 스루 방식을 채택하여 서스테인의 비약적 향상을 꾀한 것

은 물론, 점보 24프렛과 평평한 지판(지판곡률 반지름 356mm)으로 하이프렛의 연주감을 높였다.

픽업으로 쓴 EMG의 81TW/89R 액티브 험버커 세트는 일반적인 EMG 81/85 조합과 달리 코일탭을 통한 험·싱 전환이 가능하며, 가격도 약간 더 높은 편이다. 액티브 험버커 특유의 무겁고 덩치 큰 사운드가 부담스러웠다면 환영할만한 픽업 조합이다. 특히 클린톤의 경우 일반적인 메탈전용 기타들에 비해 사운드 레인지가 넓고, 싱글 전환의 활용도 또한 높다. 드라이브는 두말할 필요 없이 하드록·메탈에 특화되어 있으며, 고음역대가 잘 살아 있고, 입자감은 고운 편이다.

찬찬히 C1을 살펴보고 있자면 문득 떠오르는 기타가 하나 있으니, 그것은 바로 LTD의 H-1001FM STBC 모델이다. (결국 플로이드로즈가 장착된 H-1001FR STBC는 헬레이저 C-1 FR과 대응되는 모델이라 할 수 있다.) 헬레이저의 색상을 블랙체리(BCH)로 선택하면 헷갈릴 정도로 외관이 비슷한 것은 물론 용도와 사운드, 스펙의 구성까지도 비슷하다. ESP의 자회사인 섹터와 LTD가 서로 영향을 미쳤음을 확인할 수 있는 대목이다. ESP의 호라이즌이 섹터에서는 헬레이저로, LTD에서는 H 시리즈로 분화된 셈이니 두 기타는 서로 빼닮은 이복형제쯤이라고 봐도 무방하다. 두 모델 모두 한국에서 생산되었고 가격대도 비슷하니, 브랜드 선호도와 약간의 사운드 차이, 험·싱 전환 등의 옵션 여부를 따져보고 개인적인 취향에 따라 구매대상을 선택하는 것이 좋다.

In a Word

인우 '헬레이즌' or '호라이저'
두완 섹터 하나로 LTD와 ESP까지 체감한다!

082

Schecter
Corsair (w/ Bigsby)

:: Targeting

레코딩용 서브기타.
가성비와 범용성을 겸비한 세미할로우를 찾는다면.

가격랭크	C
제조국	한국
전장	104cm
무게	3.1kg
머신헤드	Grover Tuners
너트 너비	42mm
너트 재질	Graph Tech XL Black Tusq
넥 목재	Mahogany (3pc)
지판 목재	Ebony
지판 곡률 반지름	355mm
접합 방식	Set-in
프렛 사이즈	Medium
프렛 수	22
스케일 길이	628mm
바디 목재	Maple
바디 바인딩	Crème Multi-ply
픽업 구성 및 사양	Neck: Duncan Designed HB 101N Bridge: Duncan Designed HB 101B
브릿지	Bigsby Archtop B70 with Roller TOM

사실 섹터는 록이나 메탈에 최적화되어 있는 브랜드라는 선입견에서 자유롭지 못하다. 그러나 실제로 레트로 시리즈에는 섹터 고유의 강성 이미지가 아닌, 시리즈 이름처럼 복고풍 감성에 포커스를 맞춘 특이한 기타들이 포진되어 있다. 마치 '우리도 이런 기타 만들 수 있다'고 시위라도 하듯 '섹터 같지 않은 섹터 기타'들이 주를 이룬다. 세미할로우바디 스트랫, 빅스비 텔레, 리켄배커 스타일, 3픽업 등 신선한 스펙의 기타들이 즐비하다. 한마디로 레트로 시리즈는 마치 '문제아 전담반' 같은 묘한 분위기로 섹터 브랜드의 또 다른 매력을 여실히 드러낸다.

레트로 시리즈에 속한 코세어(Corsair)는 ES-335 스타일의 세미할로우바디 기타다. 하드테일과 빅스비 브릿지의 두 가지 옵션으로 출시되는데, 브릿지와 바인딩을 제외한 모든 스펙이 서로 동일하다. 넥이 얇은 C형인 데다가 지판도 평평한 편이라 (지판곡률 반지름 356mm) 세미할로우 기타치고는 연주 편의성이 높은 편이다.

사운드는 전체적으로 풍성하고 따뜻하며, 무엇보다 울림이 좋다. 야마하의 세미할로우 기타를 연상시키는 높은 해상도의 고음역대와 풍성한 저역까지 겸비해 상당히 넓은 느낌을 주기 때문에, 공간계 이펙터들과 궁합이 좋다. 픽업 스플릿을 통해 다양한 톤을 만들어낼 수 있다는 것도 이 기타의 특장이다.

세미할로우의 강점인 블루스·재즈에 대한 적응력이 훌륭하기 때문에 범용성은 상당하다. 드라이브가 잘 받아 하드록 장르에 충분히 활용할 수 있을 뿐 아니라, 울림이 좋다는 점을 활용해 더 풍성한 록 사운드도 만들 수 있다. 이큐 레인지가 넓으면서도 밸런스가 뛰어나 의외로 펑키한 사운드와 리듬 플레이에도 잘 어울린다.

한마디로 코세어는 '의외로' '의외성'이 많은 '의외의' 기타다. 이 모든 '의외'가 대부분 '긍정적 의외'라는 것이 중요한 포인트다. 특이하면서도 품질 좋은 새로운 기조의 세미할로우를 찾고 있다면, 더할 나위 없이 좋은 모델이 될 것이다. 아직 섹터 기타 중에서 인지도는 떨어지는 편이지만 섹터의 '숨겨진 명기'라 칭하기에 부족함이 없다. 게다가 '메이드 인 코리아'다. 등잔 밑이 어두워도 유분수다.

In a Word ─────────
인우 새 시대의 해적(Corsair)왕
두완 섹터의 변외편이 아닌 자랑스러운 본편

083

Spear
RD250

:: Targeting

스트랫보다 레스 폴 형태를 선호하는 입문자.
스트랫 소유자의 레스 폴 입문용 서브기타.

가격랭크	A
제조국	인도네시아
전장	99cm
무게	4.0kg
머신헤드	Spear Diecasting Gold (18:1)
너트 너비	43mm
너트 재질	Synthetic Bone
넥 목재	Mahogany (3pc)
지판 목재	Artificial Ebony
지판 곡률 반지름	350mm
접합 방식	Set-in
프렛 사이즈	Large
프렛 수	22
스케일 길이	629mm
바디 목재	Mahogany
바디 바인딩	Multi
탑	Maple
픽업 구성 및 사양	Neck: Spear Super PAF-N Gold Coverd Bridge: Spear Super PAF-B Gold Covered
브릿지	Tune-o-matic

스피어는 2005년 11월에 한국에서 설립된 브랜드로 2006년 1월 남(NAMM)쇼에 RD150, RF200 등의 초기모델들을 출시하며 본격적인 악기생산을 시작했다. 당해 4월 노르웨이에 기타를 수출한 것을 시작으로 현재는 미국, 일본, 중국 등 총 9개국에 71가지 모델을 수출할 정도로 규모가 커졌다. 대부분의 한국 대표브랜드들이 해외브랜드의 OEM 생산을 통해 초기의 성장 동력을 구축한 것에 비해, 스피어는 독자적인 자체모델 개발에 집중 투자하는 노선을 선택했다. 그 결과 현재 RF, RD를 비롯해 총 10개 시리즈에서 100종에 가까운 다양한 모델을 출시하고 있으며, 상대적으로 디자인과 스펙이 특이한 모델이 많다.

RD250은 레스 폴(Les Paul) 형태의 입문용 기타로 레스 폴 디자인의 모델들이 포진해 있는 RD 시리즈의 대표모델이다. 일반적인 깁슨류의 레스 폴에 비해 바디의 컷어웨이 뿔이 조금 더 길고 뾰족한 형태를 취하고 있다. 마호가니 바디, 마호가니 넥, 로즈우드 지판의 목재구성에 솔리드 메이플 탑을 올렸다. 전형적인 레스 폴 넥 접합방식인 셋인넥을 적용했고, 바디에 튠오매틱 브릿지와 스톱바 테일피스가 장착되어 있다. 픽업은 스피어가 자체제작한 GVP-1 커스텀 험버커 세트가 사용되었다.

가격은 30만 원대 중반으로 스트랫 류의 입문용 기타보다는 다소 가격대가 높은 편이지만, 레스 폴이라는 특수성을 감안한다면 결코 비싼 가격은 아니다. 물론 국산 스트랫의 대표적인 입문용 모델들과 가격대가 비슷한 RD150 모델로 예산을 절감하는 것도 하나의 방법이 될 수 있다. 그러나 가격뿐 아니라 사운드 퀄리티까지 고려한다면 RD250을 선택하는 편이 더 효율적인 투자가 될 것이다.

사운드의 품질은 상당히 우수하다. 적당한 무게감과 밸런스를 가지고 있는 클린톤도 크게 흠잡을 데가 없지만, 시원하게 뻗는 게인톤의 드라이브 질감이야말로 가격대를 무색케 할 정도다. 국산 입문자용 대표기타를 꼽을 때 스트랫의 경우에는 여러 가지 선택지가 있는 반면, 레스 폴의 경우에는 RD250의 마땅한 라이벌을 꼽기 힘들다. 그만큼 RD250은 독보적인 가성비를 자랑한다. 레스 폴 특유의 풍성하고 묵직한 질감을 선호하는 초심자라면, 스트랫 쪽은 따로 둘러볼 필요도 없다.

In a Word

인우 국산 입문용 레스 폴의 최강자
두완 스피어의 노하우가 담긴 진짜 '창(spear)'

스콰이어의 역사를 알려면 우선 일본 펜더의 탄생 과정을 파악해야 한다. 1970년대 초반 일본에서 전통적인 미국 기타의 카피모델을 생산하기 시작할 때만 하더라도 대부분의 미국 서부 업체들은 그저 그러려니 하며 크게 괘념치 않았다. 시간이 갈수록 제작노하우가 쌓이며 일본에서 만든 복제품들의 품질이 눈에 띄게 발전했지만, 그런 상황에도 미국 업체들은 여전히 그 위험성을 간과하며 강 건너 불구경을 계속했다.

이처럼 태평한 태도는 머지않아 급격한 변화를 겪었다. 1980년대의 시작과 동시에 엔화 대비 달러화의 가치가 치솟았기 때문이다. 엔화의 가치하락으로 수출이 호조를 띤 데다 그동안 다져진 높은 품질까지 더해지면서 일본 기타는 세계 기타시장에서 급부상했다. 사실 일본산 기타의 대부분은 펜더와 깁슨의 카피모델이었다. 그중에서도 펜더 스트라토캐스터의 카피본이 주를 이루었는데, 이즈음 스트라토캐스터의 인기가 다시 높아지면서 카피모델까지도 덩달아 반사이익을 누렸다. 이 때문에 미국 기타시장이 입었을 타격은 불 보듯 뻔했다.

펜더는 일본발 복제품의 공급과잉을 멈출 방안을 찾아야 했다. 결국 펜더는 일본 복제품을 잡기 위해 일본 시장을 직접 공략하는 공격적 전략을 택했다. 펜더의 일본진출 협상은 칸다 쇼카이(Kanda Shokai), 야마노 뮤직(Yamano Music)과 진행되었다. 협상 후 펜더와 칸다, 야마노가 1982년 3월에 설립한 합자회사가 바로 우리가 잘 알고 있는 '일펜', 즉 펜더 저팬(Fender Japan)이었다. 이 과정에서 펜더 USA는 펜더 저팬에 자국 내에서 자체적으로 생산 판매를 할 수 있는 권한을 부여했다.

애초에 일펜의 기타들은 일본 내수시장 판매 목적으로만 제작되었다. 그러나 펜더의 유럽지사들이 유럽에서 판매되고 있는 수많은 수입산 기타와 경쟁하기 위해 새로운 '염가 펜더' 모델을 원했고, 이들이 본사에 압력을 넣기 시작하면서 펜더 저팬은 내수시장 전용모델 이상의 역할을 부여받았다. 그 결과 1982년 펜더 저팬은 유럽시장 공급을 위한 새로운 버전의 빈티지 스트랫과 텔레 리이슈를 저렴한 가격으로 제작했다. 처음에 이 기타들은 기존의 펜더 USA 모델과 구분을 위해 헤드스톡에 'Squier Series'라는 로고가 붙었는데, 머지않아 이 로고는 'Fender' 로고 자체를 대체하는 'Squier' 단독 로고로 바뀌었다. 이로써 우리가 기다리고 기다리던 기타 브랜드 '스콰이어(Squier)'가 탄생했다. 스콰이어라는 브랜드 이름은 펜더가 1965년에 인수한 스트링 생산업체인 'V.C. Squier'에서 유래했다.

현재 스콰이어의 기타들은 대부분 중국과 인도네시아 등지에서 생산되고 있다. 특히 2000년대 이후로는 발전된 생산기술을 바탕으로 훌륭한 품질까지 인정받아 오리지널 펜더의 대안으로 큰 사랑을 받고 있다.

Squier
Classic Vibe Stratocaster '50s

:: Targeting

톤에 민감한 일렉 기타 입문자.
블루스에 대한 관심이 생기기 시작한 속주연주자의 서브
기타.

가격랭크	B
제조국	중국
전장	99cm
무게	3.6kg
머신헤드	Vintage Style
너트 너비	42mm
너트 재질	Synthetic Bone
넥 목재	Maple
지판 목재	Maple
지판 곡률 반지름	241mm
접합 방식	Bolt-on
프렛 사이즈	Medium Jumbo
프렛 수	21
스케일 길이	648mm
바디 목재	Alder
픽업 구성 및 사양	Neck, Middle and Bridge: Custom Vintage-Style Single-Coil Strat
브릿지	6-Saddle Vintage-Style Synchronized Tremolo bridge with Vintage-Style Tremolo Arm

스콰이어는 어피니티(Affinity), 아티스트 모델(Artist Models), 불렛(Bullet), 클래식 바이브(Classic Vibe), 디럭스 모델(Deluxe Models), 스탠더드(Standard), 빈티지 모디파이드(Vintage Modified), 그리고 인기모델을 앰프와 엮은 묶음상품(Packs)까지 총 8개의 하위시리즈를 보유하고 있다. 가장 저렴한 불렛 시리즈가 20만 원대 초반이고, 스콰이어에서 가장 비싼 모델도 70만 원을 잘 넘지 않으니, 브랜드 전체적으로 저렴한 가격대를 형성하고 있다고 볼 수 있다.

이 가운데 클래식 바이브 시리즈는 몇몇 아티스트 모델을 제외하면 스콰이어의 최상위시리즈로 우수한 품질을 자랑한다. 30~40만 원대인 스탠더드, 어피니티, 빈티지 모디파이드 시리즈는 가격이 저렴한 만큼 질적인 측면에서 아쉬운 부분이 있는

반면, 이 시리즈는 60만 원 전후의 가격대를 예측하기 어려울 정도로 제품의 완성도가 뛰어나다. 최상위시리즈가 가성비가 가장 좋은 경우는 드문데, 중저가라는 브랜드의 특성이 이것을 가능케 한 것 같다.

이 시리즈에 속한 스트라토캐스터 '50s(Stratocaster '50s) 모델은 앨더 바디와 함께 저렴한 제품에 잘 쓰이지 않는 원피스 메이플 통넥으로 빈티지한 목재 구성을 갖추었다. 모던 C형 넥에 지판곡률 반지름 241mm, 스케일 길이 648mm로 전형적인 스트랫 수치를 취한 한편, 트레몰로 유닛과 헤드머신 모두 빈티지 스타일이 쓰여 모델이름처럼 마치 1950년대를 재현한 듯한 느낌을 준다. 참고로 로즈우드 지판을 선호하는 연주자는 '50 모델 대신 '60 모델을 선택하면 된다.

싱글코일 특유의 잡음은 적절한 수준에서 잘 잡혔고, 전체적인 사운드 밸런스도 무난하다. 다른 시리즈에 비해 톤의 질감이 뛰어나다. 100만 원이 넘는 중가 이상의 스트랫과 비교해도 품질에서 큰 손색이 없다. 물론 미펜 스탠더드와 비교하면 해상도나 품질 차이가 나는 것은 사실이지만 절반도 안 되는 가격에 이 정도의 사운드를 재현했다는 사실이 놀랍다. 블라인드테스트로 그 둘을 구분할 정도의 귀가 아니라면 당신의 빈티지는 여전히 스콰이어로 충분하다.

In a Word

인우 펜더 잡는 스콰이어 특수수색대장
두완 특가로 만끽하는 준수한 빈티지 사운드

085

Squier
Classic Vibe Telecaster Thinline

100만 원 이상 스트랫을 메인기타를 쓰고 있는 연주자의
서브기타.
비주얼을 중시하는 밴드의 기타보컬용.

가격랭크	B
제조국	중국
전장	99cm
무게	3.0kg
머신헤드	Vintage Style
너트 너비	41mm
너트 재질	Synthetic Bone
넥 목재	Maple
지판 목재	Maple
지판 곡률 반지름	241mm
접합 방식	Bolt-on
프렛 사이즈	Medium Jumbo
프렛 수	21
스케일 길이	648mm
바디 목재	Semi-Hollow Mahogany
픽업 구성 및 사양	Neck and Bridge: Custom Vintage-Style Single-Coil Tele
브릿지	3-Saddle American Vintage Strings-Through-Body Tele with Chrome Barrel saddles

다시 한 번 클래식 바이브 시리즈다. (텔레캐스터와 씬라인에 대한 자세한 이야기는 미펜과 멕펜의 텔레캐스터 챕터를 참고할 것.) 스트라토캐스터에 이어 텔레캐스터 또한 스콰이어의 모든 시리즈를 통틀어 클래식 바이브의 품질이 가장 우수하다. 클래식 바이브 시리즈의 텔레캐스터 모델은 '50, 커스텀(Custom), 씬라인(Thinline)으로 나뉘어 있으니 취향에 따른 취사선택이 가능하다.

이 가운데 텔레캐스터 씬라인(Telecaster Thinline)은 1969년 씬라인의 스펙을 기준으로 제작되었다. 씬라인 특유의 F홀 세미할로우바디는 마호가니로 만들어졌고, 그 위로 메이플 통넥이 이어져 있다. 3새들의 빈티지 브릿지와 빈티지 스타일의 헤드머신은 씬라인의 초창기 스펙을 재현하고 있다. 바디 목재의 자연스러운 질감과 펄 픽가드의 화려함이 만나 디자인 완성도가 높은 것은 물론 하드웨어의 전체적인 마감상태도 준수한 편이다.

사운드는 텔레의 싱글코일 픽업의 특징이기도 한 신경질적인 고음역대를 할로우바디의 울림이 부드럽게 감싸는 형태를 취하고 있다. 사운드의 부담스러운 느낌은 덜어내고 텔레 고유의 빈티지 감성은 살려낸 적절한 밸런스가 높은 가성비를 뽐낸다. 제대로 된 텔레의 빈티지 감성을 가장 싼 값에 경험할 수 있는 기회임에 틀림없다. 클래식 바이브 시리즈의 기타를 보고 있으면 대체 왜 오리지널 펜더의 가격이 200만 원대까지 올라가는지 이해가 잘 안 간다.

In a Word ──────

인우　텔레계의 가성비 왕
두완　생긴 값을 한다

Squier

086

Squier
Vintage Modified Jazzmaster

저예산으로 개성 넘치는 빈티지 사운드를 찾고 있다면.
취미밴드의 두 기타리스트 중 한 명.

가격랭크	A
제조국	인도네시아
전장	105cm
무게	3.5kg
머신헤드	Vintage Style
너트 너비	42mm
너트 재질	PPS
넥 목재	Maple
지판 목재	Rosewood
지판 곡률 반지름	241mm
접합 방식	Bolt-on
프렛 사이즈	Medium Jumbo
프렛 수	21
스케일 길이	648mm
바디 목재	Basswood
픽업 구성 및 사양	Neck: Duncan Designed JM-101N Single-Coil Jazzmaster with Alnico 5 Magnets Bridge: Duncan Designed JM-101B Single-Coil Jazzmaster with Alnico 5 Magnets
브릿지	6-Saddle Vintage-Style with Non-Locking Floating Vibrato

빈티지 모디파이드 시리즈는 클래식 바이브 시리즈에 이은 스콰이어의 두 번째 상위시리즈다. 기본모델인 스트라토캐스터와 텔레캐스터 외에도 재즈마스터, 재규어, 재그마스터 등 특수모델까지 포함한다. 가격대는 40~50만 원선이다.

빈티지 모디파이드 시리즈에 속한 재즈마스터는 스트랫과 텔레의 영광을 잇기 위해 새로운 최상위모델로 출시되었던 오리지널 재즈마스터 스타일을 충실히 재현한다. 24프렛 스케일과 듀얼 서킷 컨트롤, 플로팅 비브라토 브릿지 등 재즈마스터 고유의 스펙이 그대로 적용된 한편, 던컨 디자인 JM 픽업세트와 다소 평평한 지판으로 현대성을 추가했다. 가격대를 낮추기 위한 흔적은 바디의 목재로 쓰인 베이스우드에서 확인할 수 있다.

사운드 기조는 멕펜의 후끈한 재규어보다 미펜의 빈티지 재즈마스터에 가깝다. 중저역대 보다 고음역대가 강조되어 있고, 약간 속이 빈 것처럼 느껴지는 빈티지 사운드가 인상적이다. 듀얼 서킷을 이용해 다양한 톤을 만들어낼 수 있다는 것도 장점이다. 전체적으로 사운드의 느낌이 가볍다는 것이 다소 아쉽지만, 가격대를 생각해보면 그다지 큰 단점도 아니다. 결국 스콰이어의 키워드는 '가성비'라는 한 단어로 수렴된다.

In a Word

인우 멕펜보다 미펜에 가까운 하위 브랜드의 반란
두완 빈티지의 재현과 업그레이드의 합리적 동거

Squier

Squier
Vintage Modified Jaguar

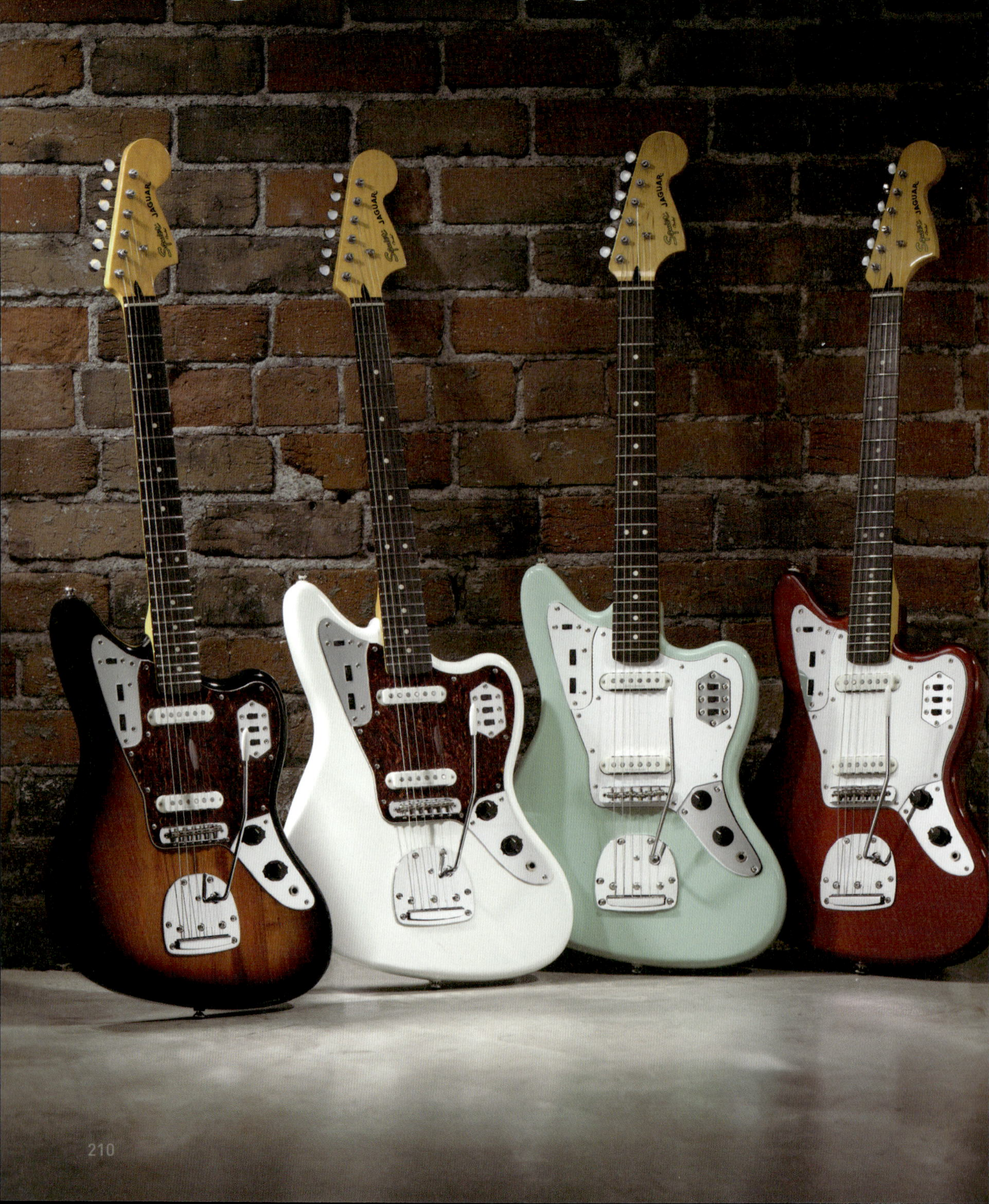

재규어 팬.
너바나 및 커트 코베인 팬.

가격랭크	A
제조국	인도네시아
전장	103cm
무게	3.5kg
머신헤드	Vintage Style
너트 너비	42mm
너트 재질	PPS
넥 목재	Maple
지판 목재	Rosewood
지판 곡률 반지름	241mm
접합 방식	Bolt-on
프렛 사이즈	Medium Jumbo
프렛 수	22
스케일 길이	610mm
바디 목재	Basswood
픽업 구성 및 사양	Neck: Duncan Designed JG-101N Single-Coil Bridge: Duncan Designed JG-101B Single-Coil Jaguar
브릿지	6-Saddle Vintage-Style with Non-Locking Floating Vibrato

빈티지 모디파이드 시리즈에 속한 재규어는 펜더의 아메리칸 빈티지(American Vintage)의 재규어 스펙을 기준으로 제작된 모델이다. 베이스우드 바디, 메이플 넥, 로즈우드 지판의 목재구성을 취하고 있고, 펜더 재규어와 마찬가지로 610mm의 짧은 스케일 길이를 갖고 있다. 지판은 펜더 재규어(184mm)보다 약간 평평한 반지름 241mm의 곡률로 되어 있고, 바디엔 던컨에서 디자인한 JG 픽업세트가 장착되어 있다.

펜더를 통틀어 가장 복잡한 서킷 구조를 가지고 있는 오리지널 재규어의 컨트롤 시스템은 그대로 적용되어 있다. 리드서킷은 각각 픽업의 온오프, 미들컷 스위치를 활성화하고, 리듬 서킷은 슬라이드 노브로 볼륨과 톤을 따로 조작할 수 있는 2채널 구조로 되어 있다.(뮤트 스위치는 적용되어 있지 않다.)

사운드의 경우 리드서킷에서는 빈티지한 질감이 잘 살고, 리듬톤은 상대적으로 부드럽다. 게인이 의외로 잘 받는 편이라 하드록에 충분히 적용할 수 있다. 알갱이가 살아 있는 양질의 드라이브 질감이 가격대를 무색케 할 정도다.

가격대비 성능비로만 보자면 스콰이어의 모든 기타를 통틀어 최상위권이다. 복잡한 서킷은 물론 각 톤의 뉘앙스와 퀄리티까지, 이 정도 가격에 이 정도의 결과물을 만들어낸 스콰이어의 기술력에 다시금 감탄하게 된다. 재규어의 팬들에게는 희소식이 아닐 수 없다.

Squier

In a Word

인우 굳이 펜더를 써야 하나
두완 재규어 '주니어'의 우렁찬 포효

088

Squier
Jagmaster

:: Targeting

재그마스터의 존재를 알고 있는 사람.
재규어와 재즈마스터의 디자인만 탐났던 스트랫 제일주의자.

가격랭크	A
제조국	중국
전장	101cm
무게	3.4kg
머신헤드	Standard Diecast
너트 너비	42mm
너트 재질	Synthetic Bone
넥 목재	Maple
지판 목재	Rosewood
지판 곡률 반지름	241mm
접합 방식	Bolt—on
프렛 사이즈	Medium Jumbo
프렛 수	22
스케일 길이	610mm
바디 목재	Alder
픽업 구성 및 사양	Neck and Bridge: Duncan Designed Humbucking
브릿지	6—Saddle Vintage—Style Synchronized Tremolo bridge with Vintage—Style Tremolo Arm

'재규어'와 '재즈마스터'의 합성어(Jaguar+Jazzmaster) 명칭을 가진 재그마스터는 제작의 기준이 되는 펜더의 상위모델 없이 스콰이어에서만 찾아볼 수 있는 희귀모델이다. 현재 재그마스터는 중국에서 생산되고 있는데, 1996년 처음 출시되었을 때는 일본산이었다. 당시 재그마스터는 비스타 시리즈(Vista Series)에 속한 모델로 1996년부터 약 2년간 제작되었다. 당시 가격으로 80만 원에 가까웠으니 지금의 스콰이어에 비하면 꽤 고가였다.

　　일본공장이 문을 닫으면서 잠시 생산이 중단되기도 한 재그마스터는 2000년부터 다시 중국공장에서 생산되기 시작했다. 2000년에 리이슈된 재그마스터는 648mm의 스케일 길이에 21프렛 스펙을 가지고 있었는데, 2005년도에 '재그마스터 Ⅱ'로 모델명이 바뀌면서 최초 출시 당시의 610mm 스케일, 22프렛 스펙으로 복귀했다.

　　현재 재그마스터는 모델 뒤에 'Ⅱ'라는 번호가 지워지고 특정한 시리즈에 속하지 않은, 스콰이어의 독립모델로 나온다. 디자인의 뿌리는 재규어와 재즈마스터에 두고 있지만, 듀얼 서킷과 같은 원작의 복잡한 스펙들을 제외한 단순한 스타일을 통해 빈티지보다 모던 성향의 연주자들에게 어필하고 있다. 특히 던컨 디자인 험버커 픽업과 3웨이 토글스위치의 간단한 일렉트릭 구조는 복잡한 컨트롤을 싫어하는 연주자에게 확실한 매력 포인트로 꼽힌다. 또한 플로팅 트레몰로 대신 전형적인 빈티지 싱크로나이즈드 트레몰로를 장착함으로써 스트랫의 감성까지 추가되었다.

　　간단히 말해 재그마스터는 재규어와 재즈마스터의 전체적인 디자인 감성에 스트라토캐스터의 하드웨어 감성, 던컨 험버커의 사운드 감성을 모두 더한 기타라고 할 수 있다. 펜더의 빈티지 세계에서는 꽤 독특한 위치선정이다. 따라서 호불호가 갈릴 소지는 분명 있지만, 스콰이어만의 오리지널리티가 살아 있는 '모델 자체의 개성'은 확실하다. 결국 구매자에게 중요한 것은 뜬소문이 아닌 본인의 취향과 판단뿐이다.

In a Word

인우　'JAGMASTRAT'
두완　펜더가 제시하는 흥미로운 절충안

089

Sterling
AX3

:: Targeting

예산에 다소 여유가 있는 첫 일렉 기타 구매자.
디자인에 민감한 여성 로커.

가격랭크	A
제조국	인도네시아
전장	94cm
무게	3.3kg
머신헤드	Sealed Tuning Machines
너트 너비	42mm
넥 목재	Maple
지판 목재	Maple
지판 곡률 반지름	305mm
접합 방식	Bolt—on
프렛 사이즈	Medium
프렛 수	22
스케일 길이	648mm
바디 목재	Jabon
탑	Photo Quilt Maple
픽업 구성 및 사양	Neck and Bridge: "Zebra" Coil Humbucking
브릿지	Vintage Tremolo

한국에서는 '스털링(Sterling)'이라는 명칭으로 잘 알려진 스털링 바이 뮤직맨(Sterling By Music Man)은 2009년 뮤직맨의 하위브랜드로 문을 열었다. 뮤직맨이 미국에서 생산되는 고가브랜드라고 한다면, 스털링은 뮤직맨의 사양을 바탕으로 인도네시아 등지에서 생산되는 보급형 중저가브랜드라 할 수 있다. 뮤직맨의 액시스 슈퍼 스포트(Axis Super Sport)를 바탕으로 한 AX 시리즈, 실루엣 스페셜(Silhouette Special)을 바탕으로 한 사일로(Silo) 시리즈, 존 페트루치(John Petrucci)의 시그너처인 JP 시리즈와 스티브 루카서(Steve Lukather)의 시그너처인 LK(Luke) 시리즈 등 총 네 개의 시리즈가 스털링을 구성하고 있다. 기타에 디마지오(DiMarzio) 픽업이 장착되면 시리즈 이름 뒤에 'D'가 붙는다.

이 가운데 사일로와 AX 시리즈는 기본 시리즈보다 한층 더 저렴한 S.U.B. 시리즈로도 출시되고 있다. 일반적인 스털링 제품과 S.U.B. 시리즈 사이에 가격 차이가 꽤 있기 때문에, S.U.B. 시리즈가 마치 스털링의 하위브랜드처럼 인식되고는 한다. 그런데 정확히 말하면 스털링이 뮤직맨의 하위브랜드고, S.U.B. 시리즈는 스털링 내에 속한 일종의 저가 시리즈다.

S.U.B에 속한 AX3는 디마지오 픽업이 장착된 AX30D나 40D 등의 모델과 비교해 약 1/3정도의 저렴한 가격을 가지고 있다. 첫 일렉 기타 구매를 고려 중인 초심자도 부담 없이 접근이 가능한 40만 원 전후의 저렴한 가격대가 장점 중 하나다. 이 모델의 원형이 되는 뮤직맨의 액시스 슈퍼 스포트(Axis Super Sport)의 가격이 200만 원대 중후반인 것을 고려하면 거의 1/7에 해당하는 가격이다.

새틴 피니시가 적용된 넥은 감촉과 연주감이 뛰어나고, 이러한 넥과 바디는 5볼트온 방식으로 접합되었다. 뮤직맨 특유의 오밀조밀한 4:2튜너 시스템과 두 개의 지브라 험버커가 각각 헤드와 바디에 장착되어 있다. AX3는 노랑(TYL), 검정(TBK), 파랑(TBL), 빨강(TRD)의 네 가지 색상으로 출시되는데, 모든 색상에 퀼티드 메이플 이미지 탑을 적용해 고급스럽고 화려한 느낌을 살렸다.

AX3는 스튜디오 세션 기타로도 각광을 받던 액시스의 기조를 이어받은 만큼 무난한 기본사운드를 바탕으로 '범용성'의 측면을 만족시키는 넓은 사운드 레인지를 갖고 있다. 5단 픽업 셀렉팅을 통해 다양한 톤의 변화가 가능한데, 이 가운데 2·4단 하프톤(halftone)의 활용도가 높아 가벼운 리듬 플레이는 물론 빈티지한 크런치 톤과 강렬한 하이게인 드라이브까지 커버가 가능하다. 아직까지 사운드 성향에 대한 자신만의 세계가 정립되기 전인 초심자에게 이처럼 장르적응력이 뛰어난 AX3의 특성은 큰 장점으로 작용할 것이다.

AX3는 브릿지에서 엔드핀까지의 길이가 짧고 헤드가 작기 때문에 '작은 기타'로 오해받기 쉽다. 그러나 실제 스케일 길이는 길지도 짧지도 않은 표준에 가깝다. 무엇보다 부드러운 넥 촉감과 아담한 바디사이즈 덕에, 실제로 착용했을 때 연주감은 상당히 뛰어나다. 다양한 톤 레인지, 단출하면서도 고급스러운 디자인, 작은 덩치에도 부담 없이 둘러멜 수 있는 착용감, 거기에 착한 가격까지… 이만하면 초심자 기타가 갖추어야 될 미덕을 고루 갖춘 준수한 엔트리 모델임에 분명하다.

In a Word ————

인우 액시스(Axis)겠거니…
두완 역시 믿을 만한 뮤직맨 계보

090

Sterling
Silo3

첫 일렉 기타 구매자.
'저렴한 뷔페' 좋아하시는 분.

가격랭크	A
제조국	인도네시아
전장	95cm
무게	3.0kg
머신헤드	Sealed Tuning Machines
너트 너비	42mm
넥 목재	Maple
지판 목재	Rosewood or Maple
지판 곡률 반지름	305mm
접합 방식	Bolt-on
프렛 사이즈	Medium
프렛 수	22
스케일 길이	648mm
바디 목재	Jabon
픽업 구성 및 사양	Neck and Middle: Single Coil Bridge: Overwound Humbucker
브릿지	Vintage Tremolo

AX3와 마찬가지로 S.U.B. 시리즈에 속하는 사일로 3(Silo3)는 뮤직맨의 실루엣 스페셜과 스털링의 사일로30D의 계보를 잇는다. 가장 눈에 띄는 차이는 바디목재에서 나타나는데, 실루엣 스페셜은 앨더, 사일로30D는 베이스우드, 사일로3는 AX3처럼 자봉(jabon, 빨리 자라는 '속성수'로 잘 알려진 음향목)이 쓰였다. 사일로3는 200만 원대 초중반인 실루엣 스페셜에 비해 대략 1/8에 해당하는 저렴한 가격으로 출시되고 있으며, AX3보다도 약 10만 원이 더 싸다.

넥에는 메이플이 적용되었고, 지판은 메이플과 로즈우드 중 하나를 선택할 수 있다. 바디에 5볼트온 방식으로 연결된 넥은 스무스 새틴으로 피니시 처리되어 부드러운 연주감을 제공한다. 픽업

은 오버와운드 싱글코일 픽업이 넥과 미들에, 하이 아웃풋 험버커가 브릿지에 장착되어 있다. 이러한 S·S·H 픽업세트는 5단 픽업셀렉터와 함께 뛰어난 범용성과 장르적응력을 자랑한다. 톤의 레인지로만 치자면 AX3보다 더 넓은 편이다.

2·4단 하프톤은 다소 가벼운 느낌이 있다. H·H보다 S·S·H의 구성이 픽업 간 밸런스 설정에서 더 까다로운 측면이 있기 때문에 이것은 어쩔 수 없는 저가기타의 한계라고 봐야 한다. 그러나 실제로 밸런스가 엉망인 다른 저가기타들에 비하면 애교 수준에 불과하니 크게 걱정할 필요는 없다. 이 가격대에서 더 넓은 톤 레인지를 얻기 위해 어쩔 수 없이 내줘야 하는 기회비용 정도로 생각하면 된다. 이러한 사소한 단점을 제외하면 전체적인 사운드는 훌륭하다. 마치 메뉴의 수가 많음에도 대부분 기본 이상은 하는 이상적인 서민식당의 모습을 연상케 한다. 가성비를 따지자면 유사 가격대에서는 단연코 최상급이다.

앞서 AX3의 미덕으로 꼽힌 넓은 톤 레인지와 부담없는 착용감, 그리고 착한 가격은 사일로3에도 그대로 적용되는 매력 포인트다. 다만 AX3에 비해 다소 심심한 외관과 무난한 스트랫 바디형태에 대한 개인취향이 사일로와 AX를 선택하는 분수령이 될 것 같다.

In a Word ———

인우 엔트리 모델의 새로운 기준
두완 '명장' 실루엣 스페셜의 착한 손자

091

Suhr
Standard Pro

:: **Targeting**

전공자라면 새내기보다는 졸업반부터.
학구파 로커.

가격랭크	D
제조국	미국
전장	98cm
무게	3.4kg
머신헤드	Suhr Locking Tuners
너트 너비	42mm
너트 재질	Tusq
넥 목재	Quartersawn Maple
지판 목재	Indian Rosewood
지판 곡률 반지름	254~356mm (compound)
접합 방식	Bolt-on
프렛 사이즈	Heavy
프렛 수	22
바디 목재	Basswood
탑	5A Flame Maple
픽업 구성 및 사양	Neck and Middle: JST ML Single Coil Bridge: JST SSH+ Humbucker
브릿지	Gotoh 510 2-Post Solid Saddles (Steel Block)

1997년 미국 캘리포니아 주에서 존 써(John Suhr)와 스티브 스미스(Steve Smith)가 공동창립한 JS 테크놀로지(JS Technologies)는 써 기타(Suhr Guitars)와 커스텀 오디오앰프를 생산하는 업체로 잘 알려져 있다. 존은 1990년대 중반 펜더 커스텀 샵(Fender's Custom Shop)에서 시니어 마스터 빌더(Senior Master Builder)로 일한 경력이 있었고, 스티브는 한때 리켄배커에서 프로그래밍 작업을 했던 CNC 프로그래머 출신이었다. 하드웨어 전문가들이 모여서 만든 회사답게 최상급의 재료와 기술력으로 하이엔드 커스텀 기타를 주로 생산하는 써 기타는 품질 높은 사운드로 현재 세계적인 팬덤을 확보하고 있다.

써에서 만드는 기타는 크게 두 종류로 나눌 수 있다. 하나는 완전한 주문제작을 기본으로 하는 커스텀 기타, 또 하나는 인기 있는 사양으로 미리 구성된 세미 커스텀 기타다. 커스텀 기타는 바디모양과 사양의 특징에 따라 모던(Modern), 스탠더드(Standard), 클래식(Classic), 클래식 T, 클래식 TS로 나뉜다. 홈페이지 상에 각 모델의 상세스펙에 대한 언급이 없는 대신, 첨부된 세부가격표(Custom Guitar Price List)를 통해 소비자가 직접 스펙을 구성하고 견적을 낼 수 있다.

세미 커스텀 기타는 프로(Pro), 앤티크(Antique), 새틴(Satin) 시리즈로 나뉜다. 이 가운데 프로 시리즈는 모던 프로(Modern Pro), 스탠더드 프로(Standard Pro), 클래식 프로(Classic Pro), 클래식 T 프로(Classic T Pro)로 나뉜다. 하나부터 열까지 스스로 스펙을 구성하는 것이 부담스럽다면, 프로 시리즈를 필두로 한 세미 커스텀을 이용하는 것이 현명한 답이 될 것이다. 국내에서는 스탠더드 프로와 클래식 프로 모델이 많은 사랑을 받고 있다.

스탠더드 프로는 베이스우드 바디, 플레임 메이플 탑, 메이플 넥의 기본 목재구성을 취하고 있다. 254~356mm의 혼합곡률이 적용된 지판은 메이플과 인디언 로즈우드 중 하나를 선택할 수 있다. 넥과 미들에 JST ML 싱글코일 픽업, 브릿지에 JST SSH+ 험버커가 배치되어 유려한 싱글사운드부터 강렬한 험버커 게인톤까지 넓은 사운드 레인지를 갖고 있다.

스탠더드 프로의 사운드는 '시원하다'는 감성으로 대변된다. 혹자는 귀가 아프다고 평할 정도로 카랑카랑한 고음역이 강한 정체성을 드러내기 때문에 무엇보다 솔로연주 시 발군의 존재감을 자랑한다. 기본적으로 펜더를 지향한 빈티지함을 추구하는 동시에 뛰어난 기술력을 바탕으로 깔끔함과 모던함이 더해져 '하이엔드 빈티지 슈퍼스트랫'이라 칭할 만한 새로운 노선을 갖추었다. 중음대가 강하고 다소 투박한 매력이 있는 타일러 기타, 전 음역대의 밸런스가 완벽에 가깝게 정리된 앤더슨 기타와 확실히 차별화되는 부분이다.

일반적으로 오리지널 빈티지 악기는 매력적인 톤과 개성 넘치는 감성을 갖고 있는 반면 제대로 다루기가 만만치 않다. 그러나 써 기타는 매력적인 빈티지 악기의 감성을 유지함과 동시에 '다루기 쉬운' 기타를 만들고자 한 창립자의 강한 의지를 담고 있다. 빠른 시간 안에 내공을 쌓아야 하는 수많은 전공자들과 입시 준비생들에게 사랑받는 이유가 바로 여기에 있다.

In a Word

인우 극한의 기술력으로 재현한 '빈티지 슈퍼스트랫'

두완 '써'로부터 '스탠다드'라는 이름을 얻을 수 있는 당당한 완성도

092

Suhr
Classic Pro

:: **Targeting**

전공자 및 직업희망자.
빈티지를 '학습'하고자 하는 연주자.

가격랭크	D
제조국	미국
전장	98cm
무게	3.4kg
머신헤드	Suhr Locking Tuners
너트 너비	42mm
너트 재질	Tusq
넥 목재	Quartersawn Maple
지판 목재	Dark Indian Rosewood
지판 곡률 반지름	229~305mm (compound)
접합 방식	Bolt—on
프렛 사이즈	Medium
프렛 수	22
바디 목재	Alder
픽업 구성 및 사양	Neck and Middle: JST V70 Single Coil Bridge: JST SSV Humbucker
브릿지	Gotoh 510 2—Post Bent Saddles (Steel Block)

세부가격표를 참고해 직접 스펙을 선택해야 하는 써의 커스텀 기타는 아무리 최저가로 옵션을 조합해도 상당한 고가로 결론이 난다. 기본가 3,800달러인 커스텀 스탠더드 모델을 선택해 최소비용으로 임의 스펙(스탠더드, 앨더 바디, 플레인 메이플 탑, 스크랩 바인딩, 메이플 넥, 메이플 지판, JST 픽업세트, 1볼륨 1톤 5웨이 픽업셀렉터, 크롬 하드웨어, 화이트펄 픽가드, 솔리드 피니시, 긱백)을 구성한 결과 약 4,200달러(약 450만 원)가 나오고, 기본가 5,400달러인 모던의 카브드 탑 셋인넥 모델을 기본으로 최고사양 스펙에 풀옵션을 추가(모던 카브드 탑 셋인넥, 원피스 마호가니 바디, 19mm 원피스 퀼티드 메이플 아치탑, 더블 바인딩, 5A 그레이드 로스티드 버드아이 메이플 넥, 스캘럽 에보니 지판, EMG 픽업세트, 미드부스트 프레젠스 컨트롤, 골드 하드웨어, 베이크라이트 픽가드, 컬러매치 피니시, G&G 디럭스 하드셸 케이스)하면 무려 11,300달러(약 1,200만 원)가 나온다.

물론 후자의 경우 최고가를 알아보기 위해 어울리지 않는 최고스펙들을 마구 우겨 넣은 의미 없는 구성이지만, 마음에 드는 스펙을 추가하기 시작하면 가격이 천정부지로 치솟는다는 것을 잘 보여주는 예시다. 선택과 집중의 미덕을 제대로 발휘할 수만 있다면 세상에 하나뿐인 나만의 하이엔드 기타를 갖게 되는 셈이지만, 어지간한 지식과 경력으로는 그 과정이 만만치 않은 셈이다. 이런 상황에서 써의 기타를 가장 저렴한 가격으로, 가장 마음 편하게 구입할 수 있는 선택지가 바로 클래식 프로다. 클래식 프로는 200만 원대 중후반의 준수한 가격대뿐 아니라 뛰어난 가성비까지 갖추어 실제로 하이엔드 기타를 처음 구매하는 연주자들에게 큰 인기를 누리고 있다.

클래식 프로는 투피스 앨더 바디와 쿼터쏜 메이플 넥에 탑이 없는 담백한 기본 목재구성을 취하고 있다. 지판은 스탠더드 프로와 마찬가지로 메이플과 인디언 로즈우드 중 하나를 선택할 수 있고, 혼합곡률이 229~305mm로 스탠더드에 비해 다소 둥근 편이다. 픽업의 경우 넥과 미들 쪽에 V70 싱글코일 픽업세트, 브릿지 쪽에 SSV 험버커를 장착할 수 있다. 전체적으로 '빈티지 스트랫'을 지향한 스펙이다.

그러나 일반적인 빈티지 스트랫에 비해 사운드는 유들유들하고 매끄러운 편이다. 노이즈의 정리 상태가 우수한 것은 물론 하드웨어와 사운드의 조합에서 오는 편안한 연주감도 일품이다. 또한 볼륨과 톤의 가변성이 우수하기 때문에 약한 드라이브나 크런치톤에서도 빼어난 매력을 발산한다.

다만 '너무 길이 잘 든 느낌' 때문에 연주자의 성향에 따라 호불호가 갈릴 소지는 있다. 대항마로 꼽을 만한 펜더의 스트라토캐스터 디럭스 모델이 태생적 빈티지를 깎아 정돈한 '조각'이라면, 써의 클래식 프로는 깔끔한 모던 스트랫에 빈티지를 잘 발라낸 '소조'에 가깝다. 출신성분의 이런 미묘한 차이는 의외로 큰 결과의 차이를 낳는다. 당신이 선호하는 빈티지는 어느 쪽인가? 구매를 결정하기 전에 이 고민이 선행되어야 한다.

Suhr

093

Swing
S100 Plus

:: Targeting

'순수취미목적' 일렉 기타 입문자.
아주 미세하게나마 G250, T250보다 고스펙을 원하는
경우.

가격랭크	A
제조국	인도네시아
전장	98cm
무게	3.5kg
머신헤드	Locking Tuners
너트 너비	42mm
너트 재질	PPS (Polyphenylene Sulfide)
넥 목재	Canadian Hard Maple
지판 목재	Maple or Rosewood
지판 곡률 반지름	241mm
접합 방식	Bolt-on
프렛 사이즈	Medium
프렛 수	22
스케일 길이	648mm
바디 목재	Basswood
픽업 구성 및 사양	Neck and Middle: Swing SA1 Bridge: Swing SAH1
브릿지	Wilkinson VS50 II-K

2001년 한국에서 창립된 스윙은 처음부터 커스텀 기타와 양산형 기타를 제작하는 데 곁점을 찍고 독자적인 브랜드로 성장했다. 특히 2002년 기타리스트 타미김과 박창곤을 엔도서로 영입한 것을 시작으로 김바다, 김종서, 이승철 등 여러 유명 아티스트와 엔도스먼트 계약을 맺는 행보는 국내 기타마니아들의 관심을 끌기에 충분했다. 현재 스윙은 국내는 물론 세계 여러 나라에 배급망을 두고 다양한 모델을 수출하고 있다.

S100 Plus(이하 S100)은 콜트의 G250, 데임의 T250과 곧잘 비교되는 스윙의 입문용 기타로, 예의 두 모델처럼 전형적인 스트랫을 표방하고 있다. 콜트나 데임 모델보다 다소 인지도가 떨어지는 편이지만 S100의 가성비와 완성도는 결코 두 모델에 뒤처지지 않는다. 이 세 가지 모델을 묶어 '국산 입문용 기타 3대장'이라 칭해도 전혀 무리가 없을 정도다. 이 모델들은 가격대뿐 아니라 사운드 성향도 거의 비슷하기 때문에 결국 브랜드 선호도나 디자인 취향이 선택에 주된 기준이 된다.

S100은 초심자 기타에 걸맞은 스펙구성으로 범용성에 포커스를 맞췄다. 베이스우드 바디, 메이플 넥, 로즈우드 지판(메이플 선택 가능)의 목재구성을 가지고 있고, 윌킨슨의 VS50ⅡK 브릿지, 락킹 튜너 등 가격에 비해 고사양의 부품들이 사용되었다. 스윙의 자체제작 픽업인 SA1 싱글 픽업이 넥과 미들에, SAH1 험버커가 브릿지에 장착되어 있는 S·S·H 구조로, 1볼륨 1톤 5단 픽업셀렉터로 구동된다. 브릿지 픽업의 험·싱 전환을 위한 토글스위치를 통해 다양한 톤 조합도 가능하다.

사실 2~30만 원대의 입문용 기타에서 사운드의 특성을 세세하게 논하는 것은 큰 의미가 없

다. 가격대가 낮으면 스타일과 개성을 고민하기 이전에 일단 '후지지 않게' 만드는 일이 급선무이기 때문이다. 결국 싼 값에 최대한 덜 싼 소리가 나게 하는 것이 이 가격대 기타들의 지상과제인 셈. 그러나 앞서 언급한 G250, T250과 더불어 S100은 이러한 지상과제들을 초과달성한 기타들이다. '덜 싼 소리'의 커트라인을 넘어 '괜찮은 소리'의 영역까지 아우른 국산 입문용 기타 3대장들의 저력이 놀라울 뿐이다.

Swing

In a Word

인우 당당히 3대장에 편입, 단 서열은 가장 낮음
두완 국산 저가 모델의 호쾌한 반격

094

Tom Anderson
Drop Top Classic

레코딩 전용기타.
프로 세션 준비 중인 상급연주자.

***완전한 커스텀 모델이라 표준 스펙 표기 불가능**

1977년부터 섹터에서 엔지니어로 근무한 탐 앤더 슨(Tom Anderson)은 1984년에 회사를 나와 자신의 이름을 건 기타브랜드를 창업했다. 그가 자택 차고 에서 진수한 사업은 픽업제작을 중심으로 확장을 거듭해 기타제작까지 확대되었고, 1993년을 기해 기타제작의 모든 공정을 자체 해결할 수 있는 능력 까지 갖추었다. 어느새 하이엔드 기타의 대표브랜 드로 자리한 탐 앤더슨 기타는 레코딩 업계에서 압 도적인 지지를 받고 있다.

현재 탐 앤더슨에서 제작하는 일렉 기타는 크 게 S 패밀리(S Family), T 패밀리(T Family), 아톰(Atom), 코브라(Cobra), 불독(Bulldog)으로 나뉜다. 기본적으 로 스트라토캐스터 바디형태를 강조한 S 패밀리는 사양의 특징에 따라 드롭탑(Drop Top), 드롭탑 클래 식(Drop Top Classic), 프로 암(Pro Am), 더 클래식(The Classic)으로 나뉜다. 그중에서 드롭탑 계열은 '앤더 슨'하면 떠오르는 브랜드의 대표모델이자 베스트셀 러로 꼽힌다. 1990년에 처음 모습을 드러낸 '기본' 드롭탑은 말 그대로 바디의 좌측 하단 탑이 휘어진 (dropped or bent) 형태를 취하고 있다. 이러한 형태는 연주 시 오른팔에 편안함을 주는 것은 물론 독특한 바디 울림을 내는 중요한 역할을 한다. 드롭탑에 이 어 1991년 모습을 드러낸 드롭탑 클래식은 기존의 드롭탑에 클래식 스타일의 픽가드를 얹은 형태로 또 다른 바디 울림을 가능케 한다.

앤더슨 역시 커스텀 전문 브랜드답게 여러 가지 스펙 옵션을 가지고 있다. 써(Suhr)처럼 무지막지한 스펙 옵션을 가지고 있는 것은 아니지만, 취향에 맞추기에는 넉넉한 옵션 변수를 자랑한다. 드롭탑 클래식 모델의 경우 솔리드·할로우, 앨더·스웜프애시·베이스우드·마호가니 바디, 퀼티드 메이플·플레임 메이플·월넛·코아 탑, 메이플·초콜릿 메이플·인디언 로즈우드 넥, 로즈우드·포페로 지판 등 다양한 선택이 가능하다. 넥 형태, 프렛 사이즈, 하드웨어 등 다른 스펙도 마찬가지다.

기본으로 적용되는 스펙 가운데 특이한 것은 넥 조인트와 엔드핀이다. 이 두 스펙은 드롭탑 뿐만이 아니라 모든 모델에 적용되는 앤더슨의 트레이드마크로 '2볼트온 넥·2엔드핀'이라는 유례없는 개성을 뽐낸다. 컨투어 처리되어 있는 조인트 부분에 대각선으로 박힌 두 개의 볼트는 브랜드가 하드웨어 조립에 갖고 있는 강한 자신감을 대변하고, 두 개의 엔드핀은 연주자의 취향에 따라 스트랩의 장착 위치를 달리할 수 있게 하는 것은 물론 연주 도중 잠시 기타를 벽에 기대놓을 때 유용하다.

픽업은 다양하게 선택할 수 있다. 그전에 우선 앤더슨이 보유한 픽업 종류를 사이즈별로 살펴볼 필요가 있다. 싱글코일의 경우 S사이즈는 VA, SC, SF, SA 시리즈가 있고, T사이즈는 TV, TF, TD가 있다. 험버커의 경우 H, HN, HC, HF, HO 시리즈가 있고, 소프바 픽업으로 PQ 시리즈가 있다. 물론 미니험버커로 싱글코일과 험버커의 중간지점을 점유한 M시리즈 계열(TM, M)도 빼놓을 수 없다. 각각의 픽업 모델은 사운드의 특징에 따라 여러 개의 상세모델로 나뉘는데, 가격은 개당 100~160달러다. 즉 픽업구성에 따라 전체 픽업세트의 가격은 30~50만 원선으로 커스텀 브랜드에서 자체적으로 만든 픽업치고는 크게 비싼 편은 아니다. 드롭탑 클래식에는 S사이즈의 싱글코일 픽업과 H사이즈의 험버커를 이용해 S·S·S, S·S·H, H·S·H 정도로 구성할 수 있고, M시리즈 세트를 이용해 H·H·H으로 구성할 수도 있다. 픽업구성에 따른 컨트롤도 선택지가 많다. 단, 모델별로 가능한 사이즈의 픽업이 조금씩 다르다는 점은 미리 염두에 두어야 한다.

타일러, 써, 그로시 등 여타 하이엔드 브랜드와 비교했을 때 앤더슨의 사운드는 기타 톤의 '기본값(default value)'이라고 해도 과언이 아닐 정도로 정갈하게 정리된 느낌이 강하다. 이러한 특징 덕분에 레코딩 세션들 사이에서도 가장 깔끔하고 무난하며 노이즈에 탁월한 기타로 정평이 나 있다. 문제는 컴프레서나 이큐가 이미 적용되어 있는 것처럼 느껴지는, 드롭탑의 과도한 깔끔함에 호불호가 갈린다는 점이다. 일각에서는 '가장 특징 없는 기타', '특징 없는 게 최대특징인 기타'라고 혹평하기도 한다. 그러나 취향을 가리지 않는 앤더슨의 넓은 범용성은 타의 추종을 불허한다. 쉽게 말해 장르 불문, 스타일 불문, 안 되는 게 없다. 비유를 하자면, 본래의 피부색을 아무도 모른다는 변신의 귀재 카멜레온, 혹은 전문분야는 없지만 그렇다고 모르는 것도 없는 잡학 다식한 인재라 할 수 있다. 앤더슨의 드롭탑 클래식은 그런 기타다.

In a Word

인우　성대모사 최강 달인
두완　꿈의 기타 함수 f(x)의 수렴값

Washburn
N4VINTAGE

강심장.
풀피킹 고속 연주가 가능한 상급자.

가격랭크	D
제조국	미국
전장	97cm
무게	3.6kg
머신헤드	Grover Exclusive (18:1)Chrome
너트 너비	43mm
너트 재질	Chrome
넥 목재	Birdseye Maple
지판 목재	Ebony
접합 방식	Bolt—on
프렛 수	22
스케일 길이	648mm
바디 목재	Alder
픽업 구성 및 사양	Neck: Seymour Duncan '59 Bridge: Bill Lawrence L—500
브릿지	Floyd Rose 1000 Series Original

워시번은 1883년 미국에서 조지 워시번 리옹(George Washburn Lyon)이 설립한 기타브랜드다. 시카고의 맥스웰 가(Maxwell Street) 근처, 즉 1920년대 초반 델타 블루스의 본산지와 가까운 곳에 공장이 세워져 한동안 시카고블루스의 영향을 많기 받기도 했다. 1929년 경제공황을 기점으로 파산을 맞기도 했지만, 1974년에 재건되어 현재까지 과거의 전통을 이어오고 있다. 최근 워시번이 생산하는 일렉 기타는 시리즈별로 할로우바디, 재즈, 아이돌 윈(Idol WIN), XM, RX, P, 누노 베텐코트(Nuno Bettencourt), 프리스티스(Priestess) 등으로 나뉘고, 그중 누노 베텐코트 시리즈의 인지도가 가장 높다.

익스트림(Extreme)의 기타리스트로 잘 알려진 누노 베텐코트는 장르를 가리지 않는 귀신같은 연주력을 통해 최고의 테크니션 중 한 명으로 평가받는 인물이다. 1980년대 후반부터 활동한 익스트림 역시 헤비메탈을 중심으로 팝메탈, 펑키메탈까지 선보이며 한때 세계적인 그룹으로 군림한 바 있다. 그래서 누노의 시그너처 모델인 N4가 처음 공개된 해이자 익스트림의 명반 「Pornograffitti」가 나온 해인 1990년은 누노와 누노의 팬들에게 기념비적인 해로 남아 있다.

워시번의 누노 베텐코트 시리즈는 총 9개의 하위모델로 구성되어 있다. 크게 N24, N2, N4, N7으로 나뉘며, 스펙이나 색상의 차이에 따라 뒤에 세부모델명이 추가된다. 시리즈의 대표모델인 N4빈티지는 우선 '스티븐즈 익스텐디드 컷어웨이(Steven's Extended Cutaway)'를 통해 존재감을 과시한다. 컷어웨이가 곡선 형태로 연장되어 높은 프렛에서도 편한 연주가 가능하다. 브릿지로 쓰인 오리지널 플로이드로즈 1000 시리즈와 락킹너트 역시 격렬한 아밍 플레이를 도모한다. 한편 세이무어 던컨의 '59 험버커와 빌 로렌스(Bill Lawrence)의 L−500으로 이루어진 특이한 픽업구성은 N4빈티지만의 사운드 정체성을 규정하는 결정적인 요소다. 톤노브 없이 홀로 남은 볼륨노브, 그리고 이것을 푸시풀로 조작해 얻을 수 있는 싱글톤도 지나칠 수 없다.

익스트림이 메탈밴드이긴 하지만, 이 기타는 흔히 상상하는 '드라이브 잘 먹는' 일반적인 메탈 기타와 다르다. 기본적인 사운드는 클린톤과 게인톤 모두 크런치한 질감이 확실히 살아 있는데, 개성이 상당히 강하기 때문에 적응에 시간이 필요하다. 험·싱 전환으로 다양한 톤을 조합할 수 있다는 장점과 함께, 귀에 익숙한 톤을 찾는 것도 쉽지 않다는 단점도 있다. 크런치톤의 고속 리프 연주는 정말 매력적이지만, 연주력이 웬만큼 훌륭하지 않고서는 그 맛을 내기란 쉽지 않다. 한마디로 쉽지 않은 것 투성인 기타다.

그럼에도 까끌까끌한 사운드 질감과 기타 전반에 흐르는 빈티지 감성은 상당히 매력적이다. 누노 특유의 담백한 펑키메탈 톤을 제대로 활용할 자신만 있다면, 이 모든 '쉽지 않음'을 감수하고서라도 구매를 강행할 가치가 있는 기타임에 틀림없다.

외관의 포인트라 할 수 있는 'N4' 프리즘마크는 한때 N4 모델 구매자에게 제공된 스티커였다. 즉 연주자가 스티커를 붙일지 말지 결정했다. 그러나 2000년대 중반을 지나면서 이 문양은 스티커가 아닌 '부동의' 디자인으로 자리했고, 그 결과 일부 모델의 필수 사양으로 굳어졌다.

In a Word

인우 제대로 쓸 수만 있다면 희대의 명기
두완 누노의 화려한 연주스타일을 대변하는 호탕한 사운드

096

Xotic
XS-2

:: Targeting

무난하고 깔끔한 취향, 성실한 연주성향을 가진 연주자.
녹음용 메인 스트랫.

가격랭크	D
제조국	미국
전장	99cm
무게	3.6kg
머신헤드	Sperzel 6line Trem Lock Chrome Tuner
너트 너비	42mm
너트 재질	Bone
넥 목재	Maple
지판 목재	Maple
지판 곡률 반지름	254mm
접합 방식	Bolt—on
프렛 수	22
스케일 길이	648mm
바디 목재	Ash or Alder
픽업 구성 및 사양	Neck and Middle: ST Single Coil Bridge: HM—53V
브릿지	Gotoh 510TS—SF2 bridge with Raw Vintage RVS—112 saddle

이 브랜드를 '엑소틱', 혹은 한술 더 떠 '조틱'이라고 읽는 한국인들이 많은데, 원어민을 기준으로 한다면 정확한 발음은 '이그자릭'에 가깝다. 이것을 한국어 실정에 맞게 다듬어 표기하면 '익조틱' 정도가 되겠다. 그러니 외국 나가서 '엑소틱', 혹은 '조틱' 기타 찾다가 빈손으로 오는 일 없도록 주의하자. 다시 말하지만, 이 브랜드 이름은 '익조틱'이다.

익조틱은 1996년 미국에서 처음 모습을 드러냈다. 처음에 커스텀 베이스 기타 제조사로 명성을 얻은 뒤 일렉 기타까지 손을 대면서, 이제는 전 세계에 마니아를 거느리고 있는 하이엔드 기타 전문 브랜드로 자리 잡았다. 현재 익조틱의 기타는 바디 형태에 따라 스트라토캐스터 형태를 띤 XS 시리즈와 텔레캐스터 형태를 띤 XT 시리즈, 그리고 비대칭 더블컷어웨이가 강렬한 개성을 뿜어내는 XGC 시리즈로 나뉜다.

XT 시리즈와 함께 익조틱 기타의 명성을 이끌어온 XS 시리즈는 다시 XS-1, XS-2, XS-3로 나뉜다. 구분의 가장 큰 기준이 되는 것은 픽업 배열 구조다. XS-1이 S·S·S, XS-2가 S·S·H, XS-3가 H·S·H이기 때문에 나오는 소리의 질감과 용도가 서로 확연히 다르다. 스탠더드 스트랫의 질감과 범용성을 동시에 추구하는 연주자는 아무래도 XS-2 모델에 대한 선호도가 높은 편이다. 컬러옵션은 총 10가지로 선택의 폭이 꽤 넓은 편이다. (하지만 국내에서는 수입 물량의 한계로 실질적인 선택권은 많지 않다.)

바디는 애시와 앨더 중에 하나를 선택할 수 있는 것은 물론 60만 원 정도의 추가금을 지불하면 마호가니 백에 피규어드 메이플 탑 조합으로 변경할 수 있다. 넥과 지판 역시 기본적으로 메이플이 쓰이는 대신 20만원의 추가금을 들여 버드아이 메이플 넥이나 원피스 메이플 통넥으로 바꿀 수 있다. 헤드와 바디에는 각각 스퍼젤 튜너와 고토의 트레몰로 브릿지가 장착되어 있다. 픽업은 익조틱이 자체 제작한 ST 싱글코일과 HM-53V 험버커가 쓰인다. 전체적으로 전형적인 스트랫의 스펙 디테일을 가지고 있다.

사운드의 인상은 깨끗하고 선명하다. 깔끔하게 정제된 클린톤은 상당히 고급스러운 느낌을 주는 동시에 빈티지한 감성보다 톤의 정리정돈에 포커스를 맞춘 듯하다. 입자가 고운 게인톤은 클린톤에 비해 상대적으로 빈티지하다. 5단 픽업의 출력량이 생각보다 강하기 때문에 하드록 정도의 장르는 무난히 소화할 수 있다. 하이엔드 기타답게 픽업의 사운드 범위가 넓고, 밸런스도 잘 잡혀있다. 단, 여타 하이엔드 기타 대표브랜드들에 비해 다소 점잖은 인상을 갖고 있기 때문에, 연주자의 취향에 따라 호불호가 갈릴 것이다.

In a Word

인우 점잖게 풍겨오는 미량의 빈티지 향기
두완 익조틱의 현명한 절충안

097

Yamaha
SG1820

:: Targeting

범용 SG를 찾는다면.
앞으로 매진할 장르를 정하지 못한 채 기타구매만 계획
하고 있는 중상급 이상의 경력자.

가격랭크	D
제조국	일본
전장	100cm
무게	4.7kg
머신헤드	Grover Locking Tuners
너트 재질	Graph Tech Bone
넥 목재	Mahogany
지판 목재	Rosewood
지판 곡률 반지름	350mm
접합 방식	Set—in
프렛 수	22
스케일 길이	628mm
바디 목재	Mahogany
탑	Maple
픽업 구성 및 사양	Neck and Bridge: Seymour Duncan '59 Covered
브릿지	Tonepros AVRII

야마하의 역사는 1887년 일본인 야마하 토라쿠스(山葉寅楠)가 리드오르간을 만든 것에서 출발한다. 이후 토라쿠스가 설립한 '일본악기제조주식회사(日本楽器製造株式会社)'는 1900년 업라이트 피아노, 1941년 클래식 기타에 이어 1966년 일렉 기타를 생산하면서 악기사업을 확장해 나갔다. 현재 야마하 악기는 피아노와 기타뿐 아니라 현악기, 금관악기, 목관악기, 타악기는 물론 각종 레코딩 장비와 오디오 시스템까지 음악 전반을 총망라한 거대한 라인업을 보유하고 있다.

야마하 일렉 기타의 대표시리즈인 SG 시리즈의 기원은 1974년 출시된 SG175로 거슬러 올라간다. 2년 후인 1976년, SG175의 약점들을 보완한 새 모델이 출시되는데, 이 기타가 바로 SG 시리즈의 완전한 기준을 제시한 것으로 평가받는 SG2000이다. 라틴록의 대가 카를로스 산타나(Carlos Santana)가 제작에 참여했다. 서스테인을 극대화하고자 한 산타나의 요청에 따라 티크로스(T-Cross) 메이플 탑, 넥스루 접합, 브라스 서스테인 블록(brass sustain block)을 도입한 것은 당시로선 획기적이었다. 이후 SG2000의 특징을 계승하며 화려한 멕시코 아발론(mexican abalone) 바인딩을 더한 SG3000은 1982년 출시 후 야마하의 최고가모델이자 최상위모델로 큰 인기를 누렸다. 이로써 펜더나 깁슨과 같은 미국 업체들이 주도하는 기타시장에서 일본 업체인 야마하는 강력한 다크호스로 떠올랐다.

한편 SG라는 시리즈 이름을 오래 전부터 쓴 깁슨은 1970년대 말부터 야마하에 명칭수정을 요청했다. 결국 1980년을 기해 SG2000은 미국 시장에 한해 SBG2000라는 새로운 이름을 갖게 되었지만, 이 변화가 야마하에 미친 영향은 미미했다. 현재 미국에서 SBG로 부르는 이 시리즈는 일본과 한국을 비롯한 대부분의 나라에서 여전히 SG로 부른다.

1970~80년대 야마하 일렉 기타의 성장을 견인한 SG 시리즈는 이후 끊임없는 음악시장의 변화와 장르의 분화에 따라 연주자들의 새로운 요구에 직면했다. 야마하는 연주자들과 꾸준한 소통을 통해 SG 시리즈 개량에 들어갔고, 개발에 참여한 아티스트들의 직접적인 피드백을 취합해 SG1820를 완성했다. 이것은 전통을 계승하면서도 한층 더 발전적이고 현대적인 방향으로 진일보된 새로운 SG였다.

SG1820은 SG 시리즈의 표준모델이자 새로운 SG 라인의 기반이 되는 모델이다. (1820 외에 EMG 픽업을 장착한 SG1820A와 세이무어 던컨의 SP90을 장착한 SG1802가 새로운 SG 시리즈를 구성하고 있다.) 바디 뒷면을 조금 더 평평하게 다듬은 플랫백 스펙은 스트랩 연주 시 편안한 연주감을 제공하고, 중저음의 풍성한 울림을 가능케 한다. 특히 이 모델은 중저음을 강조한 세이무어 던컨 '59 픽업의 성향이 제대로 반영되어 있다. 따라서 팝에 사용하기엔 뉘앙스가 다소 진하지만, 블루스나 하드록, 재즈 등 전통적인 장르 내에서는 사운드 레인지가 넓은 편이다. 한마디로 '다양하게 활용 가능한 빈티지 기반의 톤'이 새로운 SG1820 사운드의 핵심이다. '웰메이드'의 대명사인 야마하답게 날렵하면서도 중후함을 잃지 않는 밸런스 역시 일품이다. 가격은 300만 원 중후반대에 책정되어 있다.

Yamaha

In a Word

인우 이에 늘러 붙지 않는 야마하식 쫀득함의 집대성
두완 전통과 현대의 이상적인 조화

098

Yamaha
PAC2I2VFM

:: Targeting

예산에 여유가 있는 첫 일렉 기타 구매자.
장르 기타리스트들의 범용 서브기타.

가격랭크	A
제조국	인도네시아
전장	99cm
무게	3.6kg
넥 목재	Maple
지판 목재	Rosewood
지판 곡률 반지름	350mm
접합 방식	Bolt—on
프렛 수	22
스케일 길이	648mm
바디 목재	Alder
탑	Flamed Maple
픽업 구성 및 사양	Neck and Middle: Alnico—V Single Bridge: Alnico V Humbucker
브릿지	Vintage Tremolo bridge with Block Saddle

퍼시피카(Pacifica) 시리즈는 1990년부터 생산된 야마하의 스트랫 계열 시리즈다. 라인업이 여러 번 재편된 후, 현재는 입문용에서 중고급용까지 다양한 하위모델을 보유하고 있다. 야마하 코리아를 기준으로 했을 때, 가장 저렴한 입문용 모델로는 30만 원대의 112J와 112V가 있고, 112를 기반으로 약간의 스펙 업그레이드를 적용한 212와 그 상위모델인 311, 510, 611 등도 있다.

퍼시피카 시리즈는 모델명의 숫자가 올라갈수록 상위모델에 속한다. 숫자 뒤에 붙는 영문약자는 각각 비브라토(Vibrato), 하드테일(Hard tail), 플레임드 메이플 탑(Flamed Maple top), 퀼티드 메이플 탑(Quilted Maple top)을 의미한다. PAC212VFM(이하 212VFM)은 모델명에서 유추해볼 수 있듯이 비브라토 시스템과 플레임 메이플 탑 스펙을 탑재한 112의 업그레이드 버전이다. 그 결과 112보다는 다소 비싸지만, 그래도 50만 원은 넘지 않는다. 약간 고급스러운 입문용 기타인 셈이다.

목재구성은 앨더 바디, 메이플 넥, 로즈우드 지판의 전형적인 스트랫 스펙을 취하고 있다. 지판곡률은 평평한 편이며, 넥 후면부의 새틴 피니시는 부드럽고 자연스러운 연주감을 제공한다. 무엇보다 플레임 메이플 탑의 화려한 무늬와 헤드매칭 옵션은 가격대에 비해 고급스러운 느낌을 주는 212VFM의 최대 강점으로 꼽힌다.

픽업에는 알니코V 세트가 S·S·H 구조로 사용되었다. 톤노브의 코일탭 기능으로 브릿지 험버커의 험·싱 전환이 가능해 다양한 사운드 조합을 구현할 수 있다. 사운드는 지극히 무난하며, 팝 성향이 강하다. 부담스러운 저역대가 깔끔하게 정리되어 있고, 영롱하고 날씬한 클린톤부터 드라이브 양이 많은 하이게인톤까지 두루 소화가 가능하다.

212VFM은 112보다 디자인이 고급스럽고 사운드의 개성이 강하지만 조금 더 분명한 타기팅이 필요한 311 이상의 모델보다는 만만한 느낌을 준다. 초심자를 홀릴만한 최적의 위치를 점하고 있는 셈이다. 사실 일렉 기타 첫 구매에 40만 원대 후반의 가격은 부담스러울 수 있다. 그러나 212VFM은 시리즈 하위모델 중에서 '가격대비 스펙이 가장 높은' 모델이기 때문에, 오래 쓸 생각으로 투자한다면 오히려 초심자일수록 후회 없는 선택이 될 것이다.

Yamaha

In a Word

인우 핀급·라이트급 통합챔피언
두완 무채색의 유혹

Yamaha
SA2200

:: Targeting

퓨전이나 모던 재즈 전용기타.
335의 독재에 질린 할로우바디 기타리스트.

가격랭크	D
제조국	일본
전장	103cm
무게	3.4kg
넥 목재	Mahogany
지판 목재	Ebony
지판 곡률 반지름	350mm
접합 방식	Set—in
프렛 수	22
스케일 길이	629mm
바디 목재	Laminated Figured Maple
픽업 구성 및 사양	Neck and Bridge: Alnico V Humbucker
브릿지	T—O—M

야마하의 할로우바디 기타는 40년 이상 지속적인 개량과 라인업 구축을 해왔지만 다른 일렉 기타 시리즈에 비해 대중적 인지도는 떨어지는 편이다. 그러나 현재 할로우 시리즈의 대표모델인 SA2200은 스타 없이 외로운 명맥을 유지해온 할로우 라인에서 처음으로 '스스로' 스타가 되어 '웰메이드 야마하'의 명성을 증명한 명기로 평가받고 있다.

그렇다면 고군분투의 악조건 속에서도 역대 최고의 인지도와 퀄리티를 자랑하며 큰 사랑을 받고 있는 이 기타의 매력은 무엇일까. 답은 '야마하식 웰메이드'에 있다. SA2200의 가격대는 200만 원대 중반이다. 이러한 가격이 결코 만만한 것은 아니지만, 타 브랜드의 고급 할로우바디 대표모델들과 비교하면 상대적으로 저렴한 것이 사실이다. 그럼에도 3~400만원을 호가하는 유명 할로우바디 명기들과 비교했을 때, SA2200은 스펙이나 디자인 측면에서 전혀 밀리지 않는 가성비를 자랑한다. 가격만큼 중요한 또 하나의 매력 포인트는 역시 사운드다. 어쿠스틱이나 일렉 할 것 없이 전체적으로 안정된 이퀄라이징과 고른 밸런스를 보여주는 야마하 특유의 사운드 기조는 SA2000에도 고스란히 적용되어 있다. 결국 이 모델은 다른 전형적인 빈티지 할로우바디 기타들과 차별화되는 '똑 부러지는' 매력을 가질 수밖에 없다.

바디는 시커모어(sycamore) 측후판에 피규어드 메이플 탑을 올렸다. 시커모어가 유럽산 단풍나무의 일종이기 때문에, 결국 바디 전체가 메이플 성향인 셈이다. 이와 더불어 넥과 지판에는 각각 프리미엄 급의 마호가니와 에보니가 사용되었다. 여기에 피드백을 줄이기 위한 얇은 바디 디자인까지 더해져, 전체적으로 또렷하고 단단한 사운드를 위한

스펙구성이 돋보인다. 한편 픽업으로 쓰인 알니코V 험버커 세트는 3웨이 토글스위치로 작동된다. 금장 하드웨어와 화려한 바인딩은 디자인의 고급화를 지향한다.

앞서 설명했지만 일반적인 세미할로우 기타들에 비해 깨끗하고 명료한 사운드가 SA2200의 가장 큰 특장이다. 크런치에서도 또렷이 코드톤이 들릴 정도로 해상도가 높고, 드라이브의 질감도 깔끔하다. 공간계 이펙터에 얹어낸 클린톤의 청아한 느낌은 주류의 세미할로우에 비해 동양적인 매력이 강하다. 이처럼 SA2200은 ES-355로 대표되는 전통의 세미할로우바디 기타들과 성능을 비교해도 전혀 뒤처지지 않는다. 놀라운 것은 이처럼 우열을 가리기 힘든 수준을 2/3~1/2의 가격대로 달성했다는 사실 그 자체에 있다.

In a Word

인우 신비로운 오리엔탈 할로위즘(hollowism)
두완 야마하가 서양 시장에서도 인정받는 대표적인 이유

Zemaitis
MFA-101

:: Targeting

디자인과 개성을 중시하는 중급 이상의 연주자.
깁슨류 레스 폴의 기름진 중저역대가 부담스러웠다면.

가격랭크	D
제조국	한국
전장	103cm
무게	3.7kg
머신헤드	MH–1904Z
너트 너비	43mm
넥 목재	Nato
지판 목재	Rosewood
지판 곡률 반지름	350mm
접합 방식	Set–in
프렛 사이즈	Medium
프렛 수	24
스케일 길이	635mm
바디 목재	Nato
탑	Aluminum Metal
픽업 구성 및 사양	Neck and Bridge: D2 Classic
브릿지	ZEMAITIS Original Solid Duralumin

1935년 영국 런던에서 태어난 토니 제마이티스(Tony Zemaitis)는 어렸을 때부터 뛰어난 손재주를 갖고 있었다. 견습생으로 5년 동안 가구제작법을 배우기도 한 토니는 집에 있던 기타를 손보다가 성인의 나이가 되면서 기타를 직접 만들기 시작했다. 특히 1960년대를 지나면서 토니가 제작한 기타들은 점차 마니아층을 확보해 나갔다. 여러 고객 가운데 지미 헨드릭스(Jimi Hendrix)와 에릭 클랩튼(Eric Clapton) 같은 명기타리스트도 있었다.

이후 기타의 불필요한 울림을 줄이기 위해 각고의 노력을 거듭한 토니는 바디 탑에 철판을 적용하는 묘수를 썼다. 그 결과 메탈프론트(Metal Front)의 초기 모델이 완성되었고, 1971년 페이시스(Faces)의 기타리스트 로니 우드(Ronnie Wood)가 이 기타를 들고 유명 TV 프로그램 '탑 오브 더 팝스(Top of the Pops)'에 출연하면서 제마이티스 기타에 대한 인지도는 급상승했다. 이후 조각가 대니 오브라이언(Danny O'Brien)과 손을 잡은 토니는 제마이티스의 디자인에 심혈을 기울이기 시작했다. 커스텀 브랜드로서 수많은 고객을 거느리게 된 토니와 대니는 패류를 활용한 펄 프론트(Pearl Front)까지 선보였다. 결국 조각에 일가견이 있는 명인들이 손수 제작한 바디 디자인은 일렉 기타 디자인에 혁신을 가져왔다.

지난 2014년 제마이티스는 과거에 완성된 유명모델을 바탕으로 최신기술을 적용한 '제너레이션 2(Generation 2)' 라인업을 출시했다. 수천만 원을 호가했던 과거 모델과 달리 제너레이션 2의 모델들은 100만 원대부터 400만 원대까지 중고가의 가격대를 형성하고 있다. 펄프론트와 메탈프론트를 위시해 수피리어(Superior)와 Z 시리즈까지 포함한 제너레이션 2는 현재 한국과 일본에서 생산되고 있다.

MFA-101은 과거의 메탈프론트를 복각한 한국산 모델이다. 가장 먼저 시선을 끄는 것은 역시 대니 오브라이언의 놀라운 감각과 기술력을 느낄 수 있는 메탈 탑이다. 알루미늄 플레이트에 정교하게 이미지를 새겨 넣은 디자인은 제마이티스의 초기성공을 견인했던 브랜드의 상징적인 스펙이다. 단순히 '디자인만을 위한 디자인'이 아니라 불필요한 울림과 노이즈를 줄이기 위한 기술적 고민이 함께 담긴, '사운드를 위한 디자인'이었다는 데 더 큰 의미가 있다.

이처럼 오리지널 메탈프론트의 특장을 충실히 재현한 MFA-101은 나토 바디, 나토 넥, 로즈우드 지판의 목재구성을 가지고 있다. 픽업은 D2 클래식 험버커 세트가 장착되어 있다. 메탈머신처럼 생긴 외관과 달리 사운드의 질감은 꽤 뭉근하고 빈티지하다. 쓸데없는 울림을 줄인다는 초기의 제작의도처럼 전형적인 깁슨류의 레스 폴에 비해 중저역대가 깔끔한 이큐 밸런스를 갖고 있다. 게인은 생각보다 강렬하진 않지만 드라이브양이 부족한 정도는 아니다. 오히려 세팅에 따라 빈티지 록부터 메탈까지 가능한 범용성을 가진다. 다만 하이게인에서 약간 퍼즈처럼 부스러지는 특유의 입자감에는 호불호가 갈릴 것으로 보인다.

Zemaitis

마호가니(mahogany)

B.C. Rich Pro X Mockingbird	Schecter Hellraiser C-1
B.C. Rich Warlock Plus FR	Schecter Corsair (w/Bigsby)
Brian May Special	Spear RD250
Charvel Desolation DC-2 ST	Yamaha SG1820
Dean USA Michael Schenker STD	Yamaha SA2200
Dean Dimebag Razorback - Explosion	
Dean V Dave Mustaine - Rust In Peace	
Epiphone ES-339 PRO	
Epiphone Les Paul Custom PRO	
Epiphone The Dot	
Epiphone G-400 PRO	
Epiphone Casino	
ESP E-II Eclipse DB VB	
Gibson 2014 Les Paul Standard Plus	
Gibson USA 2013 SG Standard	
Gibson USA Flying V	
Gibson USA Explorer	
Gibson USA Firebird V 2010 (9pc Mahogany/Walnut)	
Gibson Memphis ES-175	
Gibson ES-335 2015	
Heritage H150	
Ibanez JSM100	
Ibanez AF75TDG	
LTD EC-1000 VB	
PRS Custom 24	
PRS Al Di Meola Prism	
PRS SE Santana	

베이스우드(basswood)

Parker Fly Deluxe

메이플(maple)

Burns Dream Noiseless
Burns Bison 64
Carvin Bolt-T
Carvin JB200C
Carvin DC700C (5pc Maple neck with Mahogany)
Charvel Jake E Lee Signature
Cort G250
Dame Saint T250
Danelectro 59M NOS
Danelectro Longhorn
Dean USA Vinman 2000
Epiphone Sheraton II (5pc Hard Maple/ Walnut)
ESP KH-2
ESP E-II Horizon QM/FR RDB
EVH Wolfgang Special
Fender American Standard Telecaster
Fender American Standard Stratocaster
Fender American Vintage '65 Jazzmaster
Fender American Vintage '65 Jaguar
Fender Limited 1955 Relic Esquire
Fender Road Worn '60s Stratocaster
Fender Classic Series '72 Telecaster Thinline
Fender Classic Player Jazzmaster Special
Fender Kurt Cobain Road Worn Jaguar
Fender Pawn Shop Mustang Special
Gibson USA LPJ
Grosh NOS Retro
Gretsch G5422TDCG Electromatic Hollow Body
Gretsch G6122-1962 Chet Atkins Country Gentleman
Gretsch G6136TLDS White Falcon
Ibanez RG370DXZ

Ibanez GRG150DXB
Ibanez JEM70V (5pc Maple/Walnut)
Ibanez JS1200
Ibanez PGM3
Ibanez AT100CL
Jackson USA SL2H Soloist
Jackson USA DK1 Dinky
Jackson JS32T Rhoads
James Tyler Studio Elite Burning Water 2K
James Tyler Classic
Kramer Baretta Special
Kramer Pacer Classic
LTD H-1001FR-STBC
Moollon Stratocaster Classic
Moollon Telecaster Classic
Music Man Axis
Music Man Silhouette Special
Music Man John Petrucci 6
Rickenbacker 360
Rickenbacker 325C64
Squier Classic Vibe Stratocaster '50s
Squier Classic Vibe Telecaster Thinline
Squier Vintage Modified Jazzmaster
Squier Vintage Modified Jaguar
Squier Jagmaster
Sterling AX3
Sterling SILO3
Suhr Standard Pro
Suhr Classic Pro
Swing S100 Plus
Washburn N4Vintage
Xotic XS-2
Yamaha PAC212VFM

메이플(maple)

Burns Dream Noiseless	James Tyler Classic
Carvin JB200C	Kramer Pacer Classic
Dame Saint T250	Moollon Telecaster Classic
Dean USA Vinman 2000	Music Man Axis
EVH Wolfgang Special	Music Man Silhouette Special
Fender American Standard Telecaster	Squier Classic Vibe Stratocaster '50s
Fender American Standard Stratocaster	Squier Classic Vibe Telecaster Thinline
Fender Limited 1955 Relic Esquire	Sterling AX3
Fender Classic Series '72 Telecaster Thinline	Sterling Silo3
Ibanez AT100CL	Swing S100 Plus
	Xotic XS-2

에보니(ebony)

B.C. Rich Pro X Mockingbird	Ibanez JSM100
Brian May Special	Jackson USA SL2H Soloist
Carvin DC700C	Jackson USA DK1 Dinky
Dean USA Michael Schenker STD	Moollon Stratocaster Classic
Dean V Dave Mustaine - Rust In Peace	PRS Al Di Meola Prism
ESP E-II Eclipse DB VB	Schecter Corsair (w/Bigsby)
ESP E-II Horizon QM/FR RDB	Spear RD250
Gretsch G6122-1962 Chet Atkins Country Gentleman	Washburn N4Vintage
Gretsch G6136TLDS White Falcon	Yamaha SA2200

B.C. Rich Warlock Plus FR

Burns Bison 64

Carvin Bolt-T

Charvel Desolation DC-2 ST

Charvel Jake E Lee Signature

Cort G250

Dame Saint T250

Danelectro 59M NOS

Danelectro Longhorn

Dean Dimebag Razorback - Explosion

Epiphone ES-339 PRO

Epiphone Les Paul Custom PRO

Epiphone The Dot

Epiphone G-400 PRO

Epiphone Casino

Epiphone Sheraton II

ESP KH-2

Fender American Standard Telecaster

Fender American Standard Stratocaster

Fender American Vintage '65 Jazzmaster

Fender American Vintage '65 Jaguar

Fender Road Worn '60s Stratocaster

Fender Classic Player Jazzmaster Special

Fender Kurt Cobain Road Worn Jaguar

Fender Pawn Shop Mustang Special

Gibson 2014 Les Paul Standard Plus

Gibson USA 2013 SG Standard

Gibson USA Firebird V 2010

Gibson Memphis ES-175

Gibson ES-335 2015

Gibson USA LPJ

Grosh NOS Retro

Gretsch G5422TDCG Electromatic Hollow
  Body

Heritage H150

Ibanez RG370DXZ

Ibanez GRG150DXB

Ibanez JEM70V

Ibanez JS1200

Ibanez PGM3

Ibanez AF75TDG

Jackson JS32T Rhoads

James Tyler Studio Elite Burning Water 2K

Kramer Baretta Special

LTD EC-1000 VB

LTD H-1001FR-STBC

Music Man Axis

Music Man Silhouette Special

Music Man John Petrucci 6

PRS Custom 24

PRS SE Santana

Rickenbacker 360

Rickenbacker 325C64

Schecter Hellraiser C-1

Squier Vintage Modified Jazzmaster

Squier Vintage Modified Jaguar

Squier Jagmaster

Sterling Silo3

Suhr Standard Pro

Suhr Classic Pro

Swing S100 Plus

Yamaha SG1820

Yamaha PAC212VFM

Zemaitis MFA 101

앨더(alder)

Carvin Bolt-T	Jackson USA SL2H Soloist
Carvin JB200C	Jackson USA DK1 Dinky
Carvin DC700C	James Tyler Studio Elite Burning Water 2K
Dean USA Vinman 2000	James Tyler Classic
ESP KH-2	Moollon Stratocaster Classic
Fender American Standard Telecaster	Moollon Telecaster Classic
Fender American Standard Stratocaster	Music Man Silhouette Special
Fender American Vintage '65 Jazzmaster	Squier Classic Vibe Stratocaster '50s
Fender American Vintage '65 Jaguar	Squier Jagmaster
Fender Road Worn '60s Stratocaster	Suhr Classic Pro
Fender Classic Player Jazzmaster Special	Washburn N4Vintage
Fender Kurt Cobain Road Worn Jaguar	Xotic XS-2
Fender Pawn Shop Mustang Special	Yamaha PAC212VFM
Grosh NOS Retro	
Ibanez AT100CL	

애쉬(ash)

Charvel Jake E Lee Signature
Fender Limited 1955 Relic Esquire
Fender Classic Series '72 Telecaster Thinline
Xotic XS-2

메이플(maple)

Epiphone ES-339 PRO	Gretsch G6122-1962 Chet Atkins Country Gentleman
Epiphone The Dot	Gretsch G6136TLDS White Falcon
Epiphone Casino	Ibanez JSM100
Epiphone Sheraton II (Laminated Maple with Mahogany Center Block)	Ibanez AF75TDG
Gibson Memphis ES-175	Rickenbacker 360
Gibson ES-335 2015 (Maple, Poplar, Maple(3-ply))	Rickenbacker 325C64
Gretsch G5422TDCG Electromatic Hollow Body	Schecter Corsair (w/Bigsby)
	Yamaha SA2200

마호가니(mahogany)

B.C. Rich Pro X Mockingbird	Heritage H150
Brian May Special	Ibanez JCRG20146
Charvel Desolation DC-2 ST	Kramer Baretta Special
Dean USA Michael Schenker STD	Kramer Pacer Classic
Dean Dimebag Razorback - Explosion	LTD EC-1000 VB
Dean V Dave Mustaine - Rust In Peace	LTD H-1001FR-STBC
Epiphone Les Paul Custom PRO	PRS Custom 24
Epiphone G-400 PRO	PRS Al Di Meola Prism
ESP E-II Eclipse DB VB	PRS SE Santana
ESP E-II Horizon QM/FR RDB	Schecter Hellraiser C-1
Gibson 2014 Les Paul Standard Plus	Spear RD250
Gibson USA 2013 SG Standard	Squier Classic Vibe Telecaster Thinline
Gibson USA Flying V	Yamaha SG1820
Gibson USA Explorer	
Gibson USA Firebird V 2010	
Gibson USA LPJ	

베이스우드(basswood)

B.C. Rich Warlock Plus FR	Jackson JS32T Rhoads
Burns Dream Noiseless	Music Man Axis
Burns Bison 64	Music Man John Petrucci 6
Cort G250	Squier Vintage Modified Jazzmaster
Dame Saint T250	Squier Vintage Modified Jaguar
EVH Wolfgang Special	Suhr Standard Pro
Ibanez RG370DXZ	Swing S100 Plus
Ibanez GRG150DXB	
Ibanez JEM70V	
Ibanez JS1200	
Ibanez PGM3	

볼트온(bolt-on)

Burns Dream Noiseless	Kramer Pacer Classic
Burns Bison 64	Moollon Stratocaster Classic
Carvin Bolt–T	Moollon Telecaster Classic
Charvel Jake E Lee Signature	Music Man Axis
Cort G250	Music Man Silhouette Special
Dame Saint T250	Music Man John Petrucci 6
Danelectro 59M NOS	Squier Classic Vibe Stratocaster '50s
Danelectro Longhorn	Squier Classic Vibe Telecaster Thinline
Dean USA Vinman 2000	Squier Vintage Modified Jazzmaster
ESP KH–2	Squier Vintage Modified Jaguar
EVH Wolfgang Special	Squier Jagmaster
Fender American Standard Telecaster	Sterling AX3
Fender American Standard Stratocaster	Sterling Silo3
Fender American Vintage '65 Jazzmaster	Suhr Standard Pro
Fender American Vintage '65 Jaguar	Suhr Classic Pro
Fender Limited 1955 Relic Esquire	Swing S100 Plus
Fender Road Worn '60s Stratocaster	Washburn N4Vintage
Fender Classic Series '72 Telecaster Thinline	Xotic XS-2
Fender Classic Player Jazzmaster Special	Yamaha PAC212VFM
Fender Kurt Cobain Road Worn Jaguar	
Fender Pawn Shop Mustang Special	
Grosh NOS Retro	
Ibanez RG370DXZ	
Ibanez JCRG20146	
Ibanez GRG150DXB	
Ibanez JEM70V	
Ibanez JS1200	
Ibanez PGM3	
Ibanez AT100CL	
Jackson USA DK1 Dinky	
Jackson JS32T Rhoads	
James Tyler Studio Elite Burning Water 2K	
James Tyler Classic	
Kramer Baretta special	

B.C. Rich Warlock Plus FR
Charvel Desolation DC-2 ST
Dean USA Michael Schenker STD
Dean Dimebag Razorback - Explosion
Dean V Dave Mustaine - Rust In Peace
Epiphone ES-339 PRO
Epiphone Les Paul Custom PRO
Epiphone The Dot
Epiphone G-400 PRO
Epiphone Casino
Epiphone Sheraton II
ESP E-II Eclipse DB VB
Gibson 2014 Les Paul Standard Plus
Gibson USA 2013 SG Standard
Gibson USA Flying V
Gibson USA Explorer
Gibson Memphis ES-175
Gibson ES-335 2015
Gibson USA LPJ

Gretsch G5422TDCG Electromatic Hollow
  Body
Gretsch G6122-1962 Chet Atkins Country
  Gentleman
Gretsch G6136TLDS White Falcon
Heritage H150
Ibanez JSM100
Ibanez AF75TDG
LTD EC-1000VB
PRS Custom 24
PRS Al Di Meola Prism
PRS SE Santana
Rickenbacker 360
Rickenbacker 325C64
Schecter Hellraiser C-1
Schecter Corsair (w/Bigsby)
Spear RD250
Yamaha SG1820
Yamaha SA2200
Zemaitis MFA 101

넥스루(neck-through)

B.C. Rich Pro X Mockingbird
Carvin DC700C
Carvin JB200C
Gibson USA Firebird V 2010
Jackson USA SL2H Soloist
Parker Fly Deluxe

셋스루(set-through)

Brian May Special
ESP E-II Horizon QM/FR RDB
LTD H-1001FR-STBC

참고사이트

브랜드 홈페이지

B.C. RICH	www.bcrich.com
BRIAN MAY	www.brianmayguitars.co.uk
BURNS	www.burnsguitars.com
CARVIN(KIESEL)	www.carvinguitars.com
CHARVEL	www.charvel.com
CORT	www.cortguitars.com
DAME	dame.co.kr
DANELECTRO	danelectro.com
DEAN	www.deanguitars.com
EPIPOHNE	www.epiphone.com
ESP(LTD)	www.espguitars.com
EVH	www.evhgear.com
FENDER(SQUIER)	www.fender.com
GIBSON	www.gibson.com
GROSH	groshguitars.com
GRETSCH	www.gretschguitars.com
HERITAGE	www.heritageguitar.com
IBANEZ	www.ibanez.co.jp
JACKSON	www.jacksonguitars.com
JAMES TYLER	www.tylerguitars.com
KRAMER	www.kramerguitars.com
MOOLLON	www.moollon.com/
MUSIC MAN	www.music-man.com
PARKER	www.parkerguitars.com
PRS	www.prsguitars.com
RICKENBACKER	www.rickenbacker.com
SCHECTER	www.schecterguitars.com
SPEAR	www.spearguitar.com
STERLING	www.sterlingbymusicman.com
SUHR	www.suhr.com
SWING	www.swingmusic.co.kr
TOM ANDERSON	www.andersonguitars.com
WASHBURN	www.washburn.com
XOTIC	xotic.us
YAMAHA	kr.yamaha.com
ZEMAITIS	www.zemaitis-guitars.com

한국공식딜러 및 대형온라인몰

기타네트	www.guitarnet.co.kr
뮤직포스	www.musicforce.co.kr
버즈비	www.buzzbee.co.kr
스쿨뮤직	www.schoolmusic.co.kr
톤퀘스트	www.tonequestshop.com
톤프릭스	www.tfdshop.co.kr
프리버드	www.freebud.co.kr